KB246427

존재를 삼켜 허공을 뱉아라

존재를 삼켜 허공을 뱉아라

존재를 삼켜 허공을 뱉아라
금강경 묘해

1판 1쇄 펴낸 날 2013년 7월 31일

저자 묘봉 운륵
발행인 김재경
기획 김성우
디자인 김현민
마케팅 권태형
제작 (주)금강인쇄

펴낸곳 도서출판 비움과소통 서울시 영등포구 영등포동7가 29-126 포레비떼 7층 705호
전화 02-2632-8739
팩스 0505-115-2068
이메일 buddhapia5@daum.net
트위터 @kjk5555
페이스북 ID 김성우
홈페이지 http://blog.daum.net/kudoyukjjung
카페(구도역정) http://cafe.daum.net/kudoyukjung
출판등록 2010년 6월 18일 제318-2010-000092호

ⓒ 묘봉 운륵, 2013
ISBN 978-89-97188-38-3 03220

정가 28,000원

존재를 삼켜 허공을 뱉아라

금강경 묘해(妙解)

鳩摩羅什(구마라즙) 譯(역)

北魏 天竺 三藏(북위 천축 삼장) 菩提流支(보리류지) 譯(역)

六祖 金剛經(육조 금강경) 諺解(언해)

金剛經 五家解(금강경 오가해) 諺解(언해)

묘봉 운륵 송주(頌注)

비움과소통

비롯하는 말이

무엇을 왜 무엇이 어찌 설할지

설명이나마 가하련만 되레

제 변명 될까 도리어 걱정이다.

아는 체는 꼴이 우습고,

남 다른 깊이로 간파한 것이라면 그렇고,

무엇이 다르다 말하려니 끊긴다.

그래 끊긴 그곳에서 나름대로 출발하리라.

금강경이라 읽고 또 읽지만

아는 듯싶어 되돌아보면 감감하였다.

五家解(오가해)도 막상 뒤쳐 닥치면 천박해졌다.

하루는 예수교인을 자처하는 이 있어

금강경이 무엇이냐 물었다.

스스럼없이 대답한다는 것이 그만,

입 없고 귀 없는 경이라 하였다.

한 술 더 떠서 내친김에,

금강경을 석가모니도 설하지 못하는 경이라 했다;

화장 끝내고 다시 분칠한 격이지만

佛說(불설)은 說이 覺(각)이기에 그랬다.

牟尼(모니)를 [본래 muni이지만 無尼나 다른 글자 아니 쓰고

큰 암소의 울음으로 牟(무)나 哞(모)를 빌려 썼다.]

금강경은 "최초에도 없는 말이요; 각에 무슨 처음이!

지금도 없으며 미래에도 결코 없는," 끝은 더더욱!

들으니 diamond이지만 만질 수도 볼 수도,

어디에도 없는 "말씀 그대로이기 때문이다."

아무도 모르니 빛나고, 가진 채 온몸 숨었다.

이 뭣꼬?

부처님이 설하신 바 없고 그 이전은 말보다 없고

말하는 부처를 듣는 중생이 어찌 알아들으랴?

시간의 흐름조차 멈추니 보도 듣도 못한 소리다.

그렇다면 금강의 말씀이 어디서 왔을까?

太初, 威音王(위음왕), From The King before *ab ovo*이다.

나와 네가 세상에 오기 전이니

우리를 되돌아본 이전의 한 임금이시니

이 나라 모든 백성들은 善根이 한없이 깊어

敦篤(돈독)한 신심을 빠짐없이 내어 끝없는 공덕을 쌓는다,

그 국토에 계신 임금의 명호는 남녀노소가 없고

빈부나 신분의 고하가 전혀 없었으며

생로병사가 없고 고집멸도나 三 法印도 없느니라.

불법의 이름이 없으므로 모두가 부처님이요

모두가 백성이지만 아무도 다툴 것이 없었으므로

임금의 이름도 無爲正光 無心法輪 無位大王이었다.

세 가지 無가 금강경의 宗旨로 되었다.

그리하여 자세히 묻고자, 알고자 하면 할수록

格外(격외)의 一句를 취할 수밖에 없게 되었으니

공부 한 이야 알거니와 獨學하며 解讀을 즐기던 이

그만 경악하고 否定하여 이르되

허망한 일 뿐이니, 아무나 할 공부는 아니란다.

혹 또,

쉽지만 무진장 비밀들이 속에 들었다 하나.

이 모두 허망한 말질이니

모르거든 입 다물고 귀나 닦을 일이로되

실상 어려운 것이 말보다 귀로 듣기다.

[그래서 희랍인들도 良久(양구)를 αποσιώπησις 라 불렀다.]

세간의 말조차 들을 줄 알기가 어려우니

오죽하면 觀世音(관세음)보살이 三世에 으뜸이랴!

"없다"는 말이 수없이 나오는데

말할 수 없기 때문이요, 말하기 때문이다.

자신의 無를 無化하지 않고는 못 배기는 놈이다.

첫째는 金剛이다.

둘째는 말씀이다.

셋째는 法門이다.

넷째는 凡聖이다.

다섯째 靈肉이다.

여섯째 言文이다.

순수는 곧 無垢(무구)이며 광채는 바로 無比이다.

말씀은 곧 無言이며 소리는 바로 無礙(무애)이다.

법문은 곧 無得이며 이해는 바로 無體이다.

중생은 곧 無佛이며 부처는 바로 無心이다.

영혼은 곧 無念이며 육신은 바로 無私이다.

언어는 곧 無形이며 문자는 바로 無相이다.

無를 없다는 뜻으로 알면 이미 무가 아니고

無는 없는 것이므로 있다고 말할 수 없으며

말할 수 없다 하여 無를 有無에 상관없다 못하며

없는 것을 없다고 부르는 것도 있을 수 없다.

無無無毋无槑無 (무무무무무무무)
없는 것은 없다고 이를 수 없나니
없다고 하는 그 無도 없어야 없음이니라.

'모든 존재'라는 말을 쓰지만 이는 있을 수 없는 말이다.
존재도 一切者(일체자)인 '모든'도 쓸 수 있는 말이 아니다.

개별적인 有로서의 나무 돌 하늘 어느 하나 활용과 달리
자신의 identity를 주장할 수 없기 때문이다.

나는 이것을 我相(아상)으로 본다, 즉 I-ness이다.
'나'는 단순히 주체가 아니라 자기 확신이다.
내가 본 나는 자기분열이 아니기 때문에
왜냐하면 자기의식을 통하여 존재를 구성하므로
자기부정[self-negation] 속에서 얻는 확신이다.
Human-being은 이처럼 남 속에서 찾는 소위 자신이다.

소위 man의 正體(정체)를 지탱할 수 없는 행동,
따라서 자신의 동일성을 保持(보지)하지 못하는 無로서
곧, 否定과 부정된 것의 命題는 서로를 구분할 수 없다.

나는 나 아닌 인간으로부터만 설정이 가능하다.

나의 존재를 實證하는 것은 자기부정이기 때문에
그리하여 나는 곧바로 나 없는 우리로 행세하며
Being-in-general에 떨어질 수밖에 없으며
Common-being이라 불릴 수밖에 없게 된다.

肯定과 부정된 것에서의 자기부정은 동질성을
회복하고 自己無化로부터 해방되기 위하여
필경 Superior Being 즉, 수자상을 설정한다.
그리고 이것은 존재의 윤회하는 모습이다.

나무가 아닐 때 소나무가 태어난다.
소나무로 명명 되자마자 소나무는 없다.
나무도 아닐 때 도리어 없는 것이 드러난다.
드러난 그곳에 소나무는 새살림 산다.

부처는 중생을 의지하여 이름을 얻는다.
부처를 부처로 보자 부처는 존재를 그만둔다.
중생이 본래 없으므로 부처 없음이 이와 같다.
본래 없는데 부처라 부르는 것은 빌림이다.

일체 존재는 존재한다면서 존재가 없으니

존재하지 않는다는 것조차 불가능하게 한다.

존재는 名分을 잃고 얻되 얻은 것이 없으니

마음대로 有無라 불러도 무방하다는 것이다.

일차적으로 우리는 佛典과 佛經 혹은

佛說과 法說을 심리적 논리적 전개를 통하여

深娛(심오)함과 광대함을 어떻게 정립시키고

포괄적이고 綿密(면밀)함이 독립된 경안에서 가능한가?

밝힐 수 있어야 한다.

1

이것은 책이다. 반대로 묻고 있다. 이것이 책인가?

제기된 "이 무엇"을 위한 진정한 설명과 상식적 소통에서

본래 책이 수행할 일이 아니기 때문이다;

진정한 설명이 도리어 쑥스럽고 상식적 소통이 도리어

자신을 더욱 불확실케 하고 나아가 曲解(곡해)를 야기하기에.

부처님 말씀이다. 그러나 말씀은 책이 아니다.

상식적 斷言과 佛說의 非書籍性은 설명할 수는 있으나

거꾸로 주체를 밝힐 수는 없기 때문에

스스로 無知라 斷言하여야 하기에.

부처는 상식을 위하여 [상식 속에 불설이요, 불설 안에 말씀 없다.]

상식을 초월한 이 말씀을 자기 것이라 주장 할 수 없으므로

상식에 반하여 설하지 않는다. 수긍하면 더욱 어긋난다.

상식이 듣지 못하는 것은 佛說이 아니기에.

2

부처님 말씀을 경이라 부른다.

Words of Buddha are called Sutras;

No one knows what Buddha said.

How then can we mention Sutra as words from Buddha?

부처님은 머리나 입으로 이 책을 쓰지 않으시었다.

What we think Buddha said

Does not come from Buddha directly,

Then, gladly conclude that no word comes

From his mouth nor his brain either.

입도 마음도 아니로되 뜻이 깊어

부처님 말씀이라 일컬어도 무방하리라.

What is negated must be realized with

An affirmative conclusion to adjust our negation.

무방하다는 말은 이 책을 이해하는 데
특별한 도구가 없기 때문이리라.

Finally we are negotiating with both sides of ourselves;

Being-for-me. Writings are very selfish explanations

From others to the me in others.

3

책과 경에 대한 논란은 끝이 없다.

These dialectical logic is not derived from our

Reasonable truth so to speak; rather, we are always

Speaking logically to make sure it looks good on

Me in a common sense way. The more I know the more

I can say for others truthfully in the name of book.

종이에 쓰인 글을 책이라 부르지만 敍述(서술)과 意圖(의도)는
서술되어진 것과 이해를 동시에 충족시킬 언어는 없다.
종이에 쓴 것은 쓸 수밖에 없는 것과 쓸 수 없는 것 때문에
완전을 지향함은 결국 스스로 반증된 非 충족이다.
중생을 위하시는 말씀이 인간의 손과 입을 통해서
나온다는 것은 문체와 해석이 필연인 만큼 절대 공허이다.
말씀의 實證이 經이고 경의 顯現(현현)이 책이어야 하기에
부처님과 말씀은 하나도 아니고 둘도 아니며 眞假(진가)도 아니다.

4

반면, 경이 말씀이기 위해서는 부처님이

靈肉(영육)과 相號(상호)를 갖춘 如實(여실)한 객관적 실체로서 존재하

여야 한다.

부처님이 객관적 존재라면 이는 인간의 주관적 견해이다.

주관적 존재가 객관적 타당성을 획득하려면 감관에 의지하여야 한다.

그 어느 감관적 존재도 그 자체에 있어서 감각적이지 않으므로

예상된 객관성을 빙자하여 삼자인 그 이라고 불러서는 안 된다.

To be-come a Buddha, some-thing with physical-mental body

Has to be presented as a real, truthful and righteous. But

This is unreal, untruthful and unrighteous reasoning with absurdity.

5

부처를 남이라 부를 수 없듯이 나도 나라 부를 수 없다.

나일 실제가 없고 너일 대상 없는 것을 우리 없음을 빌미삼아

마음이라 불러 감각적-초감각적 相을 포용하려 한다.

부처를 마음이라 부르는 것은 실체 없는 감각에서 배운

자기 소외된 의식의 超絶(초절)적 回歸(회귀)이고

마음이 아니라 부르는 것은 감각적 존재가 이미 감각을 떠난

초감각적 형이상학적 idea일 뿐인 까닭이다.

How do we distinguish mind and body, or, any opposite elements?

What do we know about ourselves who is originally non-dual being?

Differences are coming from the sameness of two or more identity.

6

금강경과 모든 큰 수레로 움직이는 부처님 말씀은 해탈의 논리에 의하여 수행된다.

四 聖諦[성제 · Satya]는 一切皆苦(일체개고)에서 시작하여 마침내 Marga[道, 혹은 能達]에서 쉬니 이것이 休歇(휴흘)이다.

四句偈(사구게)는 四相을 두드려 스스로 正等覺에 이르나 到達이 없으므로 格外를 통하여 不立 文字하여 如如한 至道에로 나아간다.

四 聖諦, 三 法印[법인 · dharma-mudra]이 모두 이 까닭에 佛法의 修多羅(수다라) 기반이 되며 解脫(해탈)에로의 논리인 것이다.

All the mahayana Sutras runs to be liberated from themselves;

One thing which is unknown by itself can cause sufferings in general.

Suffering does not mean pain with mental-physical difficulties. Man carries

suffering just by himself. That is, knowing is always unknown by

Truth-seekers[Μαςτερ] that which gives us the room for interrogation.

7

인간의 육체에 神의 정신을 불어넣거나 혹은 그 반대로
인간의 정신에 신의 육신을 불어넣음으로써 종교는 완성을 꾀한다.
완성에의 추구는 불완전을 미덕으로 삼고 인간화 하려는 신들의
타락을 부추긴다.

성스러운 진리와 진실한 聖은 스스로 혼돈되어 인간의 사사로운

욕망을 용서하고 자유를 표방하는 열쇠를 내어준다.

쉬고 또 쉬라 이르시니 육체는 형상을 내어주고 정신은 이념을 뱉어

다시는 서로에 의지하지 말게 하라.

태양은 서산에 떨어지고 달은 동산에서 뜬다네.[無二無異로다]

Holy truth and truthful holiness ought to be confused by our

conceptualization; then, it allows deluded mind in front of human nature

Saying that it is our own nature, that it is free mind, and that it is

inevitable afterward. Aposiopesis in neither-nor for good.

Let me give you one word: sun falls down west, at the same time moon

comes from east.

法會因由分

[무엇이 법회인가]

How the Dharma Begins

如是我聞

이와 같이 내가 들었나니

Thus have I heard.

부처는 곧바로 듣는 자의 소유요,

여래는 당장 이렇게 보는 이의 몫이다.

보고 들음이 쾌활하니 조촐한 불국토요,

온 백성이 世尊(세존)이라며 法의 임금으로 모신다.

This is hearing as it is.

Without this listening, He has no tongue to speak.

He belongs to the one who heard him.

As so, as he is heard, he be-comes no-body.

싱그러운 뜨락의 적막한 빛살 허공에 가득하고

울림 없이 억겁을 누벼온 소리 여울져 퍼지니

23

뉘 있어 문득 성현이 도래한 줄 알겠는가?
들은 적 없고 본 적도 없는 일이기 때문이다.

Buddha, (who knows him anyway?), belongs to the one

Who, (it might be nobody), can listen to his own voice.

Tathagata goes to the one who sees like this.

Cheerful seeing and hearing becomes pure land.

무엇을 들었다는 것이냐?
먼 하늘 구름 가에 차가운 외기러기 대답 없는 울음소리
귓전에도 생생하니 說하시는 이 그 누구이든가?
번갯불처럼 빠르나 홀연 자취도 남기지 않으니

How and with what are they aware of Him?

No reason to ask 'cause it is absurd.

억겁 威音王(위음왕) 부처님 이전의 말씀이라 하였다.

Here comes The King of each and every being;

King and his throne also depend upon the whole being.

귀를 의심하고 눈을 의심한다.

들었다면 마구니요 못 들었다면 천치로다.

듣고도 모르던 것을 들었다니 들은 줄 안다.

본 적도 없으나 이와 같이 낯이 익으니 바로 이놈이란다.

짐짓 法이라 부르지만 오고감이 없으므로 達磨(달마)라 하였다.

사람이 사람을 찾고 부처는 부처를 찾지 않는다.

찾은 이가 없는데 사람마다 달리 부르며 보았다 이르고

이름 없는 이에게 각각 하늘과 부처와 神이라 붙인다.

육조께서 이르시되,

無相의 宗이요, 無爲의 體며, 妙有(묘유)의 用이며,

사람들이 여러 말로, 이리저리 가르침을 표방하나

마침내 祖師가 西來한 意旨라 필경 말하였다.

Let me attack you with a simple tool;

Do not seek to find Him; not here anyway for you.

Unless you are in yourself, no way to disappear.

By the way, what is the reason He came to us?

Do not explain! Let me have my own in-planation.

"A pine tree sits in the front garden."

Is this an answer? Or, are masters in-plaining Buddha for you?

Get out of two-directional choosing as a reply.

文字로 풀어 쓰나 읽을 수 없고 해독될 수도 없는 密意(밀의)니라.

왜 그러한가? 문자는 자신을 읽을 문자가 없기 때문이다.

그리하여 금강경은 아직껏 읽을수록 없는 책이다.

부처님 말씀이라 함은 모자란 말이니

어느 부처가 세상의 말들을 굴려 당신의 宗旨(종지)를 삼을 것이며,

존재하는 것은 있음의 自己言語일 따름이라.

Being is not the being that is named.

What-ness confirms Master's words.

Being is a word.

What-it-is, is not what it is called.

阿難(아난)의 서술이라 말하면 천박하여지나니

어떤 재주로 同別(동별)을 분간할 것이며

있는 대로 적어 없는 말씀을 뜻풀이할 것인가.

기쁘고 시원하다니 눈과 귀에 경사가 난 것이다.

말하는 이 없고 들을 이 역시 없으니

부처는 說하지 못하고 아난은 알아듣지 못하는 것을

오직 이와 같이 펼치니 내 듣고 들을 뿐이로다.

我를 아난이라 부르지 말며 慶喜(경희)라 굴리지 말라.

Most commentary says that Ananda is the I.

Isn't that too little and poor for You?

Let me speak to you, the other form of Me.

Alas, You and I are both so called I.

Ananda is still a happy listener.

For what reason does he so much enjoy listening to Him?

He has been hungry for talk.

Borrowing elder brother's name.

To be sure of what cannot be so sure.

Nothing to say then,

Coming and going, west to east.

What is the reason Bodhi-dharma comes from the west?

What is the essence of Enlightenment if it likewise comes.

Sutra? What is the essence of the words?

Coming from Enlightened One; surely you donated this name to Him.

Thee? You want to be called un-Enlightened One? You?

무엇이 宗體宗旨런가? 달마는 왜 西來하였는가?

口是禍門(구시화문)이로다.

어찌하여 수보리가 아난을 대신하는 것인가?

태초에 수보리가 누구며 空生은 누구이런가?

누구인가를 점찍지 말고 문득 점쟁이를 노려보라.

境上施爲渾大有 경계를 펼쳐 늘어놓으니 어지러이 많건만

內外中間覓摠無 안팎중간 깡그리 찾아보나 아무것도 없네.

다섯 感官이 아무리 모여 모의를 해도 주인을 모르나니

문득 '나'라 호칭하며 부르되 서로의 얼굴만 볼 새

이 부름을 가리켜 阿難이라 "막혀 알기가 어렵다."

'막혀 어려운 놈' 돌이키면 "많이 듣는 그 놈"이요,

'많이 듣고 기뻐하니' 일컬어 '慶喜'라 하였다.

귀로 듣지 못하니 阿難이요

기꺼이 알아들으니 慶喜다.

입으로 설하지 않으시니 여래요

破說(파설)하지 않으니 부처다.

Who is Ananda? Ear cannot listen.

If one still understands good words, he will be the ignorant one.

Buddha would not talk; not for any reason; and to no-one.

Also he would not hand down the secret to anyone.

앞길이 난감한 阿難이여!

귀 기우려 님 향한 일편단심 杜口(두구)하고 마음 준비하니
가히 淨飯王(정반왕)의 자식들이로다.
분명히 오늘의 메뉴를 아니 밥그릇이 남달리 작아 보인다.
그대는 스승이자 형님이신 如來께 應供(응공)할 것이로다.

'들었다'니 모두 끝난 것일 터, 못 들었다면 어찌할꼬?
부처도 존재할 마당이 없고 중생도 어우를 곳이 없으리라.
'마당'과 '어우름'이여!
마땅히 '내가' 동참하여 바라볼 일이로다.

本是一精明 본래 하나의 밝은 精靈(정령)이
分爲六和合 여섯으로 나뉘어 화합되었나니
合處如瞥地 어우른 곳에서 잠깐 눈여겨보면
見處是眞聞 보는 곳이 곧 참으로 듣는 것이니라.

깜짝 놀라 바라보니 그 곳에서 한없이 듣는다.
'이와 같이'라니 古今이 한 가닥 줄에 의지하였다.

Every one heard Him was surprised.

And, heard 'just like this' from no-where, yet right now.

In the sublimely calm, bright piece of land,

Before the past, after the future, timeless music is playing.

무엇이 한 가닥 끊어지지 않는 줄인고?

세월이 없으니 먼저와 나중이 없고

부모와 자식이 없으니 낳고 죽는 법이 없다.

돌아보니 내 얼굴이요 내다보니 역시 같은 얼굴이렷다.

Floating with the cloud of violin with no strings.

Blowing the finger hole-less jade flute in the Himalayan gazebo.

Having no parents! Worries about not living and dying!

Here and there nothing but my own face.

봄소식 따스하게 햇볕 내려앉는 문전의 한 뼘 땅에

참새 가지마다 재잘대건만 삽살개는 아랑곳없이 뜰 앞에서 조네.

아무도 없는데 귀에 가득하니 참으로 들은 것이요,

듣지 못한 것을 다 아니 나로다.

Eardrum is beaten constantly without a drummer.

That must be me, since I didn't listen at all.

猿啼嶺上 鶴唳林間

원숭이는 산 위에 울고 학은 수풀 사이에 눈물 흘리니

斷雲風捲 水激長湍

끊긴 구름 바람이 거두어 물은 세차고 길게 소용돌이치도다.

最好晚秋霜午夜

가장 좋기로는, 늦가을 서릿바람 부는 한밤중에

一聲新鴈覺天寒

외마디 기러기 소리 하늘 차가운 줄 알려줌이 새롭다.

모조리 이름 버리고 일러보라!

과연 깨닫는 이 한마디를 무엇이 어떻게 듣는가?

전대미문의 아무도 알아듣지 못하는 소리를

홀연히 알아들을 수 있는 이 누구겠는가?

백천 萬劫(만겁)에 難遭遇(난조우)로되

我今문견 得受持(득수지)하는 것이로다.

Hard to encounter throughout millions of Aeons of Kalpas.

All of a sudden saw and heard Him but by myself.

一時에

한 때에

One time,

One for the whole. But, never for one-self;

Yet, the whole belongs to void entity.

He was, rather has never been, ready;

But ordinary human-beings ask him to be so.

"One" for everyday and never for any "Time".

Time and moment are happening only through Awakened One.

Never and no mind cannot fix the time;

Time and tide belong to the one who is aware of himself.

버릇 되어버린 기다림이 뜻밖에 끝나며 님 보인 때로다.

같은 오두막집에 태어나 늙은 부모 함께 모시었지만

서로가 서로의 얼굴조차 몰라보니 집안 꼴이
不問可知 아니겠는가? 只今이라니 다만 낯선 오늘이로다.

말이 태어나기도 전에 당나귀 울음소리 터져 나왔다.
Before horse was born, donkey shouted while giving birth.

"구름 너머 밝은 달 바람일 제 하늘 가려 어둠 탓하고
담장 밖의 덩굴 빨갛게 물들일 제 복사꽃 가득하다.
부처 온 줄 뉘 알며 뉘 있어 저 때에 제 마음 돌아보랴?
사람사람 면전에 양쪽 눈 위로 눈 섶 역시 뻗었거늘."

Hidden moon covered by clouds,

Accused darkness before winds.

At the moment wine tree climbs up with red face,

Plum blossom opens her face.

但知不知 是眞自知
오직 알지 못함을 알면 이 진실로 제 앎이로다.

Who could possibly notice His coming?

Who would turn their head around again?

If you see what you cannot see,

This can be a good knowledge.

벗이 찾아오니 문득 스승이 그 안에 계시다.

화기애애하여 말이 오가니 기쁨이 넘쳐흐른다.

텅 빈 하늘에 해와 달이 눈에 없는 별들 사이로 다니더라도

빈 하늘 가르며 눈동자 교차하고 빛처럼 투명한 말 시위를 당긴다.

동창이 밝아 오니 노고지리 우지진다.

이때가 무엇인가?

땅거미 뉘엿거려 西山을 기어 넘으니 제 집으로 돌아온다.

이 무슨 때인가?

앞뒤 사라지고 헤아림 없으니

어느 때도 아니나 되레 한 때라 이른다.

때를 모르는 그때가

가장 머리를 사로잡은 때이다.

그렇다면 한 때 밥도 잊고 잠도 잊고

흐름 없어 돌아볼 곳도 없어 모두 텅 비고 없을 때

문득 이 글을 읽으며 스스로 허공과 더불어 담박하여지나니,

그리하여 虛空을 터득한 解空이라는 부처님 제자가 태어난다.

初祖께서 이르시되,

제 마음이 허공과 같은 줄 알면 문득 道에 다다르리라.

When you understand the mind

As void space,

Abruptly you will arrive

At the door of Enlightenment.

해공과 세존이여!

두 사람이 모두 같은 때에 다른 생각에 빠진 것이다.

'한 때'에 무슨 일이 있었는가?

뉘 있어 저 解空과 벗할 수 있을까?

Sariputra and the worldly Honored One!

Both, maybe together, fell down into the deep dungeon.

What is done now, was done then, before all the dumb and the blind.

Is there anyone to make a close friendship here? I wonder.

의아해 하지 말라. 의심하여 머뭇거리면

문득 서른 방망이 두들겨 맞게 된다.

그러므로 알라!

그대도 '한 때'는 저 분처럼 부처이시었느니라! 그리고 저 '한 때'로 말미암아 그대는 영원히 부처일 수가 없느니라.

If you hesitate to answer you will be beaten,

Even if you replied properly, you would get 30 blows.

Either or neither, you have no place to escape.

One, named Birth of Emptiness, the other, Full Enlightenment.

乾坤混沌未分前　하늘땅이 뒤섞여 미처 나뉘기도 전에

以是一生衆學畢　일생에 배울 것 이로 다 마치어 알았다.

佛이

바가바[婆伽婆]께서

Buddha, the utmost Enlightenment, the honoured One by the triple

Cosmoses,

Bhagavat[薄伽梵·박가범]는 모든 부처를 일컫는 通號이니

보통 世尊이라 말하지만 衆祐(중우)이니 모든 이를 돕기 때문이다.

또 破淨地(파정지)라 부르니 bhaga는 조촐한 德을 말하고

능히 "분별하여 공덕을 일구는 巧妙한 지혜"의 이름이다.

佛智論에 이르시되, 바가바에 여섯 뜻이 있으니

自在, 熾盛(치성), 端嚴, 名稱, 吉祥(길상), 尊貴라 하였다.

1. 스스로 밖을 의지하여 존재하지 않으며

그렇다고 자신을 고집하지도 않기 때문에 自在한다 이르며,

2. 잘 차려 놓은 밥상과 같아 慈養하며 공덕을 길러

먹을거리에 덤비지 않고 먹음 자체를 섬기지 않아

먹는 주인을 마땅히 공양 올리어 活力을 주며 환희케 하고,

3. 같은 자리에 座定하여 不動하며 앉음에

자신을 내세움이 없이 모두 받들기 때문에 端雅(단아)하고 威嚴이 있

으며,

4. 자신의 이름이 곧 다함없는 法界 다함없는 大地라

이름일진대 수없이 바꾸어 불러도 그르치거나 모자라지 않으나

어느 이름으로도 規定지어 부를 수 없어 맞지 않기 때문에

그대로 부르고 그대로 이름 지어 부르는 當體(당체)이며,

5. 모자람 없이 綿密(면밀)하고 넘침 없이 圓滿하므로

吉祥은 本心의 徵兆(징조)인 具德이라,

6. 希有(희유)하여 세상 어디에도 없지만

사람마다 그 德性을 모두 갖추었으므로 존귀하다 이른다.

그리하여 世尊이라 부르면 곧장

釋迦牟尼(석가모니)를 지칭하는 줄 알아

밥 잡숫고 발 씻는 데로 좇는 까닭에

廣義로써 바가바[婆伽婆]를 살리어 이름을 드러내는 것이다.

Because of your coming Buddha goes to you.

Because of your ignorance Buddha is awakened.

If neither come nor go, what is what?

Finally, what is it anyway before you ask?

Buddha is who has neither beginning nor ending.

His being is neither for himself nor in himself.

No one and no thing exist before and after him.

He calls himself each and every name.

세존의 지금 이름이 여래이니 오는 줄도 모르고
과거가 없으므로 부처이시니 떠난 곳이 없고
미래에 다르지 않아 응공이니 안팎이 없다.
그대여, 소리 내어 부르매 남을 일컫지 말라.

부처도 자신을 이름 지어 부르지 않았거늘
스스로 저희를 중생이라 지어 부르면서
어찌하여 삼세에 거룩한 이라 부르기에 이르렀는고?
부르고 대답하니 사람이 아니로다. [불 · 弗은 不]

부처라 부른 그대의 眼目을 印可(인가)한 따름일 터이니

世尊이 무방하지 않음은 그대의 귀가 의심스럽기 때문이다.

大覺은 부처를 죽이는 말이요 중생을 속이는 甘言利說이다.

그리하여 "나 이전에 없으며 나 이후에 아무도 없다." 이른 것이다.

Hey, Buddha!

Are you there?

Tell me who is smart or stupid?

Also, what are you talking about?

冶父(야보)가 다만 "佛이여!" 하였으니

본적도 들은 적도 없거늘 무엇을 듣고 부처라 부르던가?

'부처'라 지어 부르는 외람된 자가 누구냐?

제 자신 부처를 포기하는 것인가 기만하려는 것인가?

태초에 없던 놈이요 末後에 없는 놈이로다.

Not a thing in the beginning;

No-thing at the end.

無始無終(무시무종)은 귀를 속이는 넋두리다.

부르자마자 이름 짓고 나름대로 모양 그린 이 누구인가?

부르는 자여, 그대의 이름은 무엇이고 그대의 모양은 무엇인가?

'이름도 형상도 없다' 함부로 이르지 말라.

도리어 이름 되니 없는 生病 만들라!

三十二 相도 팔십 種號(종호)도 모두 없지만

단언하여 이르되 "없다"고 다시 부르지 말라.

믿은 도끼에 발등 찍혀 평생 불구를 면치 못하리라!

밥그릇 속에서 굶어 죽고, 말 속에서 바보 된다.

그렇다면 무엇이 佛인가?

이도 不可하니 뿌리 없는 나무 이빨에 털만 무성하고

저도 不可하니 그림자에 가리어 실체를 보지 못함이로다.

평생을 지고 다니는 널판때기건만 무게를 모른다.

부처라 부르거든 모조리 두들겨 주라!

무엇이 世尊인가?

아는 자 불러내며 모르는 자 따라 되놈이로다.

세상에 없는 이유로 아무도 몰라보니 이 이 뿐이로다.

엎드려 절하거든 절하며 묻되, '뉘시오니까?'

널판때기 등 뒤에 지고 부질없이 문 앞에서 책이나 읽지 말라!

허나, 독약 같은 책 탓하다 혼백조차 흩지 못하고 죽은 줄이나 알라.

탓하는 그 책 탓에 다시 책 되어

바뀐 물건이 能所를 廢棄(폐기)한채 追跡(추적)하기 때문이리라.

What happens with us? Who told me to bow and respect?

All this time, carrying soft board upon my back,

Reading books with no letters, no periods and no words.

Do not blame this book or complain about its contents.

Weird enough; and no one ever wants to know what it is.

It was switched back from new to old even before you were born.

While you call him Buddha, the utmost honoured Enlightenment,

He turned his back to you and talked with all the demons.

뜬금없이 부처를 부르는 그대여

마귀인 적도 없거늘 어찌하여 부처라 부르는고?

若言他是佛 만일 남이 부처라 할진대

自己却成魔 그대 자신은 마귀여야 하리라.

깨달음이라니 참으로 虛妄한 이름이다.

필경 깨달은 자의 호칭이 아니니 깨닫지 못하고서

어찌하여 깨달음을 謳歌(구가)하는 것인가?

아난이 어찌 자신의 이름을 버리고 부처를 빌어

須菩提(수보리)로 하여금 묻고 대답하게 하였는가?

If you saw him, he must to be straw-headed.

If you don't see him, you must be a horned mouse.

Do not worship him or praise him as such,

Because he is nothing unless you are something.

손대신 몽둥이요 말 대신 침묵이며

棒[방]도 喝[할]도 아닐 때는

자고새 우는 곳에 꽃향기 백태로다.[鷓鴣啼處百花香]

No one realized who He was then,

No one can recognize him yet.

And no one will ever see him at all.

How can the triple worlds honour him?

What is the garden of the fully enlightened One?

Useless to point finger; not even staff or shout can awaken.

Simply, otherwise, right in this place and in this moment,

Innumerable flowers and unnamed birds sing.

모를 수록 예배하고
알 수 없어 그 이름을 찬양한다.
뉘 있어 "이 이라!" 일렀더라도
"몰랐다"고 잡아떼며 죽이리라!

004

在 舍衛國[在 舍婆提城]

사위 국토에 계시더니

For a while, He stayed in the country of Sravasti,

The Land of Good Listeners,

尸羅婆提[sravasti]城이라니 잘 들으라.

中 인도를 구하지 말라. 슬라바스티 나라를 찾는가?

부처도 잃고 그대의 명줄도 보전하지 못하리라. 할[喝]하고

잽싼 소문에 듣자하니

"삼세에 우러러 가장 거룩하신 분께서 오시니

많은 귀 밝은 이들이 그 분을 뵈러 모인다." 듣는다.

Sravasti is neither a castle nor a country at all.

It was not, is not and never will be in central India.

There are no Indians nowadays in Indiaanyway.

Doing this, you lose everything including Buddha and your life.

나를 듣고자 모인 다 같은 아들이여!

서로 '나'라 부르며 '너'를 듣나니 그대라 말한다.

'들으러 오는 이들'이 숲에 둘러싸인 고즈넉한 뜰 앞에 앉아

서로 부르고 응답하니 조촐한 땅이라 일컫는다.

Don't call me I; I of eye cannot see what I am saying.

Do not name You, you; you of ear cannot hear what you are saying.

Hidden by the woods, every listener sat under the luminous light.

Since then, it has been named immaculate land of original mind.

듣도 보도 못하든 이가 저들 앞에 문득 이와 같이 몸을 나투니

스스로 如來라 부르는 것은 그의 허물이려니와

지금에 이르러 보니, 저들은 도대체 그 뉘시든가?

되레 저들이 이와 같이 오시지 않았는가?

저들이 문득 듣기 위하여 이와 같이 모이니

저들을 위하여 說하는 이가 무색할 따름이로다.

할 말이 이렇듯 없어 敎外別傳(교외별전)이라 부른 것이 아니더냐!

본래 이곳에는 아무도 듣는 이가 없느니라.

Before He talks, all the pure people, in their heart,

Already understood the whole thing.

What is this whole thing? Since Golden aposiopesis,

With great joyful smile, it has been transmitted.

사위국이여!

부처로 하여금 풍파를 일으키는 근거인 것이며

天쯘(천축)과 東土 두어 한바탕 꽃피고 새울게 만든 곳이 예 아니더냐?

듣는 이놈이요, 문득 듣자마자 아는 이 물건이로다.

들어 깨우치니 공덕을 쌓은 곳이요 법왕이 머무시니 城이로다.

마음 깨우쳐 道 닦기를 좋아하니 모이자마자 나라를 이룬다.

무엇이 그리도 좋았을 것인가?

What is his transmission? From and to whom.

From the east to the west, coming and going,

Saying and listening, talking and understanding.

This is the last spell; untouchable mantra;

Buddha and not-yet-Buddha, Evil being and Great-Being.

Do not get used to distinguishing between two different things.

Forbid yourself from thinking that you and yourself are also the same.

Home is called comfortable only after you return from outside.

最好晩秋霜吾夜 좋고 좋을 손 늦가을 저녁, 서리는 얽혀 뿌리는데

一聲新雁覺天寒 기러기 외마디 소리가 차가운 하늘을 새롭게 깨우네

나라에 백성 있는 줄 모르고 백성마다 같은 나라인 줄 모른다.

"고요히 집 안에 앉아 있으니 일이 없다."

나를 위하여 물어 주니 "외 손바닥 물결치며 울지 못하고,"

그대 위해 답하는 자

"모처럼 찾아온 이 看過(간과)하지 않아 매 맞을 짓 않는 법이라,"

비로소 經을 열어 金剛(금강)의 나라를 세운 것이다.

보라! 여기 계신 "주인 중의 주인"을 위하여

"無孔笛(무공저)를 들어 劫外歌(겁외가)를 불어 젖히니"

한마당 놀이로 能仁(능인)의 威容을 갖추었으므로,

冶父가 "스승과 제자[師資]가 모여 어울려[合會] 하나니

말을 먼저 꺼내면 문득 응하여 화답[方成唱和]함이라." 하였다.

In the same land, with the same people and the same Listeners,

There is no one to speak, and furthermore, no one to hear.

Tell me if you know anyones like these?

Who could ever see the country even in their minds?

To praise the One who never, ever existed.

Even though somebody plays the holes in a flute,

Alas, hearing and sounds belong to nobody,

And yet not one of us can avoid this playing.

木人嶺上歌

石女溪邊舞

나무토막 사람 남자 산 위에 노래하고

돌덩이 계집 여자 개울가에 춤춘다.

005

祈樹給孤獨園하사

간절한 지혜의 樹林, 고독한 이들의 안식처에

Amid the wisdom woods,
In the most comforting garden, for lonesome people.

기특하고 信實한 "파사익 왕자의 이름이 祈(기)이니"
그는 몸과 마음을 다하여 항상 발원하기를 좋아하되
지혜와 덕을 성취하여 베풀어 씀이 큰 樹林 같으니,
이에 薄伽梵이 "금강경이라 지어 부르라" 이르시었다.

외로운 이라니 무리지어 패거리로 다니는 중생에게
어찌 이렇듯 큰 이름 베풀기에 이른 것인가?
自心의 크고 넓은 寶宮에 넘치는 법이 없거늘
누가 무엇을 누구에게 베풀 수 있더란 말이냐?

안식처라 일렀으니 본래 같은 집이며

須彌(수미) 山中에 함께 앉은 까닭이 아니랴!

궁색하기는 바로 黃面 석가 그 이상이 없으니

태초와 종말도 잃고 오로지 "나"만 내세웠다.

참으로 고독하여 찬 서리에 칠통 같은 어두움뿐

적막을 찢으며 드높은 새 하늘에 기러기 난다.

"나 이전에 태어난 자 없으며

나 이후에도 태어날 자 없으리라."하시니

외롭다는 말 또한 그르치는 소리다.

부처가 자신을 지칭하여 되레 고독원이라 呼名(호명)하였도다.

"Before me there was one, after me there will be no one."

When Siddhartha said these words, who was there?

No wonder he has been lonely all this time.

Instead, he called this place, 'Garden for lonely ones.'

숲에 들어 길을 잃도다.

문득 나무 나무마다 친하고 잎과 가지에 뿌리 있는 줄 아니

길 잃는 그곳에 홀연히 活路가 있다.

칼과 방패로 타향 땅에 적들을 물리치고 고향 땅 밟으니

전리품으로 어깨와 팔이 더욱 무겁다.

Buddha has lost his way out ever since.

All the disciples wandering in the deep forest.

Finally they have conquered the world,

But just a empty hand in front; Pyrric triumph.

입가에 웃음 띠고 잔치 벌려 이웃 먹이기를 원하니

얻음은 본래 버림이요 이문 남기는 곳에서 다 잃는다.

외롭고 쓸쓸하기 하늘 구석까지 알려진 터라

아담한 새집 지어 사람 불러 모으려 꾀한다.

보리수 아래 도를 깨우치곤 문득 下山하니

산을 내려가 어디로 향하는 것인가?

궁중에 돌아가 앉을 자리도 못 얻을 터이니

돌연 고독 원을 빼앗아 자리 잡는구나!

무엇을 보았기에 見星을 見性이라 불렀으며,

할 일 없이 下山하니 무엇을 결심하였나?

쓸모없는 몇 마디를 初轉法輪(초전법륜)이라 부르니

"중생을 제도한다." 놀림만 당하였네.

At dawn, watching the morning star. Mars!

What did he think and hear?

Climbing down road from Mountain, what thought struck him?

His poor first words; saving all creatures, still cannot even help himself.

When He sat on the podium,

Even His student didn't care and underestimated his tongue.

If this is the destiny of all the saints,

Why does anyone like him still desire to save everyone?

When star opened his face,

A flower smiled and praised the Enlightened One.

The utmost lonely person in the world, finally aware of himself;

It is better to shut all doors and be shut up completely.

법좌를 펼치니 다섯 비구조차 외면하곤 쳐다보지도 않았네.

신달 태자는 얼굴 붉히고 십이만 里 서쪽으로 내뺐었다.

금강좌가 부동의 터전이라더니 寂滅(적멸)마저 사라졌다.

스스로 모진 바람 이기지 못하게 만들었다. 초라하구나!

只把一枝無孔笛 한 가닥 구멍 없는 젓대를 쥐어 잡아

爲君吹起太平歌 그대 위해 태평가를 분 것이었다네.

천하의 변재로 해명하되 구차하여 흉을 면치 못하리라.

환히 밝은 대낮에 남의 땅 훔쳐 戰利品(전리품)을 삼았고

텅 빈 땅에 깃발 세워 모진 바람 피할 수 없게 하였네!

No one realized who He was,

Also, no one can recognize him yet,

And no one will ever see him at all.

How can the triple worlds honour him?

지혜로운 王子는 남다르게 빼어났으되

여태껏 금강경 듣고 있으면서도

설하고 듣는 제 자신을 지금도,

만나 본 적이 어느 과거에도 없도다.

006

與大比丘衆 千二百五十人을
俱러시더니

큰 비구 무리들과 더불어 계시니
천 이백 오십 인을 두루 갖추었느니라.

Surrounded by the one thousand, two hundred and fifty

Good and wise ones,

So-called

Bhikkus,

Who are they?

Those who never had a home,

Or such a mind of wanting to abide without movement,

And will never require support in their mind?

'人'으로 사람을 헤아리시니 눈을 씻고 다시 바라보나
다섯 上首 비구 위시하여 단 한 명도 여기 없는 줄 안다.

그 많은 인물들은 다 어디로 간 것일까?

그대가 찾는다면 이미 瞿曇(구담)이거늘

[근심스레 눈을 찡그리고 아무리 애써도 그대 자신의 뭉게구름 밖에는 없다.

없다니, 갑자기 돌아보니 모두 내 허물의 구름이 어리석고 오롯하다.

찾는 이 없지만 큰 어른 모시고자 백년이나 청소하여 가꾸고

상 차려 준비한 터에 하루 이틀 더 기다림이 무슨 대수이랴!]

가만히 들여다보니 홀연 천이백 오십 人 갖춘 줄 안다.

많으면 많을수록 좋으니 하나를 위함이요

하나도 부끄러워 없다 하니 비로소 많음을 안다.

하나가 많음이거나 많은 것이 하나이거나

하나도 아니고 많은 것도 아닌 줄 알기 위함이다.

One is already too much and, in the end, many are too little.

It is a shame; so many people.

However, everyone rests as soon as they perceive

The birth of emptiness.

있는 대로 說하는 이를 듣고

보이는 대로 다 듣는다.

애초에 구담이 성을 뛰어넘을 제 들어났나니
見性과 涅槃(열반)이 부질없는 소문일 줄이야!

허나, 큰 비구가 다시 비구와 떼 지어 모이니
밥그릇만 많고 거둔 음식은 한 양푼도 아니 되었구나!
갈수록 눈만 빠지고 배고픔만 더하니,
그토록 배고픈 무리들이 수저 들 생각조차 못한다.

입에 거미줄 뻗더라도 좌복[참선하는 방석]은 땀에 절고
냄새가 독하여 산천을 뒤흔드나 가히 禪房(선방)이로구나.
외롭고 쓸쓸하나 오갈 곳 찾지 않으니 衲子(납자)의 기개이나,
알고 보면 제 방석 도둑맞고 남의 방석 탐낸 격이로다.

十念에 각각 머무니 一千이라,

육신이 不淨하고 無我이니 身 孤(고)요,
오관에 애착을 버리니 受 孤요,
常樂我淨(상락아정)은 멀리 두고
조촐[청정]함을 좇아 一切苦를 조복 받는다니 心念 孤이며,
법을 위하여 온갖 즐거움들을 害惡하다 하여 버리니 法念 孤이며,
탐진 경계를 實有가 아니라 하여 버리니 境界念 孤이며,
寂靜(적정)과 無諍(무쟁)을 닦는다 하여

집과 가족을 떠나니 阿蘭若(아란야)를 念하는 孤이며,

세상에 만행하며 술 계집 노름 가무를 멀리하니 都邑聚落念(도읍취락
념)하는 孤이며,

이득과 명분을 假相(가상)으로 여겨 버리고

항상 남을 생각으로 資養(자양)하니 名聞利養을 念하는 孤이며,

항상 정진하고 신심 내어 공부하며 법을 물어

성불하기를 발원하니 如來學問을 念하는 孤를 피할 수 없고,

마지막으로 斷諸煩惱念(단제번뇌념)하는 孤이니 "모든 번뇌를 斷除하
겠다"

발원하며 게으르지 않는 孤獨이다.

Who are they?

The one thousand people?

While body is tainted, it is subject to nobody.

A lonesome body.

Giving up all the five sense-data;

Lonesome chooser.

Far away from holy happiness, mind looking forward to something new all

the time; Lonesome speculation;

Realizing that all beings

Are miserable,

Becomes

Truth-seeking lonliness.

Giving up each and every desire,

Understanding that all conclusions are not real;

Only practical view-points

Of lonesome mind.

Staying home to acquire serene peace;

Enjoying lonesome mountain shrine.

Ignoring worldly wine, women, and singing,

Solitary lonesomeness.

Deserting fame and power,

Concentrating on the spiritual nourishment

Of themselves;

Lonesome spirituality.

Studying and examining own mind and interrogating Dharma;

And, finally, vowing to cut off all

The deluded mind:

Lonesome cultivation.

二百은 禪悅食(선열식)과 法喜食(법희식)을 즐기는
두 종류의 무리들이기 때문이니
그리하여 比丘들이라 부른 것이나, 듣고 歡喜 踊躍(용약)하는 이가

어찌 일심으로 靜慮(정려) 思惟하는 기쁨에 젖을 것인가?
기쁨을 자처하여 외롭고 적적함을 여의지 못하니
해제와 결제를 두어 制約을 풀고 맺음이 따른 것이다.
수행이 곧 萬行인 까닭이며 叅究(참구)함이 供養인 까닭이다.

Who are those two hundreds people?
They enjoy the sufficient world of dining out together,
For them, there are two kinds of food;
Mindless fulfillment and joy.

五什(오십)은 다섯 종류의 신통력을 갖춘 무리이니,
不思議(부사의)하게도 하늘의 눈으로 아니 天眼通이요,
하늘의 귀로 들으니 막히거나 답답함이 없으므로 天耳通이 열리었고,
나아가 宿命通(숙명통)이라, 현재의 업을 분명히 알므로
과거와 미래의 모든 업까지도 환히 꿰뚫어보는 힘이 있고,
他心通으로 제 마음을 돌이켜

남의 말과 뜻을 분명하고 거침없이 살펴 알며,

神足通이 열려, 몸이 如意하므로 크고 작은 모습을 자유자재

나투는 신통력을 갖춘 비구들이었다는 말이다.

There are also a small number of

Those who already have achieved heaven-eyes and heaven-ears;

Those who know mind without exceptions;

Those who are freely able to metamorphosize appearance.

뭉치면 다섯인 줄 알지만 하나하나 살펴보면 곧 같음을 본다.

눈과 귀가 열리자 벙어리 냉가슴 앓고 답답하기 그지없다.

나귀허리 뒤집어 타고 치달리니 되레 자유인이라 부른다.

방방곡곡 누비며 다닐지라도 낯설지 않으니 本鄕이라 이른다.

외롭다 말하나 의롭다 이르고,

지옥의 고통을 말하나 짐짓 극락에 도달한 것이로다.

생각으로 생각에 떨어지니 自救도 얻지 못하려니와

생각할수록 버리고 그 생각조차 버리는 바람만 커지니

아라한이 버릴 수 없는 果報가 된다.

"주인과 짝꿍이 뒤섞이었으니 말하는 이와 듣는 이가 會同한 것이라."

이 말을 자세히 들여다보면 저들을 살리려다

도리어 재갈 물려 입 열지 못하게 만든 것이로다!
"내가 들었다."니 들은 말은 한마디 없고,
사람조차 하나도 없어 "이와 같이 들었다."고 허튼 소리만 들릴 뿐인데
會同하여 무엇 하려는가?

시시하다 하여 다 떠나버리고 나 몰라라 하였다면
"獨掌(독장)이 不浪鳴(부랑명)이라, 손바닥 혼자 소리 내지 못한다."고
뜻풀이하는 것 또한 더더욱 초라하여 뒷맛을 다 잃는다.
哞峰[저자] 같으면 그리 말하지 않으리니,

큰 비구들이 모두 제 갈 길 바삐 뿔뿔이 흩어지자
천 이백 오십 인이나 되던 무리들도 어디론가 사라졌구나!

These are called

The fifty eminent ones

However,

Where are they?

하리라. 들자하니,

來無所來 月印千江 오는 곳 없이 오니 달이 천강에 박히었고
去無所去 空分諸刹 가는 곳 없이 가니 허공 나누어 나라 삼았다.

하거니와,

오고 감이 없는데 천개의 강이 나뉜 나라들은 어찌 보았노?

밝은 달이 허공에 뜬다지만 밝음 보는 이는 본래 없건만

눈초리 닿는 곳마다 옛 도량 아님 없다[觸目無非古道場]니

도리어 이르는 곳마다 他鄕땅 강 끼고 새 나라 세우는구나.

어두울수록 더욱 분명하니 달이요,

환할수록 더욱 모르니 남의 집이다.

무엇이 비구이며 비구니인가?

내 것도 없고 남의 것도 없으니 중이거니와

남 없고 나조차 없으면 비구니일 것이요

나와 남이란 이름조차 없으매 비로소 비구라 부른다.

What is the good and wise one?

He has no family; because he is good.

He has no children; because he is wise.

Why is he good and wise then? Because he is no-body.

묻는 일에 망설이거나 꾀를 내지 않으며

대답하여 일러줌에 나와 너를 두지 않는다.

가진 것 없으니 있는 대로 부유하거니와

가질 것조차 없으니 쾌적하여 스스로 反問한다.

At last, he interrogates upon himself.

007

爾時에

그때

In this very moment,

제풀에 소스라쳐 놀란 격이다.

몸 없으니 문전걸식하고 오가는 자취 없건만

끝없이 마시니 금강 반야라,

옷매무새 고치고 발우를 거두니 하늘과 땅이

스스로 덮고 펴 상관 않는 까닭에 내 집이라.

He was frightened by his own interrogation.

He eats things from Heaven. No one asks.

He drinks things from Earth. No one answers.

He takes rest after food from up and down.

좌정하고 앉으니 天地도 부끄러워 쥐구멍을 찾는다.

冶父(야보) 노인이, "開示하여 숨숨[惺惺]하다"니
살펴보건대 도리어 祖門(조문)에 누를 끼치었고
어지러이 후대 사람들로 하여금 공들이지 못하게 하였구나!
밤하늘 별이 또렷하여 분명하니 끝없는 어두움 덕분이리라.

牟峰(무봉)에서 한마디 이르리라.
먹고 마신들 배부르지도 않고 포만감 또한 없으니
한조각 금강반야가 호의호식하며 빈둥대는
옛 이야기 거리일 따름이라,

One cup of tea from deep mountain,

A piece of cookie from gateless Palace.

If someone asked me, "what is the taste?"

It is a single hair glows in the teeth of wooden board.

제집처럼 남의 대문에 걸터앉아
불법을 한담거리로 알게 만들었으니
천하의 둘 없는 명당을
화두로 말질하는 앉은뱅이들로 자리를 가득 메웠다.

爾時(이시)가 어느 때인가?
시달타 태자를 뒤로하고

구담 석가모니를 유포시킨 金句聖言조차

죽은 소리인 줄 알아 내던진 뒤로는

몰래 지금 그대 스스로가 단호히 돌이켜 묻나니

밖으로 누구에겐가 던지던 물음을 끊었도다.

What is the time of this true moment?

As Siddharta; already left home and Prince behind,

After all the golden words and holy sayings are drawn away;

Evidently not for the dead and not for any outsider!

이때가 모든 부처와 모든 조사들이 한꺼번에 그대를 위하여

설하시는 때인 줄 어찌 믿지 않을 수 있으랴?

맑고 고요하고 확연하여 분명하다만,

의심치 못할 손 참으로 그르지 않음을 알았다니,

무엇을 알았는고? 방망이 서른 대를 주리라.

At this very moment; no Buddha in the past, future or even now.

Cannot have any word to say either; The aposiopesis, paused and stopped.

It's clear and open and vast without question, yet nothing is wrong.

But, what is it then? Everyone knows beyond interrogation.

008

世尊이

三世에 없는 가장 거룩하신 분이시여,

The Bhagavad; the most honored One in the triple cosmoses,

Why is he honoured in the triple cosmoses?

Listen carefully whatever it is, because nobody was before and after.

Who is he? Even now, there cannot be anyone but me.

Do you wish to know it? Where were you at that time?

세존 밖에 없으니 생각 밖을 지난 과거라 불렀다.

미래가 올 수 없으니 세존이 존재들을 뭉개 버리었다.

모를 그 이 덕분에 지금을 現世라 낚아채니

가난한 집안에 공양거리 걱정 잘 날 없다.

누군가 나 以前에 있었다면 그의 이름도 세존일 터,

누구든 나 이후에 존재할 것이라면 그도 세존일 터이다.

Beneath the ocean, a mud-ox runs holding Moon in his mouth.

Iron-snake makes a hole and pierces through diamond-eye.

Bold Stone Tiger holding an infant in its arms is taking a nap.

Himalayas ride elephant back home pulled by tiny sparrow.

Can you see?

Can you find a live word here?

If you can tell me,

Even Buddha will bow to you,

Calling you, "the utmost honoured One in the triple cosmoses."

뉘 있어 호들갑떨며, "그 분 누구냐" 묻거든

다만 "이와 같이 오고 이와 같이 오느니라."

뚜렷하되 눈앞에 결코 보이지 않나니,

"이와 같이 왔노라." 함조차 지나갔도다.

As soon as one saw the Buddha,

What if someone asked Him, "Who are you?"

As soon as He heard this question,

He could not hide himself in this world.

Even if He answered, "I cometh as it is", He could not avoid thirty blows,

Because all reasons are not good enough for forgiveness.

How can He prevent this situation then?

I will give even harder blows to the asker.

아무도 모르는 이이시니, 뵈면서 모르고

모르되 나와 너를 던지고 그분이라 불렀다.

말을 즐기지 않으니 오롯한 부처요,

說을 미워하지 않으니 寂寂한 세존이다.

사십구 년 說하시고도 금강경은 없고

세상에 강림하기 전 금강경을 끝내시었다.

佛과 世尊을 異同으로 분별하여 쓰면

허공 속 아궁이에 불 집히는 쏘시개너라.

After forty-nine years of propaganda,

Didn't give any word about the Diamond Sutra.

Yet, He delivered them all before He was born.

Saying that Buddha differs from Honoured One became trash.

"世尊께서" 모습을 드러내시니

그대의 의심이 잠잘 때 도리어 得失이 있다.

잃은 부처는 그대 곁을 떠난 적 없으나

얻은 부처는 멀고멀어 눈 안에 선하다.

누구나 항상 소중히 지니면서 싸게 괄시받고
천대받는 이놈이 바로 그 양반이다.
절 들러 쇳조각 동상에 절하는 이는 많거니와
實物 여래께서 당장 몸을 드러내신다면 어떤가?

돌과 쇠를 잘못 알지마라, 이 뭐꼬?
實物을 들추어 금물 대신 똥물 뿌린다.
문득 머리 숙여 예배하니 돌장승이 웃도다!
고금에 이 일 아는 이 과연 몇이나 될꼬?
[眞身이라 부르자 허망한 몸이 갸우뚱 댄다.]

몸을 드러낸다니 정말 뉘 있어 알아볼꼬?
드러내나 어디에도 드러난 것 없느니라.
알아보는 이 두려우니 이미 존중제 아니며,
세상 없이 존귀한 어른 제 몸 보기 꺼린다.

Was it Buddha who appeared in front of the many unenlightened people?

No one knew before, then, how can it be this time?

Is there anyone that realizes who he is in this un-realized world?

I wonder, then, if he was recognized by anyone.

If anyone was before him, he must also be called Buddha.

If someone will be after him, he cannot be named anything but 'me'.

No name comes from somebody; if one heard it, then,

It must be my own name; no-one but this 'me.'

009

食時에

공양 드실 때가 되니

It was the time to eat.

맛과 멋은 본래 엎치락 잦히락이니라.

Taking food by mouth,

Surely not separate from taste which already ex-ists inside your mind.

The weirdest question is: Are you sure it ex-ists?

Since it is already in your mind, how can it be out there?

기쁘고 반가움이 다 함께 더불어 먹음이다.

밥 때인 줄 어떻게 알았을까?

대중에 참여하곤 解와 結을 함께하니 공양이라,

주인은 손의 顔色을 살펴 축배를 제창한다.

한바탕 잔치 벌리며 귀한 손님맞이 하여
맛에 맛을 더하니 멋있는 比丘 되었다.
중은 食時에 무엇을 먹거리로 삼는가?
하늘이 입을 열고 땅으로 곱씹어 야단법석이다.

식사는 한다면서 손과 이빨만 바쁘게 부리고
그릇 없는 귀와 눈은 먹는 것 없이 헛수고만 한다.
貪慾은 修羅(수라)요 손과 이빨의 주인이고자 한다.
한번 맛을 본 뒤로는 쉬어 그치니 보살의 자손이로고.

마음은 다섯 개의 입을 가지고도 만족을 모르고
하나 밖에 없는 입이 열 몫을 함께 한다.
저 다섯은 어디에서 왔는가?
스스로 兩足(양족)하니 예부터 부처로다.

Mind has five mouths; eye, ear, nose, tongue and body perception.

Yet, one mouth of mine is better than five of theirs.

Do not perceive five sense organs as under your mind.

Your mind is only begotten by those physical organs.

鉢釪(발우) 들고 袈裟(가사) 챙겨 어깨 위로 수하고
동네방네 중생들 집집마다 빼지 않고 두드리며

권하되 "다 같이 佛祖와 함께 밥 먹자." 이른다.
건네주어 복 짓고도 밥 한 톨 구경 못한 이뿐이다.

德山은 바릿대를 버리건 밥을 얻으러 가건
옳을 수록 빈축만 사게 되니 미륵에게나 되돌려주어라.

黃金 망아지가 밥통 째 두드리며 깔깔대고 웃을 제
시방의 모든 밥그릇을 다 비어버린 까닭이다.
어찌하여야 저 金仙과 더불어 밥 한술 먹을 것인가?
장단 맞추어 같이 노래 부르나 때 늦은 것을 어이하랴!

金牛[황금 소]화상에게 엎드려 叅問(참문)하라.

빌어먹고 베풀어 고마우니 먹는 일이 곧 동서남북이다.
때를 알아, 城으로 납시었다니, 모름지기 먹지 않겠다는
철부지 아이들에게 때맞추어 이름 부르며
억지 밥 먹이는 부모의 형국이로다.

When it is, "time to eat",

Everyone is already finished their meals.

Since they have already finished their meals,

How anyone who has no mouth ever again dare take a meal?

분명하거니와, 준 만큼 받았고 받은 만큼 주었나니
받은 것은 밥이어도 아무도 먹을 수 없고나!
그리하여 "禪悅(선열)로써 스스로를 이롭게 하니[自利],
法悅로써 남을 이롭게 한다[利他]." 하였다.

It is a very strange thing, 'thus I have ever heard'.

All kinds of dishes had already been prepared before he asked correctly

that time.

For what reason then, did He continue to beg for food?

Is he still hiding or does he really not know he is full?

밥을 먹는 이 물건이 상 치우고 말도 한다.

Each and every offering never belonged to Him.

Fortunately and also truly unlucky for Him.

He cannot even take one bite from them.

His teeth were badly rotten; no way to chew.

몸 안팎을 뒤져보나 남의 것 아님이 없고
있는 대로 다 베풀자 비로소 모두 내 것이다.
禪定과 智慧에 "오고감이 본래 없다" 설하시었다니,
오고감이 이렇듯 분명하여 定慧 一飯(일반)이다.

Offering is the name of Enlightenment.

그렇다면 부처는 무엇을 먹는다는 것인가?

먹는다면 人이요, 아니 먹는다면 非人일 터라.

다시 물으면 그대 또한 영영 밥 구경도 못하리라.

잔치 벌려 함께 주인과 마음 나누니 供養이다.

Do not say: 'He eats or lies down'.

If so, he is a mere human-animal.

If not, then, he must be an Extra Terrestrial

However, if asked, he cannot eat even if starving to death.

발우 비워 닦아 거두니 차담이 없을 손가,

黃面(황면) 늙은이의 푸짐한 이야기 권하지 않으리오.

시도 때도 없이 아무 때도 아닌 적절한 때

거저 주어도 먹을 사람 없고 먹으며 먹는 줄 모른다.

나무토막과 쇳물 부어 빚은 허상에 등촉 밝히고

같은 얼굴 없고 두 얼굴 없는 金仙(금선)에 절하도다.

Eat and eat without stopping. No-one knows why.

No-one can stop all mighty supreme one either.

In our mind, something always comes rapidly and afterwards is gone.

Man will bow 'till death and seek truth as much as ignorance.

Taste and consumption are the ups and downs exchanged.

Eating, hearing, smelling all result in empty satisfaction.

Bitter food; finally giving up the desire for talking.

Men all do this eating, but actually it is just empty motion.

Two hands take orders from desire; teeth do the job.

Tongue recognizes food after eyes pick up the taste.

Nose distinguishes food as fitting the desire,

Ear encompasses whole body to get the right pleasure.

Buddha statue is the food for the eye of ordinary beings.

Human-animal moves eyes to chew the image of them-selves.

Mouth sings a Bodhisattva's name for a taste of his tendencies.

That is the reason it is called offering in general.

At the same moment, two things are happening:

While mouth and eyes are enjoying their own features,

Conscious mind was filled with all possible images.

All the desire, anger and ignorance are also your food.

All humans

Have to cook mind.

All images

Will be different.

010

著衣持鉢하시고

가사를 수하시자 발우를 드시고는

Putting Kasa

Over his shoulder

And lifted and

Held up Bowl.

Kasa is the sufficient garment of the enlightened one; for himself.

Valu is the sufficient food of the most honorable being; for himself.

What can Buddha eat and wear himself, then?

Your food and our clothes are an exact fit on him.

"먹고 입고 자리 펴는 것이 道라." 함부로 이르지 말라.

無心과 無相, 無爲와 無住로 근본을 삼거늘

어찌 먹고 입고 자리 펴는 것을 일러 얼버무리려 하는가?

먹을 마음이 어디 있으며 생각꺼리가 무엇인가?

Do not let yourself say that

Tao is no more than food and clothing.

Do not allow yourself say that

Dharma is nothing else than waking and sleeping.

While you, without hesitation, talk about Tao and Dharma,

Even in your dreams, never seeing Doing, in itself.

Do you want to say you knew it before?

Tell me what is that thing that keeps saying, 'I know'.

몸이 이미 없거늘 무엇을 입는다는 것인가?
佛衣가 袈裟이니, 消瘦衣(소수의) 無垢衣 忍鎧(인개) 功德衣로 부른다.
消瘦는 가진 것이 없으니 곧 無所有를 말한다.
세상 苦를 떠안고는 복수극으로 치닫지 아니한다.

消는 몸을 태우고 타니 남은 재조차 없음이요

瘦는 마음이 텅 비어 바랄 것이 없고

바램 없어 落心 없어 無心으로 본을 삼는 까닭이다.

몸과 마음이 受容하거나 收用하지도 않으니 佛衣이다.

忍鎧(인개)는 忍辱의 갑옷이라,

자신의 지혜가 자신의 몸을 의지하기 때문이요

禪定이 지혜를 빌미로 無垢하여 청정함을 얻는다.

아뿔싸!

천하의 세존께서 가사 수하고 공양을 받으시누나!

옷 입자 사방이 豁通(활통)하고 가득하여 텅 비었다.

기어이 黃面 老子는 옷 벗고 편히 먹을 날 없고나!

설익힌 밥 한술에 모래 뿌려 던져주니

밑 없는 발우라도 태자의 체면이 말이 아니다.

His bowl does not have a bottom.

His cloth has never been hemmed.

Empty space upholds Sun and Moon without hands;

Void mind carries sorrow and pleasure from no-where.

011

入舍衛[入舍婆提]大城하사

사위의 큰 성으로 납시어

Buddha entered the great castleofSravasti,

In the land of wisdom.

Gathering place for

All of the eminent audience.

道가 높고 풍요로워 덕 쌓은 이들이 모였다.

이름 없는 잡초들은 몸 눕혀 자리를 마련했다.

큰 나무는 양산 되어 솔바람을 실어 나르니

오고 또 온 그 수효를 아까워 셀 수 없다.

들고 또 들건만 남순동자 듣는 덕을 모르니,

이전에도 이후에도 계시지 아니하시는 분이다.

사위 대성에 드신다니, 道를 알고자 하는가?

城에 앉기 억겁이거늘 되돌아 성으로 걷는다.

No-one before me or after me; no-body now.

Desert, tree, mount, and cloud; not to be seen.

Alas, somebody already saw all of them.

Tell me then, what did they say to anyone?

Since last million Kalpas,

Sitting and wearing them.

Only the one who you see in your heart

Will tell you who.

제 부처 잃고 치달려 밖으로 찾는다더니

없는 중생 억지로 조성하여 부처에게 맡긴다.

어찌 부처와 중생이 형제 같더란 말인가?

이상한 일이다. 調達(조달)과 석가도 이상한 일이다.

Everybody keeps saying God and Truth are one.

If so, why are they still seeking what is already there?

For me, it is stranger to say, God looks like a human.

Wonderful, yet, too weird to seem reasonable.

멀쩡한 사람이 무리지어 동냥 얻으러 다니니

아무도 눈여겨 바라보지 않는다.

예전의 왕자님인 줄 알았더라면

더더욱 낭패 보기 안성맞춤이로다.

차라리 저들이 제 발로 찾을 때까지

기다림을 기다림이 옳지 않을까? 喝[할]하고

생명 던져 어느 곳에 휴식을 얻을 것이냐?

길에서 무엇을 잃고 무엇을 얻었는가?

Why did Buddha enter the castle asking for food?

If he told them what he is really looking forward to eating,

It would have been easier for him to teach.

From that moment until now, no teaching would be necessary.

What did he lose, or rather, gain instead?

Is it true that he wanted to preach to ordinary people?

If so, with what and how would it be possible to help them?

As Cloud-door said, 'hearing that, I would beat him to death'.

012

乞食하실새

걸식하시기 위함이었나니

The enlightened One entered the castle for ritual begging.

가가호호 방문하며 메시지 들고 다니며
"믿으라, 천국이 문 앞에 있느니라."
말하여 병 주고 약 주느니
차라리
"때가 되었나니 스스로 가진 것을 모두 내보이라."외쳐
스스로 손과 주먹을 부끄러워 감추게 함이 옳았으리라.

疏山(소산)이 投子(투자) 선사를 찾아 뵈온 연고라,
"그대가 劍山에서 왔다니
그 칼을 내게 내놓아 보라." 하신다.
소산은 아무 말도 아니하고 다만 손가락으로
투자 선사 面前의 땅을 가리키기만 하였으니

이 무슨 도리인가?

칼자루 하나 없는 소년이 30년 尋劍客(심검객)을 희롱하고

갈 길도 잊은 채 땅 밑을 홀연히 가리킨다.

망망한 하늘 위에 굶주린 매 무리들이 맴돌고

구름 떠난 자리엔 자취 없는 노인의 짚신 한 짝뿐이다.

兩足한 이가 밥을 비니 천하의 빈민들이 다 모였다.

밖으로 받고 안에서 주니 부처의 속내가 드러났다.

사는 이도 없건만 부처의 장사 밑천이 얼마이던가?

利文 없이 다 주어 버렸으니 아까울 것도 하나 없다.

콧구멍으로 숨 고르며 동문서문 바쁘게 드나든다.

Accept from outside,

Donate inside;

This is everything needed

To do Buddha's work.

Why did he begin this job?

What is the benefit he could get?

As soon as accepted,

Immediately donated, is also wrong.

There is not a thing

To sell or buy.

Only inhaling and exhaling;

Coming and going, as it is.

乞食(걸식)을 하신다니

비구는 중생의 부처를 그 양식으로 삼고

중생은 부처의 몸을 양식으로 삼는다.

하늘과 사람은 自然하여 받아먹는 것이 업이라

남을 기대 제 지위를 세워 善惡과 大小를 아나

오직 부처만이 진정한 비구라 본래 不食이로다.

Begging to eat.

Eating together.

Heaven and Earth;

Men and God eat at the same time.

Monk chews the Buddha of all living-beings.

Living-being takes the corpse of Buddha instead.

Heaven and human-beings accept food from nature,

Which has resulted in the karma of naming many things.

Good and bad, high and low, God and no-god for them.

Therefore, only Buddha does not need to be fed.

He was, is, and will be the only Bikku.

Nothing above, not a thing below, and nothing also is not.

중생의 번뇌를 얻어먹지 않으며,

인과의 업보도 전혀 삼키지 않으며,

菩提 가진 줄로 여기지도 않거니와

가르치고 제도할 먹이 따로 없도다.

개과천선 할 병든 중생이 있는 줄로 보지 않거니와

그로 인하여 마음을 상하는 일도 없으므로

이를 이름 지어 무엇이라 부를 것인가?

거둠과 베풀음 없는 淨食이라 부르지도 못 하리라.

He is the One

Who has no idea of anything;

Even no-thing

Of nothing.

밥 때라 닥치는 대로 문 두드리며 "열라." 아우성치지 말라!

아무도 대답 않고 오가는 이들조차 낄낄 대며 비웃는구나!

바쁜 사람 붙잡아 "재미있으니 앉아 들으라." 이르기 전에

잔칫상 한마당 흥겨우니 나팔부터 불일이지…

Time to eat, then

Time to share the undivided thing.

Food appears to be difference of sameness,

It discloses the nothingness of one-thing.

013

於其城中에 次第乞已하시고

성안에 드시어 차례차례 구걸하기를 마치시고

In the castle,

He begged at seven houses,

One by one

Without exception.

無食의 금강經이로다.

세상에는 무릇 일곱 가지의 집이 있나니 七家食이다.

七流(칠류)는 聲聞(성문) 緣覺(연각) 菩薩(보살) 一乘(일승) 등이

수행 중 끊어야 할 일곱 가지 번뇌이니 生死의 흐름, 곧 流이다.

이 흐름들은 色과 心을 나누어 七漏의 性向을 가지므로 여기에서

첫째, 見諦所滅流(견체소멸류)니

보는 것마다 믿는 欲界의 見惑을 끊고

둘째, 修道所滅流(수도소멸류)니

생각하는 것마다 참인 줄 아는 欲界의 思惑을 끊고

셋째, 遠離所滅流(원리소멸류)는

아라한이 四諦(사제)를 觀하여 疑惑을 끊으며

넷째, 數事所滅流(수사소멸류)라

5蘊(온), 12處, 18界가 空寂한 줄 알아 3界의 苦를 끊고

다섯째, 捨消滅流(사소멸류)니

三界의 苦가 空하다는 觀 역시 空한 줄 알아 버리며

여섯째, 護消滅流(호소멸류)는

이미 無學의 果를 얻었으나 退轉하여 安住하지 않아 守護하며

일곱째, 制伏所滅流(제복소멸류)니

肉身을 돌보아 理事로써 菩提(보리)를 護持하고 功德을 쌓음이다.

生死와 衆流는 본래 한 몸통이니

열반과 해탈을 아울러 관장한다.

검은 구름 북산에 끼기도 전에

남산에서 비를 벌써 뿌린다.

성안에 누가 살기에 없는 밥을 빌러 가시는가?

金仙은 다만 눈과 입이 남달라 배고픔도 남다르네!

차례대로 밥 달라니 눈치껏 주는 마음 오죽하랴!

굶다 빌어먹지만 배부르고 퍼내 주고도 배곯는다.

문 안팎이 똑같아 예전에 다름없는 食口이거늘

뒤늦게 내 집에는 무슨 일이 생긴 것일까?

객지에서 공부 마친 아들 지난 이야기 듣자

가족 모두 의아해 귀 기울이며 눈만 휘둥그레 뜬다.

잊지 말라, 싣달 태자의 아비는 이름이 淨飯(정반) 왕이니라.

Don't ever forget,

His physical father.

Suddhodana, was called

'The immaculate food.'

All the way in his life-time,

He begged and starved;

All his uncountable disciples are still same way.

No one but Buddha eats.

014

還至本處하사

제자리로 돌아오시어

He returned to the same castle he had left.

환지本處라니 이는 外出하였다 歸家하여 安身立命함이니
本處가 어디인가? 不移一步卽到家(불이일보즉도가)라,
즉 한발자국도 옮기지 않고 집에 이른 것이라면
앉은 자리는 어디며 외출하는 자리는 다시 어디인가?

Did he return?

How could he leave a home he never had?

What is his original place of abode?

Before even moving a step; home is right here.

본래 안팎이 없다면 제자리부터가 없어야 옳으리라!
없음이 옳다니 "舍衛(사위)성으로 들어가시었다." 이르지 말라.

왜냐하면 사위국은 바로 이 사바세계의 本名이기 때문이다.

어찌하여 그러한가?

No place can be called in or out.

He cannot go to or returned from anywhere.

Not even paradise is for anybody.

Why? This place is this world in its origin.

부처님이 이 세상에 顯現하여 應化하시기 전부터 사바세계에는

그대와 같은 수없이 많은 무리들이 귀를 기울이며 입을 모아

저이의 降誕(탄강)하심을 부지불식간에 仰望(앙망)하고

이미 獅子(사자) 같은 위용으로 '世上에 가장 尊貴'한 법 펼치실 줄을

알았기 때문이다.

그대는 보지 못하였는가?

나라 안팎으로 지금도 마음 훔치는 도둑 쫓는 도둑들이 즐비하니라.

空寂靈知(공적영지)에는 去來가 없거늘 어디를 갔다 돌아오신 것인가?

그러므로 알라! 寸步(촌보)를 띄지 않았거늘

홀연히 십 萬里를 다녀왔으므로 환지본처라 이른다.

Men see the mirror; they say they are not looking at selves.

What made them so sure they are seeing themselves?

Don't tell me they know it by nature;

You have already put another head on your shoulders.

들었는가?

한 생각 굴리기 전에 다시 듣는 그 자리로 돌이키라!

그렇다면 필경 무엇인가? 책 읽는 소리가 朗朗(낭랑)하니라.

Did you hear this sound? Yet, it is no-where?

Turn your Self around! You are also no-where.

However, what is this no-where anyway?

I heard somebody reading The Words.

어찌하여 이 자리에 아무도 없는가?

도리어 있다면 무엇이 이 자리인가?

한 자리도 모자라 천하를 주유하였다면

세존에게는 본래 항하사 중생이 없느니라.

015

飯食訖하시고 收衣鉢하시며 洗足已하시고 敷座而坐하시다.

[如常敷座 結加趺坐 端身而住 正念不動]

잡숫기를 마치시더니 가사와 발우를 거두시고
발 씻으신 다음 좌구를 펴[평상시처럼 결가부좌하여] 앉으시니
[단정한 몸매로 머무시매 바른 생각은 不動하였느니라.]

After He finished eating,

Folded Kasa and put away Bowls,

Washed feet, then, spread sitting mat

And sat upon it.

눈과 귀로 거두어 들여 배불리 먹으나 막힘이 없고
안팎으로 넘나들며 매무새를 다듬으니 멋 부려 갖추었다.
지나침을 경계하는 구차한 모습은 흔적 없는 자리에
절로 들어나는 허물로 나중 사람들에 책잡힐까 배려였다.

먹은 대로 토해내시니 마치 남의 얘기 듣는 듯 생경하다.

알고 보니 늘 하시던 그대로라 무슨 다른 일을 지으시겠는가?

'먹는 대로'라니 무엇이 궁금하여 귀 기울이는가?

온 사바세계가 먹지 못하여 굶은 이들로 가득 찼구나!

먹기를 그치시었다니 먹을 게 없음은 예나 제나 똑 같다.

그 아버지 淨飯은 가장 '조촐한 끼니'시니 하늘이 올리는 공양이로다.

그 어머니 摩耶(마야)는 '造化부리는 꾀'시니 세상이 벌리는 무궁한 策略이로다.

티 없는 밥 얻어 잡수시곤 힘내어 일구어 밭 갈고 거두니 自在한 悉達이요,

비되 缺損(결손)이 없어 俱足(구족)이며 先後로 한 치의 誤差도 없어 兩足이라 이른다.

His father has eaten

Only immaculate food;

Now, He also received a meal;

From Heaven.

He has never seen mother;

Named talented transformer.

Bowl is always empty,

But Siddharta kept every virtue and merit.

중생 미혹한 만큼 깨닫고 부처 깨달은 만큼 迷惑하니

菩提와 煩惱(번뇌)에 둘이 없다.

허공을 삼키어 소리를 토하니

존재의 목소리라 곧 法音이라 하고

존재를 다시 삼키어 허공을 토하여 내니

존재의 이름이라,

산이라 부르고 바다라 부르며 인간이라 부르고 중생이라 부르니

비로소 "있다" 말하므로 곧 法門이다.

Swallows the emptiness,

Vomit sounds.

The voice of the being

Is dharma.

Swallow the being again,

Eject emptiness;

It is the name

Of being.

Being is called

Mountain, Sea, Human-being and all other living-beings.

Finally, when it was called, "it is,"

That is dharma talk.

말씀으로 실어 나르니 법륜이요,

이름으로 이끄니 金剛 力士이다.

이 모두가 부처의 부모이시니 平常의 세상에서

가장 존귀한 어른, 곧 世尊의 應化이다.

宗鏡(종경)이 頌(송)하기를,

乞食歸來會給孤하사 收衣敷座正安居하시니

眞慈弘範이 超三界하야 調御人天得自如하다.

걸식한 뒤 돌아와 고독을 달래고자 모이니

옷매무새 고치고 자리 펼쳐 安居를 갖추시네.

진실한 자비는 法度를 넓혀 삼계를 벗어나고

하늘과 사람 고르고 다스림이 저절로 따른다.

그러하더라도 발을 내어 如如한 모습을 드러내니

이것이 바로 모든 성인들께서 自在하시는 모습이라 이르지 말라!

夜靜水寒魚不食이라

밤은 고요에 깊이 드니 물은 차디차 고기조차 마시지 않는다.

傅大士(부대사)이르되,

法身은 本非食이요, 應化도 亦如然이라

爲長人天益하사 慈悲作福田이로다.

洗足은 離塵緣이라 欲說三空理하사 跏趺示入禪이로다.

Original body of the self does not take food.

Observer of the self is naturally no different from this.

To help Heaven and Earth,

It delivers compassion and love.

When Buddha washes both feet thoroughly with both hands

Poor Buddha

Covered his mind and

Departed from worldly dust.

Who made a name,

For such long time meditating?

Now called

Zen.

법신은 본래 먹음이 없나니 對應된 몸, 나툰 몸도 그러하다.

오래도록 人天을 饒益(요익)케 하고자 자비로 福田을 지으니

발 씻어 티끌 인연 여의고 세 空한 도리 모두 이르고자하여
다리 꼬아 틀어 앉으니 禪에 들었음을 보이는 것이로다.

涵虛(함허)가 긁어 부스럼을 만들었다.
"看看平地波濤起," 살피고 살피라, 평지에 파도 인 것이라니,
平地는 이미 고요하거늘 風波를 어디에서 살핀다는 것인가?
파도 없어 如然한 看看(간간)인 줄이나 알 수 있을까?

알고 일러도 모자라거늘 함부로 남 흉내 내어 입 여니
禍門으로 들어 곧바로 佛祖를 弑害(시해)하였다.
게다가 밥 먹고 움쩍하는 일이 모두 道의 근본이라
信心 짧아 斷定하고 戒를 破하여 功力을 허비하지 말라!

自信을 외면하는 가지가지 惡道가 있나니
천당에서 소란피고 지옥에서 예배 찬양한다.
부처를 사 탐욕에 팔고 조사를 길러 愚癡(우치)로 바꾸니
억지로 속을 녹혀 嗔恨(진한)으로 虛架(허가)를 세운다.

Many ways to cheat thyself

With the Devil's hand.

Screaming in heaven,

Chanting in hell instead.

Buy a ticket of Enlightenment,

Sell it back to desire.

Raising the patriarchs,

Transforming them into idiots.

There are so many repose of anger and remorse.

神, 佛이라 모시나 모두 外道라

부처와 하늘의 가르침이 아니다.

먼지 중에 먼지가 부처요,

때 중의 때가 하나님이로다.

God, and now, Buddha,

Are both outsiders.

Nobody has ever seen them,

Since before I was born.

Neither of them taught anything about holiness and heaven.

Among innumerable dust particles; worst one is Buddha.

Most poisonous herb is God;

Good only for me.

세존이 범어로 婆伽梵[바가범]이니 諸德을 성취한 까닭이다.
印度에 인도 사람이 있는 것이 아니라
인도에 사는 이가 인도인인 줄 제 알지 못하니
부처가 세존이 아닌 것과 꼭 같으니라.

허나, 제덕을 성취하자마자 모든 덕을 다 잃었다.
德은 이미 저들의 입에서 놀아나고
功이 다하여 제 생각마저 주체할 힘이 없나니
이름 이는 그때 때와 먼지가 十方을 덮었다.

"入城乞食收衣洗足은 且置(차치)하고
敷座宴坐(부좌연좌)는 무엇인가?"하였나니 과연 옳은 물음이다.
자리 펴고 앉아 잔치를 벌이니 涵虛가 송하되,

高提祖令發光寒하니 直得毗耶口掛壁이로다.
드높여 祖師의 令을 올리니 뿜는 빛은 차갑기 그지없어,
곧장 毗耶離(비야리) 성 벽에 입을 매달았노라.

冶父(야보)가 한마디로 "惺惺著(성성저)라."니 "슈슈하다."니
또렷또렷 홀로 밝디 밝아 분명히 마음속에 새긴 까닭이다.

불 속에 불이고 물속에도 물 뿐이다.

Why did Buddha sit down after the meal?

Fire inside of fire, water inside of water.

If he did not meet Subhuti,

What words could he deliver after all?

善現은 곧 수보리라, 물을 줄 아는 이 드디어 와주셨다.

It is very obvious that God cannot hear any language.

But, it is true that God knows how to listen to you.

God does not hear you if you think you know who you are.

Buddha can hear you well as long as you know nothing.

善現起請分

[善現하여 여쭙다]

An Interrogation Disclosed From Empty Logos

016

時에 長老須菩提 在大衆中이라가 卽從座起하사
偏袒右肩하시며 右膝着地하시고 合掌恭敬하사 而白佛言하사대
[爾時 諸比丘來 詣佛所到已 頂禮佛足 右遶三帀 退坐一面 爾時
慧命須菩提 在大衆中 卽從座起偏袒右肩 右膝著地 向佛合掌恭敬
而立白佛言]

그때 長老 慧命 수보리는 대중들과 더불어 있다가
곧 자리에서 일어나 소매를 걷어 올리어[偏袒]
오른쪽 어깨를 들어내고[右肩] 무릎 오른쪽을 땅에 꿇고
합장하며 예의를 갖추어 공손히 경배하고
부처님께 사뢰어 가로대,

At this time, Subhuti, the Being with Wisdom of Disclosure of
Emptiness, was among the gathering.
He suddenly stood up, rolled up his sacred robe, uncovered his right
shoulder,
Knelt upon right knee and put his palms together unadorned,
Bowed with whole heart, then directed an interrogatory toward
Buddha.

무리들 중에 뛰어난 이가 있고

그 뛰어난 이들 위에 다시 빼어난 이가 있다니

그 위에 아무도 없거늘 어찌 아래를 두겠는가?

아래를 모르시는 분이 위에 높다면,

그리하여 世尊이라니 세상에 가장 존귀한 이가

이렇듯 아랫것들도 없이 초라하구나!

Where did Reverend Subhuti,

Most wise one

Among the so many good disciples,

Come from?

Why now? What has he been doing?

How did he choose this moment in time?

What made him so sure

That it was the right time for the right question?

What is the disclosure of emptiness? Who made this decision?

Even if it appeared to be void; what was it that appeared?

Can voidness be called emptiness?

If not; where does this empty and void appearance come from?

There is no-body who can acknowledge this.

Idiot might call this a 'thing'.

Good people say that 'we do not know this at all'.

Only the one who is beyond the name of one-in-all, calls it mind.

혀를 놀려 찬탄 諸佛 함은 그대의 抗命인가?

내뱉은 말과 語言에 스스로 족쇄로다.

부처 또한 무슨 한이 그리 많아 소처럼 긴 혀 놀려

사십구 년간 長廣舌(장광설)하고도 無盡이라 하였던가?

慧命으로 무릎을 꿇고 가사를 걷어 올리며

공경스레 여쭈니 다시 얻을 지혜는 어디에 있나?

지혜로써 지혜를 버리니 여쭐 도리도 모르나,

合掌하곤 仰瞻(앙첨)하니 안팎의 손 따로 없다.

If he already understood what is the Enlightened One,

Why did Subhuti have to raise the same interrogatory again?

After wisdom chooses its' own re-examination; tongue has been forgotten.

Putting palms together, he no longer looks up at his teacher again.

長老는 무엇이며 慧命은 어떤 것인가?

지위도 둘러보지 아니 하고 허공을 叱咤(질타)하니

須菩提는 모름지기 큰 고목나무라

하늘을 덮고 땅을 뒤흔든 흔적이 역력하다.

보통 뜻 번역으로는 善現 善吉 善業이나,

空生은 '빌 공' 자 하나로 살림 차리었으므로

'空을 터득하였다.' 불러 須字를 菩提와 합성하니

저 세존께서 "解空 第一이라." 칭찬하심과 같다.

Subbhuti, was The Most wonderful Disclosure of Emptiness.

At the same time there must be such wonderful Karma.

However, he should be the Good Manifestion of Emptiness.

Now, everyone chants his name as the Birth of Emptiness.

이렇듯 번역은 마땅히 吟味하고 穿鑿(천착)하는

창작적 활동임을 여실히 증명한다.

증명하고 나니 드디어 올 것이 왔다.

차라리 뜬금없는 소리로 혜명은 스스로 목숨을 잃는구나.

무엇이 須菩提를 허공에 매달아 다그치는 것인가?

慧命으로 목숨 걸고 물으니 모든 지혜가 消盡하였고

大覺의 명예를 걸고 답하니 一字도 說한 법 없다.

解空과 世尊은 무엇 때문에 서로 일을 바꾸어 맡았을까?

112

각본 없는 연극에, 하나인지 둘인지 원!

Dharma with no libretto:

Is that the only one?

Or, is there

Any other?

수보리를 짐짓 해공 제일이라 부르는 세존이요,

석가모니를 세존, 혹은 婆伽梵이라 칭송하는 제자들.

비친 얼굴 서로서로 칭송하며 한마당 잘 어우르니

부름과 불린 이름 서로를 거꾸로 잡아타고 달린다.

Finally I noticed, That was the Buddha himself,

No one else. But, why does he need this?

Both Buddha and Subbhuti

Are riding backward on a horse.

대중의 무리 속에 어울려 앉아 있다가

홀연 자리를 박차고 일어나니 그때 알아보았다.

번거로움도 마다하고 威儀(위의)를 갖추어

오른 쪽 어깨를 살점 속까지 드러내었다.

장한 일인가 아니면 우스운 일인가?

공손히 예의를 갖추어 경배하니

이로부터 부처는 본신을 감추었나니

佛像으로만 사바세계에 떠돌게 되었다.

천박한 信心으로 짐작하건대

곧 偶像(우상)에 다름없이 되었어라.

그대들은 저 수보리의 意中을 아는가?

저 장로들로 阿難(아난)과 더불어 "無識하라."

By the way, did you notice that we are all idol-worshipers?

Did you know that all the names of God are mind-wall-paper?

Do you see that we are the slaves of the five-sense-organs?

Do you understand that God be-came One to be laundromat for humans?

기쁘고 기쁜 일이니 그 이름도 空寂이라

須菩提가 제 몸을 뒤져 赤裸裸(적나라)하게 드러냈구나!

허공을 때려 부수어 뼈를 발라내니[打碎虛空出骨]

寂黙의 입 다문 杜口(두구) 神仙을 문득 돌아 앉히었다.

Subbhuti comes from thunderbolt.

He is now totally invisible; no one can even see him at all.

114

Beat the sky 'til dead, then, take all the bones out.

Aposiopesis, Good Silence; he turned his back to Buddha.

수보리가 본래 실다이 존재 않으니

세존이 解空을 닦아 세워

금강 같은 言說로써 설득시켰다.

그런데 예전에는 半이더니 다시 본래다.

希有世尊하 如來[如來應供正遍知] │ 善護念諸菩薩하시고 善付囑
諸菩薩하시나니

참으로 있을 수 없는 일이오니다, 세상에 가장 존귀하오신 이여!
善中善이요, 보살의 發心과 供養에 모두 應하여 귀 기울이시며,
가장 어진이시라,
이와 같이 오시나니,
모든 발심하는 보살들을 잘 護持하여 생각[念]하시며
모든 正信하는 보살들에게 두루 분부하여 맡기시나이다.

Verily indeed, how rare this is,

And no one can give prophecy.

The utmost Enlightenment, Buddha,

The honoured One by triple Cosmoses.

He is the utmost Goodness among the good and prudent.

He listens thoroughly and honours each and every Bodhisattva

without exception.

Therefore, His sincere and constant concern are liberating all of them.

As long as they maintain most sincere faithful mind.

무엇이 나무이고 무엇이 풀이던가?

한 번도 본 적 없는데 갑자기 이름 지어 부르라니

모두 제 어릴 적 어미 품을 떠나던 날을 떠 올린다.

모르므로 이름이 태어나고 알면 도리어 이름 없다 이른다.

I call thee namer, right now;

You were born for me.

To see me, all of us create the name of God.

Ignoring the clear fact of my-self and naming it mind.

"希有(희유)하다"니 본래 없지만 문득 돌이켜 下心하고 바라보는 까닭
이다.

空生은 천하의 造化를 다 부리나 아지랑이일 뿐이겠고

能仁 海印은 無盡 설법 할지라도 寂黙(적묵)일 뿐 아닌가!

鳥飛毛落, 魚行水濁이니, [새가 날자 털 빠지고 고기 노니 물 탁하다.]

부처와 세존이 도망치니 홀연히 如來가 示現하시었다.

어찌하여 여래인가? 본 대로 들은 대로로다.

그대는 어떻게 보고 어떻게 들었는가? 거기는 어디던고?

아무도 아니 보이는데 碧毫(벽호)마다 팔만 사천이로다.

Buddha and the World Honored One flee away from us;

They, by the way, have no reason to stay with us anymore.

Tathagata instead suddenly appeared.

Nevertheless, I am who I am; at the top of the azure hairs.

밤에는 우러러 달 속에 별들을 담아 먹고

낮이면 한가로이 빛도 잊고 삼라만상 구경한다.

Every night,

Putting all the stars in the moon-dishes.

Taking dinner day after day.

All the luminescence forgotten.

"보살이 제 마음 잘 다스리니 愛憎일어남 없고

육진에 물들어 생사의 바다에 떨어지지 않고

생각 생각에 사특한 마음 일으키지 않아

自性여래를 항상 염두에 두기 때문에 善護念이라."

육조(六祖)께서 對示하여 이르시고,

"前念 청정에 後念이 청정하여 끊어짐 없는 것을

委曲(위곡)히 보여주시니 善付囑(선부촉)이라."이르시니 이 까닭이다.

對示와 委曲은 무엇인가?

118

생각이 반듯하니 自鳴이라 산하의 새들마다 소리는 다르나 노래는 하나요,

아비의 자상함이 지극하여 자식마다 수용이 다르되 웃음과 울음은 똑같다.

'護念[parigraha]하시고'는 應供[arhat]에 對하니,

應受供養(응수공양)은 "人天의 공양을 받을만하다."는 말이 아니리니

"마땅히 人天의 供養에 副應(부응)하여 여쭈어 오는 대로 應答하기"

때문이다.

問處 분명에 答處가 親하니,

In Avatamsaka, Adorned Flower, it was clearly declared;

The whole world itself is nothing but one flower.

Roots collect water and supply it to leaf and branch.

Bodhi tree, the King of All Trees, offers fruit.

Distinct interrogation;

Deserving of joyful satisfaction.

Tears and soothing breeze;

Caressing sweating forehead.

명료하게 여쭈면 대답도 맞아 떨어지거니와,

만에 하나 묻는 것이 분명하지 않으면 선하고 어진 이의

모든 공덕은 끊기고 疑惑과 煩惱의 회오리를 맞아

대답마다 昧(매)하여 生死가 目前에 다다르기 때문이다.

의심이 간절하면 活路(활로)가 보이고

물음이 정확하면 대답 또한 한 치의 어김이 없다.

冶父(야보)가 頌하되,

"서로 만나 끌어 당겨 내놓지 않아도

뜻을 거들면 문득 있는 줄 안다니

이 무슨 경계인가? 같은 길이라서 비로소 안다."

여기에 涵虛가 가늠하여 바로잡아[說誼]보이기를,

"담장 너머 뿔을 보니 소인 줄 알고,

먼 산에 연기 피어오르니 불 지피는 줄 안다."하였다.

人天이 이렇듯 공양 올려 如來가 받고 귀 기울여 응하니 應供이라

듣자 곧 言下에 깨달으니 안팎 없는 正遍知(정변지)라 이르도다.

착하고 어진이의 能事라, 이문 남겨 값 치루나 산 이가 더 기쁘니

없는 물건 구하는 대로 얻어 받음이 잘 베풀음이라 이르도다.

예컨대, 아미타경의 별명이 護念경이다.

마음 내는 대로 맞추어 應하여 주시니 념(念)을 호지한다는 것이다.

信實하니 善하다 한다.

무엇이 신실인가?

마음에 일어나는 모든 의심을 제 본성으로 겪어

스스로 대답하니 마음속에는 아무 비밀도 없는 것이로되

의심할 제 모르므로 비밀이라 스스로 거두면 아는 것이므로

제 성품을 본다고 이른다.

생각을 斗護(두호)하는 것은 일으키는 생각에

諸佛의 化現이 들어 있기 때문이다.

그리하여 菩提留支(보리유지)는 '應供'으로 대꾸하게 한 것이다.

付囑(부촉)은 正遍知[anuttara-samyak-sam-bodhi]에 대응한 말이다.

같은 아미타를 뜻으로 내세운 무량수경에

付囑—念이라는 말이 끝자락에 나온다.

즉 구하면 얻을 것이요 얻음에 스스로 넘치니

있는 대로 베풀어도 끝이 없으므로 徧法界(변법계)니

즉, "있는 곳마다 두루 한다."하였고,

당부하건대 스스로 알므로 付囑, "두루두루 분부하여 맡기시었다."

018

世尊하 [云何]善男子善女人[菩薩大乘中]이

發阿耨多羅三藐三菩提心하니는

應云何住며 [云何修行하며] 云何降伏其心하리잇고

삼세의 가장 존귀한 이시여!

선남자 선 여인이 아뇩다라 삼보리에 發心하고자 하거든

어디에 마땅히 머무르며

또, 어떻게 그 마음을 조복 받아야 하오리까?

The utmost Enlightened One, singularly honoured by the Triple

Cosmoses.

If any Good and Wise Ones, men or women, were inclined to invoke

Anuttara-samyak-sambodhi, highest, unequalled wisdom,

Where should they abide, and how should they verify their mind?

이것은, 묻는 것은 물음이 아니라 請法이다.

그리하여 "법을 여쭈었다"고 이른다.

그렇다면 무엇이 물음인가? 이미 法이 善現(선현)하였거늘 다시 무엇을 보이기에 이를 것인가?

"제일 긴요한 일은, 물음으로 물어 오지 말 일이니

어찌하여 그러한가?." 首山이 계속하여 지적하되,

"물음에 이미 답이 있으며 답이 곧 물음인 까닭이다.

[問在答處 答在問處] 만일 뉘 있어 물음으로 묻는다면

이 늙은 중은 그대의 발아래 있는 것이라." 하였느니라.

They did not ask that question:

They requested Dharma.

Make sure that Dharma

Is not the Truth or Supreme Way.

Then, by requesting Dharma,

One provides the assembly

With the answer before the question,

And, after all, the question is the answer.

One monk asked,

"Why did you say that, don't ask it as a question?"

The old monk said,

"Because that question discloses the answer for himself".

그리하여 지금 요즘 사람들은 풀어 해석하기를 요구하기 때문이다.

해석이 답이면 궁금하여 당황한 끝에 인간이 죽는 법이다.

"네가 누구냐?"고 묻는 것은

이름과 사람과 일[事相]과 인간성, 영원한 문제와 當體를 넘나들 뿐,

신 東旭(동욱)이 동방의 빛과 무관하지만

그 이름 덕분에 동방의 빛이 되었고

妙峯(묘봉)은 妙高峰에서 얻었지만 나의 이름이라 세워 말하고

묘한 것이 없되 이름 그 덕에 妙를 自己로서 所持한다.

"네가 누구냐"고 묻는 것은 나 자신에 의해서가 아니라

대답하는 자의 報答에 의하여 我를 얻을 수밖에 없다.

그러나, 이제

뉘 있어 이와 같이

물음 그 자체를 꾀뚫어 대답할 이가 있으리오!

發言方表赤心人

"발언하여 표현할 제 그 마음이 드러났다."

投子(투자)가 頌하여 이른 까닭이 여기 있다.

Interrogation

Is a disclosure

Of his own

Being.

바로 물음 그 자체를 보살이라 부르고,

설명하는 이를 중생이라 일컫는다.

어제는 중생이로되 지금 如來하시니 문득 善하다.

가장 가까우며 요긴하니 생사고락을 양단하는 捷徑(첩경)이 무엇인고?

이를 모르면 그 어느 것도 소용이 없게 되고

쓰더라도 손발 없는 몽달귀신의 괴변이리라.

세상에 가장 존귀하신 분 앞에 선 이는

그리하여 가장 착하고 보배로운 이라,

한결같아 남자도 여자도 아니로되, 몸 매무새가 각각이요,

옷과 장신구가 저마다 다르니라.

관세음과 지장 대성이 남자인가 여자인가?

마군을 물리치는 위용은 어느 장군보다 근엄하니 용맹하여 師子이며,

간절한 자식 얻어 가엽게 여기매 마치 위대한 慈母시라,

보고 싶거든 다만 그대의 옷매무새를 바로하여 둘러보라!

그대는 남녀 중 어느 것이더냐?

문득 둘로 나누니 한 가닥 善함이 근본을 잃는다.

The great One does not claim to be either male or female.

Man and woman, good or bad; two is forever,

While one has never had a beginning and ending.

If it began, before beginning, it is already two; before end, it is not there.

Now then, what are you?

Neither one nor two. Neither same nor different.

Every time, before you start talking,

Did you notice that you have said it a long time ago?

낮에는 '구름이 끼었다' 부르니 아직 밝음이 있기 때문이지만

밤에는 '구름에 가려 어둡다' 이르니 어둠이 밤과 같이 크기 때문이다.

선하면 남녀가 무관하고 둘이 미묘하지만

악하면 선명하게 대조를 이루고 상대를 빌미삼아 누명을 벗으려 한다.

그리하여 위없는 법에 남녀가 등장하고 正等에 차별을 내건다.

覺은 둘[二]과 다름[異]을 빌려 自明함을 찾기 때문에

異와 二를 여의었다고 말하는 까닭이 여기 있다.

다를 것이 없고 둘이 아니라면 어찌 覺이라 부르는 것이냐?

거룩한 인물들이니 저들은 상관하지 않고 옷 서로 바꿔 입느니라.

冠(관)과 비녀가 머리카락을 다듬어 모양을 차려주니 비로소 생긴 것

이 남녀로다.

부처의 마음을 내는 이는 바로 부처이어야 하지만

부처가 부처를 근심하지 않으므로 業識을 핑계 삼아 중생이라 불렀다.

남녀라는 것이 또한 이러하다.

空生은 鐵樹[쇠-나무]가지에 꽃핀 것이다.

스스로 이름을 보살 대중에 묻으니 나로서 살지 않고

'우리'로서 사는 중[僧]의 언변이다.

無上 正等 覺을 내었다니 부처가 所有하는 主人 아닌 것과 같다.

Subhutti appears for Buddha;

He is from emptiness.

Finally, all can enjoy

One Diamond Assembly.

On the branch of iron tree, flower blossom opened.

Nearby, many birds from no-where come and go.

Under the tree, welcoming shade from hot sun-light heat,

Suddenly, uninvited host offers an unabridged dharma talk.

Buddha, in himself the highest teaching, has no words to explain.

The Great disciples keep silent in front of the Enlightened One.

Diamond Sutra was written by the one-eyed Future-Buddha, and

Thousand Armed Bodhisattva, the Great Being, resides next to us.

남녀가 한꺼번에 보리심을 내니 읽고 또 읽어

"비록 金石이긴 하나 마침내 녹여야 하고"

다시 거푸집에 넣어 형상을 갖춤으로써 당 안에 모심과 같다.

부처는 형상 없으시매 다시 형상을 모시어 兩足하시다.

善하다는 것은 진리의 몸이라는 말이니,

天上天下에 唯我라 獨尊이신 까닭이다.

세존은 우러러 보니 하나뿐이요,

굽어보되 모두 다를 이 없는 當身(당신)이라,

向上하더라도 하늘이요, 向下에 두루 내려가더라도 오직 나라 하였다.

홀로 존귀하다니 위아래가 다 歸一하여 如來인 것이다.

남자와 여자는 나투는 몸은 다르되 움직임 없는 마음은

근본이 같으므로 無二를 표방하는 것이요,

Dirt becomes bowl; Buddha is cast in hard metal.

Crops are dead when separated from soil and water.

Holy ones combining fire and wind;

Do not claim two-ness for one; one is not even one.

六塵(육진)의 몸과 이 몸을 굴리는 心識이 解脫을 구하되,

구하는 마음뿐이고 구하는 해탈이 제 마음의 본성인 줄을 모르기 때

문에

머물 곳과 調伏(조복)을 생각함이 가장 于先(우선)이 된다.

보살은 생각처럼 부처와 중생의 다리가 아니다.

부처가 중생과 다름이 없듯 보살도 곧 중생과 둘이 아니다.

그렇다면 어찌하여 보살이란 이름이 붙었는가?

실제로는 부처와 보살의 차이점이니 중생은 더불어 중생일 터이며,

보살은 이름을 위한 존재이다. 즉 名相(명상)의 實體이다.

그리하여 보리유지는 선남자 선 여인을 '보살 대승의 무리'라 불렀다.

What it is and what it is not are neither one nor two.

Something is anything's nickname, while nothing is something.

Since nothing is known before facing Buddha;

One is collecting something and anything from non- Buddha.

019

[爾時에] 佛言하사대[告須菩提] 善哉善哉라

須菩提야 如汝所說하야

如來가 善護念諸菩薩하며 善付囑諸菩薩하노니

汝今諦聽하라 當爲汝說호리라.

부처님께서 말씀하시되, 훌륭하고 훌륭하니, 수보리야,

그대가 말하는 바와 같으니라.

如來하시었으므로 모든 보살을 잘 護持(호지)하여 생각[念]하시며

모든 보살로 하여금 잘 호지하도록 두루 분부하여 맡기시나니,

너는 이제 잘 듣거라. 마땅히 너를 위하여 설하리라.

Buddha said unto Subhutti;

Good and wonderful indeed.

It should be as

You have declared.

The One comes, as it is now, and

Only concerns all Bodhisattvas, the Great beings in this world,

For themselves to invoke

Liberation in their own mind.

Listen carefully, I will speak.

제 스스로 제 이름을 지어 부르며 空生을 作法하였다.
解空이 대중 가운데 없었다면 소위 金剛은 나오지 않는다.
大慧가 나오면 楞伽(능가)요 善材가 나오면 華嚴(화엄)이다.
금강이 解空을 부르고 楞伽가 대혜를 부른 것이다.

오고 감이 한 치도 어긋남이 없으니
무량 공덕이라, 그리하여 善하다는 것이다.
說하는 이가 듣는 이와 추호도 어긋남이 없으므로
부촉하여 마친 것이라 불렀다.

제 마음을 調伏받고 마음의 行路를 여쭙는 것은 日常의 逆行이다.
없는 세상 두어 세상살이한다니
世人들의 얘깃거리가 아니라는 그 자체만으로도
가장 진실한 比丘(비구)의 자격 요건을 갖춘 셈이다.

질의를 던져 문득 자신을 무너뜨릴 제
부처는 저 세인들 속에 피어난 白蓮(백련)을 꺾는다.
世間의 일체 중생을 모조리 含奪(함탈)하시고
홀연 큰 보살 마하살과 無上 正等覺을 吐却(토각)한다.

含奪과 吐却이 곧 부처 자신의 양 발[兩足]이다.
누가 누구를 斗護하며 누구에게 무엇을 맡긴다는 것인가?

올 때는 빈 수레에 근심 가득 실어 나르더니
갈 적에는 빈손에도 '홀가분하다'며 기꺼워 돌아간다.

엉뚱한 질문에 엉뚱한 대답으로 사람과 하늘을 놀래키니
무릇 일체 중생이 사바세계에 몸 둘 바를 모른다.
일체 주꾸미 같은 중생들은 이제 본 적도 들은 적도 없으니
없는 중생 앞에 누구를 대 보살이라 일렀든가?

如來는 이와 같이 와 이와 같이 가는 것이라,
가고 오나 아무 것도 온 것 간 것이 없으므로
추호라 빌리고 준 것이 없으며 맡겨둔 것도 찾을 것도 없으매
본래 있는 그대로인지라 이를 착하다 부른 것이다.

그대로 있는 대로 있다니 조사들이 웃는다.
무엇이 있는 대로 그렇듯 있다는 것이냐?
만일 단 한 가지라도 있는 것이라 하였다면
어찌하여 東山의 물이 지금도 거꾸로 흐르더란 말인가?

善男子善女人[如菩薩大乘中]이 發阿耨多羅三藐三菩提心하나는
應如是住하며 [如是修行] 如是降伏其心이니라.

선남자 선 여인이 [보살 大乘 가운데 있듯]
아뇩다라 삼보리를 발심하였거든 마땅히 이와 같이
머물러 수행하며 이와 같이 조복 받아야 하느니라.

If the Good and Wise ones, men or women,

Would invoke faithful mind by raising Anuttara-samyak-sambodhi,

Then, you should abide just like this,

And likewise verify your mind.

What you are doing right now is not what you should be doing.

If anything, keep self as it is, then, it must be truth.

But, identifying truth in eternity cannot give you no-thing forever.

You are not forever, and, not-forever is also not forever

Something forever, eternal, and self-identified comes for us all the time,

and

Continuation of time has never been identified either.

Truth, the name of truth, subsists only through what is not true.

The truth of absurdity likewise comes from what is not absurd.

Good and Wise One has never been man or woman,

Does not need to be him-self or her-self at any time.

It has nothing to do with continuing time or tide.

The utmost wisdom comes from basic knowledge.

Wisdom does not have any higher or lower being,

Because it is not measured by or with any subjects.

Anuttara-Samyak-Sambodhi,

Neither knows nor ignores time.

누가 머무르고 누가 떠나는가?

오는 이와 가는 이가 다 한가로운 무리들이다.

오는 해와 간 달이 다 같이 하늘에 걸리었지만

하늘에 걸림이 그대로 걸림 없는 것인 줄을 뉘 알랴!

장부만 있고 남자나 여자가 없기 때문이다.

六祖께서 이르시되, "平直과 禪定이 곧 善한 남자이며,

지혜로 간곡히 여쭈어 菩提를 낳으니 선한 女人이라."

134

남녀의 무리로 들었으되 물음 하나가 한 會中 이루고
해와 달이 허공을 삼키어 밤과 낮을 吐하기 때문이다.

Objectivity is your own echo; yet the heart still beats.

Subjectivity is neither Buddha nor his most eminent disciples;

They are not, furthermore, a Salvation Army either.

East of the Garden of Eden; snake and apple tree live together.

부처님께서 "善來 比丘여" 라고
처음 묻는 이를 호칭하는 것과 같은 경우이다.

They came;

Just like Tathagata;

He saw them likewise;

In himself

무엇이 착하다는 것인가?
解空을 의지하여 자신을 돌아보니 착하며,
물음에 의지하여 자신을 버리니 선하며,
자신을 버리어 正徧知를 如來시키니
이로써 선남자와 선여자가 되었다.

Whoever comes for the first time should be named:

Good and Wise New Comer, or Bhikku.

Who is it that is called 'Good and Wise'?

Whoever turns around and listens to his own voice.

그리하여 冶父(야보)가 이르기를,

"이 질문이 어디에서 왔는고?" 물은 것이다.

男女가 문득 제 본래의 성품을 홀연히 들어내니

곧 佛性이라 부를 수 있는 근거를 제공하기 때문이며,

간단히 이르리라,

부르면 화답하고 물으면 대답하느니라.

누구냐 묻지 말라,

아무것도 물은 적 없거늘 무엇을 답하랴.

그렇다면 이것이 무엇이냐!

동쪽 집으로 가 나귀 되고 서쪽 집으로 말 된다.

속된 邪見을 주인으로 알아 住하더니

문득 간절히 여쭈어 依支處를 찾으니,

三界의 貪瞋痴(탐진치)가 三聚淨戒(삼취정계)를 갖추어 불국토를 이룩

하기 때문이며,

다시 나아가, '最善'이 되어 유아독존하기 때문이다.

唯我獨尊(유아독존)은 과거에도 없고 미래에도 없음이니 이것을 '나' 라 부른 것이다.

'어디'와 '어떻게'를 물어 장소와 방법을 여쭙는데

오직 '이와 같이' 만을 고집하여 대답하니 답답할 손 부처는 꺼리고 피한 것인가?

아니면 장소와 방법이 없는데 엉뚱히 물어오므로

말을 들으며 스스로 터득하라는 말씀이었는가?

He is only good in present time;

Therefore there is no one in this world.

He was only good in past time;

Therefore there was no one before him.

He will also be the only good one later;

Therefore there will be no one again.

Nobody knew him, no eye can see him, and

He will never be known or seen by anyone.

머무르는 장소는 一念 生滅하는 곳이요

수행하는 방법은 生滅이 그친 것이라.

비록 喝棒(할방)으로 대처하여도 그르거늘

다시 어찌 혀끝을 대어 可否(가부)를 논하리요?

부처가 스스로 제 이름을 부르며 스스로 대답하니

천하의 웃음거리가 되었다.

거룩하고 빼어난 인물들이 모두 거꾸로 걸어 다니는구나.

이미 無上 正等覺이거늘 다시 發明,

밝음을 드러내고자 하여 보리심을 낸다니 허물이 없을 수 없느니라.

통보리 찰보리 육모보리로 菩提의 종류는 다 들어도

여전히 같은 보리가 아니나 이를 버릴 수만도 없으니,

모두 가지고 다니나 도무지 만질 수 없어

마치 거울에 비친 제 눈 속의 티를 다시 거울 보며 잡아 빼는 격이다.

Buddha asked a question but asker cannot ask himself.

Each and every body laughed at him when he replied.

Millions and zillions of people were there

But nobody among them even had a body.

正偏知(정변지)라 이름 지었는데 '바른 것'이 무엇이며

무엇이 '두루하며' 앎에 어디 '안다'고 내세울 것이 있으리?

보잘 것 없는 이름일 뿐이니 차라리

이름 없는 空生에게 묻게 하였다.

수보리가 아닐진대 經이 다만 油印物(유인물)일 뿐이다.

Do not abide likewise. Then where are you?

Don't be sincere. Then, what are you going to do?

I wonder, by the way, do we have any choice?

What you see in here, even though nothing is shown, is clear.

“머무름이 이와 같고 그 마음이 이와 같아

항복 받으라”니 무엇이 ‘이와 같음’인고?

분명히 이를진대 이와 같으니라.

“이것이다”라고 분명하게 제시하였더라면

오늘날과 같은 많은 번거로움은 일어나지 아니하였으리라.

재재처처가 佛所이런만 그 어느 곳에도 부처는 없는 것과 같다.

가가호호마다 태평가를 불러 聖王의 功德을 기리지만

그 공덕이라는 것이 아주 별다른 물건인 것도 아니기에 도리어 고마

운 것과 같다.

확 트인 허공에 크고 작은 새들이 다투어 나르지만

텅 비어 아무것도 없는 줄을 고마워하지는 않나니

짚어 가르친 적이 없되 스스로 아니 고마움이 지극하고

묻고 대답하며 부르고 화답함에 주인 없음이 祖師로다.

Looking at space,

While you see trees and birds.

You say that you see the space.

As if space can be visualized.

머무를 적마다 흐르므로 碧溪水(벽계수)라 이르고,

비추되 주고받음이 없으므로 빛이라 부른다.

푸름이 없는 하늘이 푸르고 평평함이 없는 바다가 넓다 이르는 것과

같다.

어디에 마침내 머무를 것이냐?

무엇을 항복 받아야 옳으냐?

도리어 분명하니라.

Mind has no place to abide;

Staying still is commanded by your mind.

Spirits cannot eat or sleep and belong to mind not body.

Neither body nor mind is correct.

None of them is right,

Yet,

It is clear.

Snapping finger!

唯然[須菩提 白佛言]하사대 世尊하 [如是]願樂欲聞하옵나이다.

참으로 그러하옵나이다. [수보리 불타께 들어내 이르되,]
세상이 존중하여 모시는 가장 거룩하신 어른이시어,
기꺼이 이와 같아 듣고자 하나이다.

Verily, indeed it is so: Subhutti confessed to Buddha.

The utmost Enlightenment One,

Who is honoured by the Triple Cosmoses!

Most gladly I would like to hear from thee.

스스로 옳은 줄 아니 기꺼이 듣고자 한다.

Well known by himself already

Before even hearing from Him.

This is talking and hearing drama

In the highest Heaven.

唯는 虛辭(허사)이니 한글에서 "정말 그래" 맞장구치는 소리라.

왜 짜고 칠까? 모르면 물을 수 없고 알면 묻는 길을 터득한다.

수보리는 과연 부처님의 제자인가?

그리하여 流支는 諸經의 劈頭(벽두)에 외치는 대로 "이와 같이"라 썼다.

白은 말 없는 부처님의 意旨를 훔친 죄인의 告白이다.

기어이 불타로 하여금 이끌어내는 당돌함에는

소위 자비로운 권과 실[權實]이 있다.

보신과 화신은 實하고 法身은 權이다. 어찌하여 뒤집힌 것인가?

그런데 여기서 수보리는 부처님께 世尊이라는 호칭으로 여쭙는다.

외눈으로 정성들여 생각하고 다시 생각하라.

당신 자신은 세존이라 부르지 못하니

본시 可憐한 존재가 자신이기 때문이다.

자비와 憐愍(연민)의 정을 느낌이

모두 수보리와 그 제자들의 눈에 박힌 부처님이다.

불쌍한 사람이 불쌍한 사람 동정하는 법이다.

없으면 여래요 있으면 세존이며 바라보니 응공이요

안 돌아보니 조어장부다.

생각 없으므로 정변지이며 있으면 선서이다.

무엇보다도 저 이름들이

유용하고 그대를 위하여 도움이 되면 될수록

모두 다 그대를 위하여 특별히 베푸신 선물이다.

그래서 공양 올린다고 이르지 않는가?

예컨대 사람 사는 집에는

쓰지도 않는 물건들이 즐비하게 널리어 있는 법이다.

가 본 적 없는 곳을 그리워하지만

도착하자마자 집에 돌아갈 궁리부터 하듯이 말이다.

보답하여 변화하니 그것이 實하고 법신이라니 법을 아지 못한다.

모르되 부리고 시키니 權이라 이를만하다.

값이 맞으면 파는 사람도 이문 남겨 기쁘고 산 사람도 필요한 것을 가
져 기쁘다.

또, 예물 보석과 같아 같이 살 때는 귀중한 속박이나

헤어지면 사람 미운 것보다 더 미우니 애물단지로 된다.

보석은 의미 모르고 뜻도 모르지만 여전히 보석으로 행세하기는 한다.

Son's tongue can steal father's ears.

大乘正宗

[大乘의 핵심]

Be-all and End-all of Mahayana

022

佛告 須菩提하사대 諸菩薩[摩訶薩]이
應如是 降伏其心[生如是心]이니라.

부처님께서 수보리에게 이르시되
"제 보살마하살이 반드시 그 마음을 이와 같이 항복받을지니라.
[이와 같이 마음을 낼지니라.]

Buddha speaks to Subhutti:

All those Beings of great wisdom,

Should realize themselves,

So as to invoke their minds

Just like this.

What is this great wisdom-being in himself?

Being wise is to be born into wisdom

Before he even knows

Wisdom.

Wisdom cannot be derived from others.

Wisdom of the whole,

Includes each and every substance.

Therefore, there is no external world outside of one's self.

One and all knowledge

Says to each and every receptive being:

Anuttara-Samyak-Sambodhi is our name for Buddha

And Buddha's own knowledge.

He asked to his own nothingness;

To be known by anyone but himself.

His answering always borrows tongue

From everyone but himself.

정변지가 정변지에게 말하였으니

묻는 것이 곧 대답되어지는 곳이다.

대답을 만들지 않는 질문이란 없다.

대답해놓고 물음을 던지는 것이다.

묻는다는 것은 대답을 얻기 위함이 아니라

대답을 확신하기 때문에 대답을 위한 질문을 던진 것이다.

Asking is a metamorphosis

Of answering.

Answer is already disclosed

In the question.

Even though interrogator

Cannot reply to himself;

As a questioner, he has to be aware that he is the answer.

This is the great way to be aware of oneself.

무엇 때문에 이미 아는 것을 묻는가?

이미 안다는 것은 사실은 모르는 것이 없다는 말이다.

밖에서 되돌아오는 것은 반드시 자신에게로 되돌아 와야 한다.

자신에 있어서 대답되어진 것이 밖에서 어떻게 활용되는 것인지를

확인하는 일은 理性의 本性이다.

mind-nature는 the nature of the mind가 아니며

reasoning in logic에 의지하지도 않는다.

한문이 말하는 理性은 the nature of the mind as it is 이다.

마음이 자신을 마음이라고 부를 때 가장 이성적이다.

Mind-nature;

Is the nature of the mind.

Logical reasoning:

The nature of the mind as it is

알고자 함이 아니라 그 앎에 대한 自己照明이
자연스레 질문과 대답이라는 형식을 취하는 것이다.

Interrogation is the action of answering.

Asking is the be all and end all of Answering.

But why should he ask something already known by him?

He is his own offering.

Have you ever heard the method of elucidation that

Buddha offers himself to all the living creatures?

He is no more than a whole living being;

Also, no less than one speck of dust.

부처가 告하는 소리는 그 누구를 향한 것인가?
귀 달린 돌사람이 법문 듣고 기뻐 훨훨 뛰나니
이들은 이미 空生이라 온 곳 없거늘
도리어 보살 마하살이라 불리고
다시 이와 같이 그 마음을 내어 항복 받으라니

항복 받을 그 마음이란 도대체 무엇인가?

어떤 마음으로 어떤 마음을 정복한다는 것인가?

이미 중생도 건질 것이 없거늘 보살에게

무엇이 남아 있는 것인가?

일어나는 생각에 이미 머무름이 없거늘

더불어 항복 받음이 되레 갇힘이 아니던가?

마땅히 그 마음을 항복받으라니

어찌 허튼소리이며 간절한 直言이 아니더냐?

묻고자 절하니 대답 前에 거꾸러진다.

불러 告(고)하건만 듣는 이 없고

수보리가 세존을 꾸짖는 것이로다.

부처님 문 안에 들어 찾아 볼 물건 없으니

마음조차 한적하여 소리마다 되돌아온다.

Subhuti knew exactly what He would answer.

All the way up to after

He finished talking.

Is Subuhti better or higher than his teacher?

Buddha has never said even one word to Subuhti.

Then, what is the reason for

Buddha to retreat

From Subhuti?

한마디 뱉어내기 이전에 수많은 어구가 드나들었다.

사십구 년간의 일이 헛됨이 없으니

도리어 한마디도 설한 적 없다 이른다.

없는 한마디가 천오백 성인의 입에서 끊기었다.

Forty-nine years of Dharma-Sutra;

Written or heard by Happy Son,

All the Words make people still happy.

You'll understand if you can say what this is.

023

所有一切 衆生之類 若卵生 若胎生 若濕生 若化生 若有色 若無色
若有想 若無想 若非有想 非無想 我皆令入 無餘涅槃하야
[所有一切 衆生之類 衆生所攝 若卵生 若胎生 若濕生 若化生 若有色
若無色 若有想 若無想 若非有想 非無想을 所有衆生界 衆生所攝 我皆
令入 無餘涅槃]

살아있는 일체 중생에 그 종류가 여러 무리이니,
알에서 나거나, 태로 나거나, 습기에 서식해서 태어나던,
변신하여 나던, 형상이 있던, 형상이 없던,
지각하는 존재이든, 지각없는 존재이든,
지각이 있는 것도 아니고 지각이 없는 것도 아니던,
저들로 하여금 내가 모두 남김 없는 열반에 들게 하리라.

All the living beings and known manifold species,
whether born from an egg, from the womb, from wetness
or metamorphosis, and furthermore, whether they are originate from
form,
or the absence of form, whether they have senses
or without senses, and even neither sense nor without sense;
whatever kind of being, without any exception,

I would let all of them enter the complete Nirvana without any

remainder.

일체 有情이 生殖(생식)으로 차별을 만드니,

이를 四生이라 부른다.

한없음이 劫이요 말할 수 없이 많은 겁을 지내 緣覺에 뿌리를 내리니

한번 法을 얻고자 함에 느리고 더딤으로 차별을 지으니 四生이 있게

된다.

Four kinds of creatures are four kinds of knowledge.

From beginning-less time to endless time there is no stopping.

Since it never stopped, it must also be called cause and effect;

No knowledge can catch why-ness and what-ness.

All beings are the reduction of what mind be-comes.

As soon as it is heard, man creates being from what he said and listened to.

When being and mind cannot be distinguished from each other; it is

called Dharma.

When it is not possible to point, time becomes realized by counting.

154

듣자마자 깨달으면 곧 부처라 닦음이 있고 절차가 있으면

네 가지 종류에 각각 머물러 億劫(억겁)을 지새워야 한다.

어두워 깨닫지 못하고 我執을 벗어나지 못하면 卵生(난생)이요,

알게 모르게 서로 주고받으며 깨우침이 있자마자

다시 昧하여지고 매했다가도 갑자기 깨우치기도 하면 胎生(태생)이라,

習氣(습기)가 두터워 알 때는 본능적으로 알고

모를 때는 전혀 다른 세상 사람인 듯하면 濕生이다.

닦음이 능숙하여 적응을 잘하고 제 몸을

능히 변화시켜 존재의 영역을 넓혀 나아가면 化生일 것이다.

Karma and the six branches of living beings

Were also provided by words.

Unicorn, but in name only, creates the idea of earth-heaven,

Running faster than any horse and flying free better than any birds.

When the idea of un-existed being arises, for better or worse, it arises from

reality.

모두가 輪廻(윤회)의 몸이니 이 까닭에 四生이 六道에 끝없이 드나든

다는 것이다.

즉 사생은 윤회의 本身이다.

Re-incarnation is the actual power of thoughts.

From heaven to hell, the six realms of actual being cannot be distinguished.

If the triple cosmoses were not defined clearly;

The full content of the six skandas integrated sense organs are not functioning.

일체 존재가 허공을 집으로 삼는다지만 허공은 그 자체
허공이라 부를 수도 없는 까닭에 마음을 집으로 여긴다.
집이라지만 본래 몸이 없는 고로 머물되 머무름이 아니니
마음을 낸다는 것 역시 머무름 없어 그 갈 곳 또한 없다.

Empty space holds everything by seeing.

Man saw the emptiness of space and called it mind.

Space has no house: abiding in what is called empty.

Between empty and mind, no one sees a thing.

이제 저들은 이 하늘 아래 몸 둘 곳이 없는 것이며
제 집이라 숨을 곳도 없게 되었구나!
중생을 구제하는 이가 아니라, 본래 실로 그 중생이 없음을 일깨워 줄 뿐이로다.
사람들로 하여금 마음껏 상상하게 하라.

있다고 그대가 여기는 그 만큼 존재는
점점 허공에 밀려들고 심연에 빠져들 것이니라.
생각하는 만큼 있으니 항하의 모래알 같고
생각이 일수록 빈자리만 더욱 커지니 허공 같다 이른다.

All beings were sunk under the ocean of thoughts.

It's horizon beyond consciousness was drawn right at that moment.

Over the great sands, above the heavy sea tides, unmovable stillness.

It just reminds us that thought moves between us continuously.

눈에 보이면 형상이요, 아니 보이면 문득 형상이라
그 본 눈 자체의 형상은 무엇으로 가늠할 터인가?
생각이 있고 없고를 각각 나누어 이르면
하염없이 생각 일으키는 당처만 되물어 반성할 것이니
때문에 갈 곳을 잃고 막히어 닫힐 것이로다.

What is seen; what is heard; they are the form.

As long as we talk about form, even though un-seen; that is also form.

Form comes from the thoughts that we have about it.

Because without any kinds of form, no being can be observed.

지각, 감각, 인식 작용들이 생각이라 有無 相色形이라

밖에 존재하는 줄로 아는 것은 그 앎이 허망하여

믿을수록 믿는 내 마음만 믿지 못해 시달릴 뿐이다.

과연 그대의 마음이라면 어찌하여 시달리도록 내버려두는가?

All living beings can be formed

From the co-existence of four elements.

Human-beings, as homo-sapiens,

Also keep four different consciousnesses;

Subjectiveness, objectiveness, perception of ordinary beings and continuity.

The eternal idea of body and mind.

Inside and outside, physical and spiritual.

108 kinds of non-cohesive being; together as a whole.

저들의 움직임을 보다 자신의 허물을 看破하도다.

024

而滅度之 如是滅度 無量無數無邊衆生 實無衆生 得滅度者
何以故 須菩提 若菩薩 有我相人相 衆生相 壽者相 卽非菩薩
[而滅度之 如是滅度 無量無邊 衆生 實無衆生 得滅度者 何以故 須菩提
若菩薩 有衆生相 卽非菩薩 何以故 須菩提 若菩薩 起衆生相 人相 壽者
相 則不名菩薩]

멸하여 건네었다면 이와 같은 멸하여 건넴은
무량하고 무수하며 가없이 많은 중생이 다 멸하여
건넬 중생이 실로 다시없는 것이니라.
왜냐하면 수보리야, 보살은 '나'다, '남'이라는 생각,
중생이나, 영원함을 염두에 두지 않기 때문이니라.

What is crossed over by entering Nirvana without leaving a trace?
The logical conclusion is that
There can be no more
Ordinary beings left.
Since each and every
Uncountable and limitless beings,
Are, all together,
Already annihilated in vain.

Because Bodhi-sattvas,

The great Wisdom beings,

Would never hold and carry

The mind.

아인중생수자는 본래 생각이나 이념이 아니다.

有情은 생각이나 이념을 만들지 못한다.

我,人 등은 이미 자신의 선험적 覺察(각찰)을 통하여

자신을 즉자적 존재로 規定지으려 할 뿐이다.

Name maker is not God;

It is no one else but me.

By naming of things,

They be-come objects standing before my eyes.

Stealing property and conquering the world

Makes us prosperous.

Conquering the world by calling it wisdom; is vanity.

All the joyful sciences will continue forever.

160

These four lines imply Buddha's whole world.

Subject, disciple and host; everybody other than us,

And these seductive words, meant to help the good and eternal truth;

They all go to the delusive thought of an eternal owner of permanent

beings.

存在는 본래 비 경험적이기 때문에

이 transcendental reduction[先驗적 轉換]을 통하여 fact 化하려한다.

이것을 우리가 보통 reality라고 부르는데

마치 뒤집힌 영상을 제 얼굴로 아는 거울과 같다.

Being cannot be realized as it is.

Because being has never existed,

Nor can being think of itself as solid,

Because without consciousness, nothing cannot be something.

거울 속의 얼굴은 거울 안에 내 얼굴이 없듯

그 속이 없는 것이며 필경 자신의 looking을 되돌림이다.

그리고 이 looking의 되돌림이 바로 metanoia 이다.

이 覺察의 下向路와 上向路를 妄想과 覺惺(각성)이라 부른다.

위에서 보면 궁성도 개미집이요

아래서 보면 개미집도 궁성이라.

아래로 보아 번뇌 망상이라 핍박하고

위로 보아 보리지혜라 찬탄 志向(지향)한다.

In ascending consciousness,

The whole world is a play house.

In descending consciousness,

Ant colonies are luxurious castles.

Being in itself comes from no thing;

Neither in mind nor in the outside world.

What is called wisdom is derived

From what is not wise at all.

In the mirror

There is neither looking nor images.

Being cannot hold itself in itself,

Rather, mind brings substance.

Essence and reality are produced by turning around.

One moment everything is good;

Next moment nothing is good.

162

It must be the other way around too.

보고자 하면 向方에 시달리고
시달리는 곳에 因果가 嚴重하다.
十方을 다 던지어 인과의 處所를 여의니
일마다 始終이 없어 본 바도 없다.

妙行無住分

[行은 오묘하여 住함이 없다]

Profound act abides no-where

025

復次 須菩提야 菩薩이 於法에 應無所住하여 行於布施이니
所謂不住色 布施이며 不住聲香味觸法 布施이니라
[復次須菩提 菩薩 不住於事行 於布施 無所住 行於布施
不住色布施 不住聲香味觸法布施]

다시 거듭하여 이르거니와, 수보리야,
보살은 마땅히 어느 실재에도 머무는 데 없이
행하여 보시할 것이니,
이른바 형상에 머물지 말고 보시할 것이며,
소리, 냄새, 맛, 감촉이나 實在에 머물지 말고 보시해야 하느니라.

I say unto thee, once again,
Dear Subbuti,
The Great Ones would not,
Naturally abide no-where
Never in the solid and unmovable reality,
Would He act devotionally toward himself or any entity.
Without depending upon the senses,
Believing that these really exist.

텅 빈 그 자리에서 문득 눈에 보이기 시작하는 그것이 상이다.

본다한들 텅 비어 아무것도 없거늘 무엇이 처음에 보인 것일까?

비었다고 할 때 텅 빈 줄로 가득히 아는 태어남이 空生이라,

이제 주고 베풀 것 없는 줄 알면서 다 주었거늘

여쭙는 布施(보시)는 다시 무엇인가?

보고 듣고 생각하는 것이 모두 이와 같아서

텅 빈 줄 알면 베풀어 탈이 없으련만

알 때 이미 實다이 물건을 조작하여

본 것 들은 것 생각한 것을 근본으로 삼으니 色과 聲과 法이 태어났다.

Whatever you do or think ends up as mistaken sins.

Whatever sins you committed,

All of them are merely your Buddha-nature.

Otherwise, how can you be mistaken for sin?

All of your deeds and Gedanken (sum of thoughts) come from

Nothing but the six senses and data from no-where.

If you don't know how to control them,

How possibly can you attach to that irresistible confused mind?

보는 것은 눈이 무엇을 가지고 있느냐에 따라서 달라진다.

배고픈 마음은 다만 먹을 것만 보고 추운 마음 가진 이는 걸칠 옷가지만 본다.

空生은 그가 텅 빈 까닭에 보더라도 비어야 하거늘

주고받는 생각으로 法에 얽매임에 빠지니

텅 빈 者가 더욱 가진 것이 많다 하리라.

무엇을 주는 것이며 무슨 복인가 받으려니

복과 덕은 고사하고 제 몸조차 없어지게 되었다.

於法은 존재자[육근에 들어난 것들]에 대한 자신의 눈이니

보려고 있는 것들을 좇으면 네 相에 절로 떨어진다.

보았느니 들었느니 하면 我가 있고

다름과 차이를 보면 人이 있고

더불어 공통점이나 차이를 소유하는 줄 알면 衆生이며

이해, 인식, 판단을 진리적 개념으로 받아들이면 壽者(수자)이다.

다른 諸經에서 별로 쓰지 않는 금강경적 분석 개념이니

諸法을 바라보는 인간의 視覺(시각)을 第一意로 보았기 때문이다.

이와 같이 눈은 그 자체에 있어서 眼光이 아니라

다만 그와 같이 보는 것을 이와 같이 眼光이라 한다.

Objective outer existence creates concrete idea of God-alone.

Do not carry any ideas of here and there;

Do not re-lie on the idea of what you think you have experienced.

No matter how necessary it looks, those are selfish ideas.

눈이 모르거든 어찌 보느냐?

귀가 못 듣거든 어찌 듣느냐?

입에서 모르거늘 어찌 이르는 것이며

혀가 알 수 없거든 어찌 내뱉더냐?

026

須菩提 菩薩 應 如是 布施 不住於相

何以故 若菩薩 不住相 布施 其福德 不可思量

[須菩提 菩薩應如是 布施 不住於想 何以故 若菩薩 不住相 布施 其福

德 聚不可思量]

수보리야,

보살은 마땅히 이와 같이 보시하되 한다는 생각에 머물지 말지니,

왜냐하면 보살로서 생각에 주하지 않아 보시한다면

그 복과 덕은 사량하는 마음으로

따질 수 없는 것이기 때문이니라.

Subhuti, Coming from Emptiness,

All the Bodhisattva Mahasattvas,

Who are the great ones from Complete Enlightenment

Naturally should not bear any positive idea,

If they are doing a good re-turn: Wherefrom?

While they, as Bodhisattvas, are rendering goodness,

Not bearing any positive ideas, their virtue and merits are,

Far more than any immeasurable thoughts and reflections.

복과 덕을 따질 수도 없는데 많다니 "따질 수 없이 크다."고 말한다.

많으면 무엇 하겠는가?

아무 데도 없는데 도리어 복과 덕이 크다니

되레 남은 것 하나 없이 마무리 지은 것이다.

허나 돌이켜 보건대 복과 덕이 세상에 가장 존귀한 것이니

지혜와 禪定이 도리어 부질없는 물건이요 허물이로다.

어이하여 그러하냐?

복이 없거늘 어찌 지혜를 누릴 것이며

덕이 없거늘 어찌 선정을 갖출 수 있으랴?

The Good and Wise ones, so-called Bodhisattvas,

Are, were and will be the ones given the great name.

What was, will be, and is the authority for his re-turn,

Giving him higher-less naming power.

무슨 까닭이냐?

아무 것도 가진 것 없음을 즐기는 초라한 지혜가

삼계를 꿀꺽 통째 삼키었고

버리고 버리어 버릴 것 없음을 즐기는 선정이

삼세의 활활 이는 劫火(겁화)를 淸凉(청량)케 함이라.

思量(사량)함이 무엇인가?

He swallows each and every human being;

In return, he vomits only such a wonderful name.

Alas, he is nothing but poor name-maker;

Because he has no name for himself and likewise no wisdom.

눈에 한 번 띄고 귀로 한 번 들으매 잊지 않으며

생각으로 생각을 기억하니 세상이 내 생각의 化身이다.

사랑할 수 없는 복과 덕이 있다니 이를 한 번도

보거나 듣거나 생각해 본 적이 없기 때문이다.

생각할 수도 없는 것이거늘 어찌 많다 적다 이를 수 있으랴?

.He is, no longer Buddha's disciple,

Who is kneeling down listening to His speech.

However, on the other hand,

Buddha does not have teacher nor student.

복덕이 많다 함이여, 다시 한 생각 일으켜 지금껏 저질러온

가지가지 識業이 저 돈과 음식과 世上事로 맞바꾸었다.

들어오는 대로 보고 들은 것이 나의 주인이 되어 끌려 다닌다.

생각하는 그 마음이 모든 복과 덕의 創造主인 것이다.

Buddha filled up Empty House with good stuff;

Everything He donated; no one has ever wanted.

Then, why did He offer so many good things?

Fortunately, those things are of the mind and don't matter.

When God created everything, he forgot the minds.

Ever since, even before the world began, who would care about his mind?

No wonder nobody minds His thought;

He himself does not have and will never have such a mind.

주고받음이 분명하니 본래 주고받을 것이 없다.

須菩提 於意云何 東方虛空 可思量不 不也 世尊
[須菩提於汝意云何東方虛空可思量不須菩提言不也世尊佛言如是]

수보리여,
그 뜻이 무엇이라 여기느냐?
동방의 허공을 생각으로 가늠할 수 있다고 여기느냐?
가늠하지 못하나이다. 세상에 가장 존귀한 어른이시여!

I speak unto thee,

Dear Subbhuti,

How do you understand

This matter?

Is it possible, for any one of you, to imagine the size of

Empty space extending eastward?

Even for one who is honoured by triple cosmoses

I believe it would be impossible.

마음이 곧 허공이거늘 문득 허공을 다시 생각하니

꽃 속에 꽃이 피었고 心中에 다른 뜻이 생겼다.
헤아리지 못함이 마치 허공 같다면
"허공 같은 마음이라"는 말이 이리하여 허망하다.

Who is the first person

To indicate eastward?

Then, naming his own fingertip,

"This is the space,"

And, "really and truly empty space."

What and from where did he point it out.

Pointer and name,

Will never become one in the mind.

마음으로 마음을 헤아리니 스스로 감당할 수 없으며
눈에 보이지 않음으로 허공을 빌려 말하였으니
마음 같은 허공을 말하여 再定立하여 얻었다.
一翳在眼空華亂墮라,
눈 속에 가리개 씌니 허공에 꽃이 어지러이 떨어진다.

When a speck of dust

Resides in eyeball,

Many flowers are flattering you;

Right in front of your eyes.

삼계에 가장 거룩한 이가 무엇을 얻고자 동쪽으로 허공을 펼치었나?

동방의 샛별이며 서방의 저녁노을이다.

눈에 보인다는 것이 모두 샛별과 노을의 장난이다.

그런데 보고 있는 그 이는 어제도 오늘도 同一한 줄 안다.

눈의 동일성이여,

肉眼의 동질성이여,

동일한 사물의 이질성이여

異質적 사물의 동일성이여.

무엇을 그대는 내가 보았다 이를 것이며

무엇으로 그대는 내가 본 줄 알 것이며

무엇이 그대로 하여금 그를 본 것이라 여기는 것이며

그대를 나인 줄 아는 그것은 다시 무엇이란 말인가?

I see a tree;

Yet no tree in eye.

I draw the name of pine tree;

Yet no pines out there.

What sees a thing?

What is the name of seeing?

Just seer?

In front of eyes; name touches images.

본다는 것은 눈에 상관하지 않고

마음은 봄을 염두에 두지도 않는다.

보는 그것이 我요 그 이름인 相이며

봄이 내가 아니니 人, 사람이나 이름뿐인 相이다.

너나없이 어우러져 복합된 얽힘이라 衆生을 휘날리고

아는 것을 앎으로 간직하여 영원과 순간에 산다.

그러나 영원과 순간의 노리개여!

그대 영원한 渴求(갈구)로 인하여 迷惑(미혹)일 뿐이로다.

One will get everything he desires.

Desire arising from vain intention

Won't be fulfilled,

In himself.

Seer, sometimes called the name "I",

Is equal to any other "I".

Being en masse,

Indistinguishable moment lives forever.

말은 말 안에서 죽고

죽어서는 밖에 살림 꾸린다.

말에도 없는 안과 밖이

거룩한 이의 다리로 떳떳하게 활동한다.

須菩提 南西北方 四維上下虛空 可思量不 不也 世尊
[須菩提 南西北方 四維上下 虛空可思量不 須菩提言 不也世尊]

수보리여,
동남서북 네 간방과 아래 · 위 허공을
가히 생각으로 헤아릴 수 있더냐.
수보리가 사뢰기를,
할 수 없나이다. 삼세의 가장 존귀한 이시여.

Furthermore, dear Subbuti,

Is it possible, for any man among you,

In all four directions,

To enumerate the dimension of empty space?

Subbuti replied clearly:

It would be impossible,

Utmost honored One,

By the triple cosmoses!

생각도, 사람도, 사상도 자취가 없다.

Empty space of thought, thinker, and thinking.

다시 허공이라는 말을 생각하여 보라.

虛空은 虛도 空도 아니거늘 허공이라 부르나니

동서남북으로 무턱대고 헤매며 다닌다.

한껏 다다라 이르니 그곳이 꽉 찬 十方(시방)이다.

No one has never seen empty space.

Since it is empty,

What is seen by man,

Cannot be named.

Because no one can utter its name,

Or calculate its size;

Man likes to call it,

Empty space.

No-where is fully omnipresent.

Ten directions are focused at the point of seeing.

At the end of immeasurable space; unlimited space continues.

There is always a calculator who knows only distinguishing.

오고 감이 思量(사량)이나 가는 곳이 바로 떠난 곳이다.

서산에 지는 해 東西를 몰라 十方의 경치 다른 만큼 하나이다.

虛妄하니 곧 十方이라 좌우로 머리 저어 어리석음 달래고,
上下로 끄덕이며 부인하던 것 수긍하기에 이른 것이로다.

허공은 찾은 것도 아니고 구함도 없으니 허공이 내 맘 같다.

Seeking no-where,

Finding no-thing,

Looks like

Never-mind.

끝없이 높이 날아 희망을 달래고
낮게 주저앉아 좌절로써 제 생각을 뒤집는다.
빼앗고도 못내 믿지 못하여 도적질로 앙갚음하고
베풀어 주고도 제 것인 줄 아니 제 마음 빼앗긴다.

하늘 아래 가장 큰 도적이 허공이요,
하늘 위에 가장 큰 사람이 마음이다.

Under Heaven,

Empty space is the biggest thief.

Above the Heaven,

The mind is the greatest living-being.

동방의 주인이 서방의 님을 그리고

좌우에 시립하여 선 위-아래 선율을 듣는다.

부르고 불러도 찾고 찾아도 없는 이것들을

어이하여 지금도 중생과 부처라 凡과 俗이라 따지는가?

내 안에서만 스스로 다르고

내 밖에서만 내 뜻 대로이며

안팎이 없는 곳에서만 같고

안팎이 있는 곳에 같고 다름이 하염없다.

허공이라 부르니

갑자기 나도 텅 비어 아무것도 없어지고

비어 아무것도 없자마자

세상은 온통 있음과 존재의 향연을 펼친다.

029

須菩提 菩薩 無住相布施福德 亦復如是 不可思量

[佛言 如是如是 須菩提 菩薩 無住相布施 福德聚 亦復如是 不可思量]

수보리여,

형상에 주지하지 않는 보살의 보시도 그 복덕이

또한 이와 같아서 생각으로는 헤아릴 수 없느니라.

Buddha spoke unto Subbhuti:

All the Bodhisattva Mahasattvas, as it is,

Who are the great ones from Complete Enlightenment,

Not bearing any positive idea, while they are doing a good turn,

Their virtue and merit are impossible to measure by any imagination.

가장 잘 헤아리고 가장 좋은 생각을 내었다면

이와 같을 수는 없을 것이다.

만일 일체 법이 이와 같다면

오묘한 長廣舌(장광설)을 설하고 하여도 無一說이리라.

준다는 생각도 없이 준다니 언제 준 적이나 있던가!

주고자 하였다면 이미 많은 것을 얻었고

준다는 생각이 없다면 무엇 때문에 주려는 것인가!

생각과 寄與는 필경 전생의 가련한 인연이었으리라.

One who comes like this would go like this.

Bodhisattva, the being of completion, returns to himself.

With empty hand, holding hoes, riding water ox and crossing the bridge.

Bridge flows, not water.

相에 住함이 없다면, 相이 없는 것과 다르다.

주하여 머무는 바가 없다는 것은 相을 定한 것이다.

머물음 없는 相을 도리어 布施(보시)라 불렀으니

본래 주고받을 어떤 것도 없음을 외쳐 드높인 것이다.

무엇이 본래 주고받을 것 없는 것인가?

허공을 생각하라! 마음을 생각하라!

생각하고 그림 그려 얻은 것이 무에 있던가?

없다 하여 없다면 다시 무엇이 허공 같은 마음이랴!

Emptiness is not empty.

Everything is empty.

What you and I said is not empty.

Yet, the whole thing is still empty.

수보리는 앉아서 제 본래 먹든 밥을 되씹는다.

한결같이 먹든 밥이련만 곰씹으니 천하에 별미다.

別味(별미)라니, 알면 부처님 은덕이고 모르면 제 밥도 아니다.

不可思量이라니 반달 미소를 세 방울 하늘가에 던졌다.

030

須菩提 菩薩 但應如所教住
[佛復告 須菩提 菩薩 但應如是 行於布施]

수보리여,
보살이 이렇듯 깨달아 터득한 대로 住持하여 마땅하리라.

Dear Subbuti,

The Bodhisattva,

The great being of Full awakening,

Should abide with his enlightenment.

敎에 본래 두 가지 뜻이 있으니 敎示(교시)와 敎諭(교유)다.
가르쳐 줄 것이 있어서 가르친 것이라면
저 형상에 얽매인 보시와 무엇이 다르냐?
주고 또 주어 제 배만 불린 것이리라. 그리하여,

What the Bodhisattva knows are neither intellectual nor practical,

Therefore he, himself, has no knowledge.

And likewise he is not aware of anybody on earth.

That is why He neither abides in heaven nor earth.

도리어 "가비라 성에 태어나 보리수 아래 득도한 그 부처가 마구니일 뿐이라."는 冶父(야보)를 원수로 알게 되리라.

If Buddha taught us,
And brought good news:
Then, He must be our
Worst enemy after all.

보리유지가 "菩薩(보살) 但應如是라" 이른 까닭이 여기에 있다.

善慧가 보리를 내니 菩提를 심는 이가 곧 善慧이다.
이것이 布施라, 베푼 이 누구며 受惠는 누가 했나?
빈 계곡에 온갖 새들이 여기저기 지저귀니
계곡은 조용하여 모르건만 새들이 스스로 놀란다.

스스로 알아 명백하거늘 다시 이르는 부처가 있고
듣고 깨닫는 멍청한 수보리가 다시 있다면
금강경은 부처의 所說이 아니요, 善慧의 所聞이 아니니
풀피리 목동의 한가로운 노랫가락 되고 말았다.

無住가 부처의 본래 자리라니 설 곳이 없음이로다.

동서사방이 텅 비어 마음도 경계도 하나 없거늘

한가로운 목동의 노랫가락에 맞추어

동에서 서로 왕래하는 푸르고 흰 눈매를 보도다.

無住로 布施하라니 이는 일체 불보살의 죽음이다.

普皆廻向(보개회향)하니 중생과 부처가 없다.

이와 같이 住持(주지)하라 이르시니 누구를 말함인가?

산에는 봄이 되면 꽃도 피고 새도 지저귀느니라.

Before You re-turn, where was 'I'?

Right before I called your name, you already called yourself I.

Between you and me, there is no-one but me.

Before God steals your "You", shouldn't you kill your "Me" yourself.

如理實見分

[如如히 理와 事에 맞추어 보다]

Seeing the arche, being in essence and for factum

須菩提야 於意云何오 可以身相으로 見如來不아

[須菩提 於意云何 可以相成就 見如來不]

수보리야, 어떻게 여겨지느냐?

몸의 형상을 가지고 여래를 본다 할 수 있겠느냐?

Let me ask you, dear Subbuti:

How do you see the Tathagata?

Are you sure that Tathagata can be identified

By the form that is seen?

수보리의 이름을 아느냐?

그는 세존 이전에도 없고 이후에도 없으며

현재에도 없거니와 오직 그대에게 空生이니라.

이름은 이와 같이 있거니와 보이지 않는다.

身相이라니 그 무엇이 몸인가?

눈 아닌 身이거늘 어떻게 눈으로 본 것을 신상이라 부르는 것일까?

오직 눈만이 본다면 눈 없이 본다는 것이 거짓일진대
눈 없는 마음까지 용기 내어 마음눈이라 부른다네.

Many of you believe that His physical characteristics

Are probably body shape or hair and skin.

But if we see more carefully,

He only mentioned so-called four elements;

Air, fire, earth and water;

All aggregation:

Separated and

Combined.

어찌하여 몸과 마음을 서로 구분 할 수 있는 것인가?
소위 몸과 마음의 차이를 다시 눈이 아는 것인가
아니면 눈 아닌 눈이 따로 있다는 것인가?
여래는 고사하고 제 마음이 제 몸을 의심하누나.

눈이 아니 보인다 하여 눈 없다 혀를 놀리지 마라.

Don't complain, just because

Eye cannot see eye,

Tongue saw all clearly

Before two eyes were open.

몸을 몸이라 부르는 그 자체가 더욱 허망하니라.

그런데도 물음은 '如來'로 국한 되어 있다.

몸과 마음에 무관하여 이 提起(제기)된 相이 찾는 문제의 초점이기 때
문이다.

相을 무엇이 相으로 본다는 것인가?

Where is your body? In the end, this is no-body.

You will say, in the beginning, there was a bodiless one.

Why do we keep saying nothing and no-thing at all?

Nobody saw physical subsistence; inside or outside.

상이라 일컫는 것은 아인중생수자의 相이 아니다.

我人 等이 모두 身相이니, 곧 名相인 때문이다.

어찌하여 이름과 몸이 태어나는 것인가?

서로 이름을 지어 부르니 곧 나-너의 몸이 태어난다.

Rupa [form] is not a phenomena of things outside.

Thing, phenomena, and outside are nothing but ideas.

Idea and name, finally creating ex-sistence and in-sistance.

From where do they come? The namer creates our body.

눈에는 본다는 相(상) 없고
눈 속에도 본다는 相이 없다.
볼 수도 본 적도 없는 相을
무엇으로 이렇듯 간직하고 지키느냐?

눈에는 본다는 相(상) 없고

不也 世尊 不可以身相 得見如來

何以故 如來所說身相 卽非身相

[須菩提言 不也 世尊 不可以相 成就得見如來

何以故 如來所說 相卽非相]

아니옵니다. 삼세에 가장 존귀한 이시여,

몸의 형상을 가지고는 여래를 본다 할 수 없사옵니다.

왜냐하면 여래가 說하시는 身相은 몸 모습이 아닌 까닭이옵니다.

It must be impossible; The Utmost Honoured One by triple cosmoses,

Tathagata, cannot be seen at all by physical subsistence? Why and

wherefore?

Tathagata enunciated the physical forms;

Those are not what they appear to be, as it is.

여래 말고 그 누가 신상을 몸의 형상이라 부르는가?

세존만이 세상에 가장 존귀한 까닭이 바로 '몸의 형상'이라,

'형상 있는 몸'이라 '눈으로 본다.' '눈으로 볼 수 없다.'

이른 최초의 사람이기 때문이다.

그러나 세존 이후에도 나는 아직껏 아무도

이와 같이 말하는 사람을 들어 본 적이 없다.

I have never seen anyone proclaim that "I saw my face".

But I do not know anybody who says that "I don't know my face".

Are these two utterances the same or different?

If the same, tell me the why there is no difference.

왜냐하면 저들은 몸을 말할 때 몸을 말하고 있지 않기 때문이다.

그렇다면 무엇이 여래와의 다른 점인가?

What is the body? Who originiated the name of body?

In order to perceive body, what do we see?

What is it that is seeing while seeing the body?

Who is it that recognizes the body as body, not the mind?

In the mind there is not a body.

In the body there is no mind, so it is said.

What we are saying is neither body nor mind

Belong to body or mind, after all, they are just names.

Utterance is the namer's self confession.

Names come before they are uttered.

That confession comes naturally and compassionately.

Now, everyone can freely speak of naming, under the umbrella of truth.

說非(설비)와 非說이로다.

非이므로 얻고 說하므로 잃는다.

Talking about non-existence and nothing,

Alas, non-being is now being;

Yet, losing everything, even his own no-ness.

Saying something doesn't mean it exists, but is rather an idea.

누가 누구를 불러 세존이라 하는 것인가?

본 적도 들은 적도 없거늘 문득 三世人이 떠들어 댄다.

저들이 본 것은 여래의 身相인가 非相인가?

신상인즉 볼 수 없고 非相인즉 이미 상이 아니다.

그렇다면 무엇인가?

이와 같이 다만 그대가 상이니 비상이니 부를 뿐이니라.

이것이 여래의 설이라 말하지 말라, 그대의 머리카락이 보인다.

여래의 설이 아니라 하지 말라, 그대의 머리만 바쁘니라.

내가 괴로움도 잊고 한마디 이르리라.

꿈속의 악몽은 깨고 나서조차 가볍지 않다.

사실이 아닌 줄 알더라도 더더욱 사실 같으니

사실이 아닌 까닭에 사실보다 생생하다 하느니라.

Whatever it was is not.

Whatever it was seen is not.

However, this 'is not' is no more.

Then, no one get anything from this.

Is this empty, or, real in vain?

佛告 須菩提

凡所有相 皆是虛妄

若見諸相非相 卽見如來

[佛告 須菩提 凡所有相 皆是妄語

若見諸相非相 則非妄語 如是諸相非相 則見如來]

부처께서 수보리에게 말씀하시되,

무릇 존재의 형상 갖춘 것은

모두 다 이렇듯 허망한 것이니

만약 모든 형상이 형상 아닌 줄로만 본다면

곧 여래를 본 것이니라.

Buddha, then, spoke unto Subhuti;

Wheresoever there is form;

Everything is delusory.

If one sees all form as no-form,

He will immediately see the Tathagata.

감아도 보이나 떠도 아니 보인다.

감았다니 어찌 감을 것이며 본다니 무엇이 보는가?

눈일지라도 눈이 아니나 눈 아님도 그르친다.

實과 空을 靈肉(영육)도 아닌 色과 空으로 본다.

무엇을 일컬어 상을 보았다 부르는가?

본 줄로 알아 마음 놓아 이름 붙이는 이여!

무엇을 보곤 이 형상인 줄 알아 태연한가?

알고자 하여 홀연 눈을 깜박거리지 마라!

눈에 없고 外物은 허깨비라 눈에 의지하여 보이고

봄 그 자체는 제가 본 것과 아무 관계도 없는 것들이거니

어찌하여 이렇듯 보고 안 형상들이 분명한 모양을 갖춘 것인가?

무엇이 우리로 하여금 이 거짓들을 참으로 존재하는 것으로 알게 하는가?

實知하고 實見하는 일은 사람이 하는 어떤 일이 아니다.

실제로 터득함도 아니고 실제로 봄이 아니니

우리가 하는 일이 무엇을 알거나 보기 위함이 아니라

이미 보고 알기 때문에 '본다' '안다' 말하기 때문이다.

Parmenides의 정직함을 이해하지 못하는 중요한 이유는

그 정직이 가장 부정직하기 때문이다.

'존재하는 것'은 가장 불완전한 형태의 존재인 까닭이다.

모든 존재는 monad처럼 창문이 없다.

존재를 시비하는 것은 그것이 본래 존재하지 않기 때문이다.

존재는 존재로서는 닫혀 있다.

나무나 돌, 사람과 천체 행성 따위는 인간이

저들을 logos화하기 이전에는 존재가 아니다.

눈이 보고 귀가 듣지만 개념에 의지하여

logos화되기 이전에는 보이지도 들리지도 않는다.

보는 것과 본 것은 다르니

마치 볼 수 없는 것과 안 보이는 것처럼.

거짓이란 스스로 존재한다고 믿는 그 순간의 幻影(환영)일 뿐

진실로 존재한다는 說話가 자신에 대한 기만인 것과 같다.

When one says that, 'I saw it',

What does this mean?

Seeing does not have an outer aspect.

Furthermore, seer cannot have a subjective master.

Ob-ject and sub-ject are seer's mental formations.

The fact of which is nothing but delusion.

On the other hand,

Delusion is also delusory opinion.

If what he had before was deluded,

How can any judgement,

Or idea of judgement,

Not also be delusion?

말이 存在를 싣지만 존재는 이를 拒否한다.

正信稀有分

[바른 믿음은 참으로 드물다]

The righteous faith is so rare to raise in the mind.

One says true faith easily; but,
What do you do with this faith?
Since we do not have any concept of faith,
Nobody can answer this sincere inquiry.

It seems easy to say,
"I believe in God",
But the answer would be distinctly harder
Than the question itself.

Asking here, means only
Repeating something previously memorized,
From past time,
Using superficial logic.

Which means it has never been examined in itself at all.
Go back to the origin;
Faith cannot be a sparkling new idea just created by humans;
It is just like the antediluvian mosses and ferns in the gardens of
dinosaurs.

034

須菩提 白佛言 世尊

頗有衆生 得聞如是 言說章句 生實信不

[須菩提 白佛言 世尊 頗有衆生 於未來世

末世得聞 如是修多羅 章句生實相不]

수보리가 부처님께 사뢰기를,

삼세에 없는 홀로 善이신 분이여, 다 못 적지 않은 중생들이

이 經이 說하시는 말씀이나 偈頌(게송)을 듣고

문득 如實한 신심을 낼 수 있겠습니까?

Subhuti, then rose up and asked a question of Buddha:

Utmost Enlightened One,

singularly honored throughout the triple cosmoses,

Is it possible, for ordinary-beings, by listening to this sutra or gatha,

To evoke their mind and raise proper faith?

'頗有(파유)'는 다 못 적지 않은 중생이니 無邊(무변)하기 때문이다.

숫자가 많은 것이 아니라 하나로 여럿을 삼기 때문이며

여럿이로되 다만 한 가지로 살기 때문이다.
사람은 아무도 없는데 뉘 있어 믿음을 내는가?

중생과 부처는 이름뿐이라 아무도 본 적 없다.
부처가 얼굴 없는 것처럼 중생도 마찬가지다.
없음이 공통인데 어떻게 다른 이름을 세운 것일까?
여실한 신심이 없으므로 부처와 중생이 없음일러라.

들을 수 있다면 이미 선혜요
들을 줄 모르므로 중생이거늘
경은 그만 두고 어찌 부처의 說인 줄 알까?
그만 두어라! 중생이 곧 佛說이니라.

마침내 모두 되돌리어 회향함이 마땅한 것은
중생과 부처의 이름이 허망한 까닭이라,
중생이 如實하면 부처가 如實하거니와
중생이 본래 없으매 부처가 마침내 없다.

相이 없으매 相을 내세운 것이라면
눈에 보인 삼라만상이 모두 눈 속의 허깨비이다.
눈이 모르고 생각이 모르거늘 앞뒤로 가득하니
입으로 말하고 귀로 대신 듣지만 서로를 모른다.

자. 이제 어떻게 신심 내어 이 이치를 이를 터이냐?

한 가닥 긴 젓대소리 구름 속에서 흘러나온다.

千개의 눈을 달고도 보살이 볼 수 없는 일인데

萬里 긴 구름에 실리어 비바람 되어 앞산을 넘는구나!

신심 낼 이가 있다면 흠씬 두들겨 주리라.

If anyone raises righteous faith,

He is truly a very ordinary being in himself.

The utmost Enlightenment cannot alone have faith.

His enlightenment relies upon nothing-to-be enlightened.

어리석음과 미혹은 뿌리 채 없는 것이지만

온 진대지를 덮어 필경 土壤(토양)을 모조리 망친다.

없어 옳은 중생에 어찌하여 그 많음이 생긴 것이며,

없는 부처에 어찌하여 바른 깨달음 더할까 보냐?

하나와 여럿이라는 듣도 보도 못한 망령이

이렇듯 말썽쟁이 부처와 중생을 나누었도다.

믿을 것이 없으련만 불안함이 앞서고

이 밖에 행복 없건만 손발이 귀찮아 잠 못 이룬다.

입은 여럿이라 많은 부처를 장작처럼 쌓아 올리나

중생을 자처하는 그대 글자만 곱씹을 뿐이로다.

이름 따라 모양 따라 펼치어 허다하지만,

많다고 씨부렁대는 이놈부터 능지처참하라.

본 사람도 들은 사람도 없거늘

부처가 금강을 설하시었다 이르는구나.

신심 내어 무슨 공부를 지어 간다는 것이냐?

아무 일 없으면서 희유하다니 어처구니도 없다.

Listening to Buddha's Diamond words! No ears can hear.

Who can possibly keep this jewel? No hands can hold it.

When one realizes what he heard cannot be Buddha's words,

Then one understands Buddha; there can be no more words.

교진여 등 다섯 비구도 못한 일이라,

비렁뱅이 도사 迦葉(가섭)이 누구이며 多聞 阿難이 그 누구냐?

소문 없이 듣고 영화처럼 감상하여 믿으며,

제 귀로 듣는 대로 모두 소문이라 뇌까린다.

부처와 祖師의 옛 일이 닿을 점이 없나니

유월 염천에 잠시 소매 깃 스치는 동남풍이로다.

부모시체 앞에 놓고 죽음을 모르다가

경사에 시름 잊고 죽도록 웃어젖힌다.

믿지 못할 일이로다.

그동안 무슨 일이 일어난 것이었나.

그대들은 어이하여 이 자리에 이와 같이 있더란 말이냐?

무엇이 이때를 만들었는가?

수보리가 여기에 如來한 이유가 무엇이겠는가?

어찌하여 그대들은 문득 正偏知(정변지)를 뵙는 것이더냐?

그대가 물으니 세상에 가장 존귀하신 분이시며

그대가 외면하니 제 얼굴조차 낯설다.

깜짝 놀랐다. 내 얘기하는 줄 알았네!

Frightening moment!

I thought

You were

Talking to me.

035

佛告須菩提 莫作是說 如來滅後 後五百歲

有持戒修福者 於此章句 能生信心 以此爲實

[佛告 須菩提 莫作是說 頗有衆生 於未來世 末世得聞

如是修多羅章句 生實相不 以此爲實]

부처께서 수보리에게 말씀하시되,

"그와 같은 說을 짓지 말 것이니라.

如來하고 입멸하여 오백 세 뒤일지라도

계를 받아 지니어 복을 닦는 이가 있으며

능히 이 말씀과 게송에 신심을 내어

참 말씀인 줄로 아는 이가 있을 것이니라."

Most venerable One, Buddha, then told Subhuti

You should not create such discourse.

Even after five hundred and more years have passed since Tathagata

entered Nirvana, There will be some one who will uphold the precepts

with total goodness.

By diligently hearing the Sutra and Gatha,

So as to sincerely evolve his mind,

The resulting realization will allow understanding that

Those words come from His own true mouth.

해와 달에게 이 일을 묻지 말라!

천년 흐른 시냇물이 다시 봄인 줄도 모른다.

냇가에 기대어 하늘 구름 좇는 아희

집에 돌아 갈 일도 잊고 콧노래 부른다.

三世에 흐름이 있을 수 없고 더구나 欲과

色이 없거늘 어찌하여 無色이 界가 되더란 말인가?

流轉하는 세계가 없으니 無盡 刹刹(찰찰) 부처님 국토가 없다.

사십구 년은 그만두고 세존이 說한 곳이 어디냐?

묻는 이가 듣고 들은 이가 물었다.

수보리와 부처는 이미 서로 바뀐 스승과 제자이지만

각자의 解空을 주거니 받거니 교환할 수밖에 없는 것이로다.

주고받음이 이렇듯 분명하니 '善現'이라 곧 '수보리'라 한 것이다.

I see no-Buddha because

Buddha cannot see me.

I do not see Tathagata,

Since he has never committed to subsistence.

See nothing clearly,

Yet completely diminished without senses.

Slave is the master;

Both would kill each other for their own survival.

과연 그러하고나!

수보리가 空生 뒤에 숨어 阿難시켜 베끼었는데

문득 세상의 일을 묻고는 돌연 물러나 시침 뗀 것이라

시침 떼곤 도리어 黃面 노인의 되치기로

세상에 둘도 없는 일 듣자마자 머쓱하게 되었다.

"그와 같은 說을 짓지 말 것이라"니

諸經이 '如是我聞'으로 머리를 삼는 것과 같다.

듣지 않고 아는 것이 참으로 들은 것이라니

기다려 듣고도 모르는 까닭이다.

顯現하는 것이 이렇듯 분명하고 最善으로 化現하기 때문에

諸經이 살아 움직인다.

"참 말씀을 알면 現善한 것이거니와

以己方人하니[남 앞에 들어내는 모든 것이 다 제 몸이라]

214

부처가 이 말을 입에 담을 수 없는 것이라,

수보리가 이미 여래의 속내를 파악하여
그와 같이 묻게 하신 것이다.
속지마라, 서로서로 들키니
겸연쩍어 "아니라"고만 이른다.

Yes, yes, yes indeed!
One who completely entered a moribund subsistence,
Would be the man of Nirvana as he comes;
Tathagata.

When a self studying student,
Asked about the voidness of being,
Master must answer from a similar state of mind,
By saying 'yes'.

"참으로 바로 여래를 뵌다."이르신 이 말씀을 듣고
"어찌하여 형상도 없는 부처를 바로 본다." 이르시는고?
묻는 자는 참으로 공덕이 무량하여 말이 다 하고
믿는 자는 공덕이 전혀 없어 지옥을 천당으로 안다.

당시에 제 귀로 듣고도 믿지 못하는 이는

'여래의 말씀일 따름이라.'하여 의심하는 마음을 쉬고

믿고 따르기를 자처할 것이니

참으로 보지 못하는 줄 또한 모르리라.

Do you believe me?

I told you.

Don't you believe me?

I've never told you before.

처음 발심하는 이는 이미 억겁을 살아 닦았고

의심을 쉬어 믿음으로 말씀을 도살하면

한 찰나 사이에 천 만 억 부처를 죽이고

일체 조사를 바보 천치로 만든 것이다.

Each and every word comes from His own mouth;

No wonder no-one believes Him.

Buddha didn't speak any words about Dharma.

No wonder, Buddha Dharma has no words.

Word (logos), what he said is expedient

When the word is spoken for himself.

Buddha, the Complete Enlightenment, stands for us.

Patriarchs, the Complete Re-examiners, also wait for us.

있지도 않은 것을 말하려니

거짓도 아닌 것이 참으로 진실하다.

거짓을 참으로부터 도려내어 버린다면

참으로 거짓이 참이라고 말한 것이로다.

當知是人 不於一佛二佛三四五佛 而種善根 已於無量

千萬佛所 種諸善根 聞是章句 乃至一念 生淨信者

[當知 彼菩薩摩訶薩 非於一佛二佛 三四五佛 所修行供養 非於一佛二

佛 三四五佛所而種善根 佛復告 須菩提 已於 無量 百千 萬諸佛所 修行

供養 無量 百千萬 諸佛所種 諸善根 聞是修多羅 乃至一念 能生淨信]

마땅히 알라. 이 사람은 한 부처나 두 부처

셋·넷·다섯 부처님께 善根을 심었을 뿐 아니라,

이미 한량없는 千萬 부처의 처소에서 善根들을 심었나니,

이 經이 說하시는 말씀이나 偈頌을 듣고

더 나아가 일념으로 조촐한 신심을 낸 까닭이니라."

You should know this accordingly well;

This man has planted Bodhi-trees throughout all times and places,

And has upraised Good-roots of under not just one Buddha or two,

three, four or five Buddhas, but to Complete Enlightenment.

To many Buddhas has he devoted himself and evolved himself to raise

Immaculate faith with thousands and millions of Buddhas

As soon as he completely understood this Sutra,

Even for one moment.

무엇이 천만 부처의 처소인가?

모르는 사람 집으로 시집 가 남편으로 섬긴다.

이천오백 년 세월을 主賓(주빈) 없이 보내면서

한 시도 빠짐없이 끼고 다닌 다이아 반지다.

How many is such an uncountable number of Buddhas?

Who can re-collect the number before number-less one.

What if someone asks for help when he is not in danger?

It is thee who has created the idea of danger for limitless kalpas before this!

가 본 적 없거늘 어찌 있는 줄 아는가?

간 곳 없으나 있지 않았으매 갈 곳 없고

본 적 없다지만 지금 없어 따로 볼 일도 없다.

코와 귀를 만질 제 그 뒤에는 무엇이 있던가?

One, two, three, four and five....

What are you doing?

The more you count on numbers, the weirder it becomes.

Numbers disappear completely behind your tongue.

그러나 어떻게 하는 것이 신심을 낸 것인가?

묻고 또 되묻기를 그치지 아니하니 물음뿐이라,

묻는 이와 대답하는 이가 서로 얼굴조차 모른다.

각자 스스로 반문하되, "그대가 나에게 물었는가?

내가 그대에게 물었는가?" 하더라.

손가락으로 제 심장을 가리키고 있었으나,

방향은 이 때 서로 반대로 향하느니라…

How do I keep the sincerity in my awakened state of mind?

After such miserable hunger, what kind of thought is that?

Can you possibly rise from delusion to non-delusion?

Delusion itself can neither rise nor fall.

넘실넘실 파도치는 생각의 물결

무리지어 헤쳐 모여 끝 모르고 다다르니

섬과 육지에 부딪쳐 바위와 모래로 散花된다.

그리곤, 자취 없이 다시 무리 짓고 넘실댄다.

여래는 겨우 다섯 밖에 모르니 四大말고 더 무엇일까?

6과 7이여, 8을 含藏(함장)하여 어느 곳에 숨겼는가?

천 만 억 부처가 모두 그대의 色身 한 몸에 들었거늘

예부터 지금껏 숫자놀음으로 해와 달을 굴리누나!

한 생각 조촐한 바람이라니

사방을 둘러친 방풍 벽 안에서 산 위를 생각한다.

들고 나기를 원하여 오고감이 몇 해이던가?

아무리 둘러보아도 몸 숨길 곳은 없구나!

1, 2, 3, 4 are the one.

5 is only those one too.

6 came from them,

but 7 and 8 are originaly themself.

Eye, ear, nose, and tongue.

5 means the body.

6 is conceptional conciousness.

7 and 8 are the headwater of 6.

037

須菩提 如來 悉知悉見 是諸衆生 得如是 無量福德
[須菩提 如來 悉知 是諸衆生 如來 悉見 是諸衆生 須菩提 是諸菩薩 生
如是無量福德 聚取 如是無量福德]

수보리여, 여래는 모두 갖추어 알고 보나니
이 모든 중생들이 한량없는 복덕을 이와 같이 證得하리라.

Dear Subhuti, you should carefully examine these words.
Tathagata is the one who sees and knows perfection as a whole.
Each and every ordinary common being, simultaneously,
Would thoroughly attain immeasurable virtuous goodness.

본래 모르므로 갖추어 아는 것이며
본래 안 보이니 갖추어 보느니라.
이렇듯 중생의 빚을 떠안고도
도리어 저들을 제도한다니 누구 얘기인지!

Tathagata, and each and every ordinary life,

Are not separated.

Buddha, is who comes in, to, and for

This world.

I, You and They are without exception,

All lives of Buddha.

Disciple is the one who learns for himself.

Buddha in front of us comes from our own introspection.

We want him to be-come our Buddha or our God depending on who we

are.

Buddha will never become Tathagata unless you know and see him.

'Sees perfection as a whole', means He sees himself as it is.

'Knows perfection as a whole' means nothing to be known outside of

himself.

金剛 눈 속의 산과 바다 변함없는 창조 神이요

안팎 없이 三世를 쳇바퀴 도는 쇠붙이 다람쥐로다.

티끌 먼지 속마다 천만 개의 강 소용돌이쳐 흐르고

굽이굽이 물결 위에 셀 수 없는 하늘의 바다로다.

Mountains and rivers, the landscape of His own world, are His Garden.

They are the everlasting gardenofsupremebeing;alsoourgarden.

Heaven and Earth, clouds and soil; everything and nothing for me.

What I see and know will never happen.

볼 수도 들을 수도 없었던 깜깜한[無明] 수보리가

허공에서 문득 태어나자마자 듣고 볼 줄 아나니

입 닫은 善慧는 豁通(활통)하여 마음대로 물으매

無心한 여래가 忍辱하여 자비로 화답한다.

여래의 知見을 直饒[직요, 입맛대로 마음껏 떠들어 젖히곤]하지 말라.

올 것이 오고 갈 것이 가니 다만 業因이요, 果報가 확실하지만

여래는 아는 것이 없어 오고가는 자취가 없고 果報도 없느니라.

知見은 無業이라 제 보는 줄 알되 心識을 기대지 않기 때문이다.

福德이 무량한 것은 얻음이 커서가 아니라 없기 때문이다.

不思議(부사의)하므로 저들이 서로 比量(비량)하여 이르되,

"좀 멀다." 혹은 "아직 때가 되지 않았다." 이르니

인과를 좇아 하는 소리요 부처님의 말씀이 아니다.

목숨이 끊어지는 그때에 영생을 얻고

일체가 괴로우니 곧바로 극락으로 돌아간다.

영생과 극락을 얻고자 하는가?

얻을 것이 없으매 잃을 것이 없느니라.

One who knows Tao does not know the other.

The other is the one who has the idea of knowing.

Knowing and not knowing are only names.

Then where is the one who calls himself 'I' and sees other?

말 없는 부처가 그대의 입을 통하여 다다르려면

議論을 버리어 의론하고 思量을 떠나 사랑하여야 하리니

필경 形相과 名色에 의지함이 없어야 하리라.

形色을 떠나라 이르니 더욱 形色이 분명하고나!

하늘이 높고 끝없는 까닭에 푸르다 이르며

땅은 보이지도 닿지도 않으므로 넓다 이른다.

푸르고 넓음이 어디에 있는 것인가?

하늘과 땅이 아닐진대 그대의 몫도 아니니라.

Sky is blue; the color blue went up to the endless distance.

Earth is wide; the width of the land disappeared beyond your sight.

Three of us commute together without riding in any vehicles.

All ordinary beings come and go in the wonderland.

福과 德이 둘이 아닌 것은 이와 같이

밖의 경계로부터 구하여 거둔 것 아닌 때문이라.

內心에서 저절로 나오는 까닭에

안이라는 밖이 없고 밖이라는 內心 또한 없느니라.

그리하여 밖에서 안으로 들어가는 것도 아니요,

안에서 밖으로 나오는 것도 아니로되 안팎을 버리고

챙기지도 않는 까닭에 다만 "이와 같이 여실하다,"하여

如是 來한 것이므로 tathagata라 불렀다.

如來는 석가의 投企(투기)다.

나아가 여래는 法界의 자기 無化이다.

세상은 삼계[欲, 色, 無色]로서, 세존을 알아볼 수 없다.

세상은 다만 세상과 三界만을 보기 때문이다.

만일 세존을 볼 수 있다면 그 자신이거나 남인데

만일 남이라면 동등하거나 이하일 뿐 超絶(초절)이 아니어야한다.

解脫은 껍질을 벗는 일종의 變身metamorphosis이 아니라

self-negation 이어야 하므로 중생은 斷切일 수밖에 없다.

그러나 斷切이라면 중생은 해탈을 도모할 수 없어야 한다.

따라서 중생의 해탈은 선험적 본질[a priori]로서만 가능하다.

226

중생이 중생인 까닭은, 따라서, 해탈이 중생의 본질이기 때문이다.

자기-부정은 중생 자신의 無化[alienation]이며 동시에 본성이다.

세상이 世尊이라 부름 자체가 자기존재의 확인이며 부정인 것이다.

인식될 수 없는 것에 대한 認識化인 까닭에 보통 心意識이라 부른다.

6식과 7식과 8식이 사실이 아니니 이 아님이 自己無化이다.

다만 方便이라 부르거니와, 생각과 인식을 도모하는 까닭이다.

祖師들의 지적처럼

그 실은 이미 부처님 자신의 以己方人이다. 즉,

佛性이 자기 內面을 顯現하고자 남[人]과 밖을 憑藉(빙자)한 소리다.

"중생이 悉有(실유) 불성이라,"니 이는 둘의 분별로 하여금

둘을 버리고 하나로 되라는 말이 아니니 둘이 없는 까닭이다.

하나도 둘도 아닌 곳에서 지금 중생으로서 보고 아는 이 물건이

앎의 울타리로부터 튀어나와 自適(자적)하는 까닭에 이르는 말이다.

One for the other yet it has never been two.

Two for nothing; however where are they?

As soon as one sees either one or the other,

One is coming and going from other to self.

수저를 드는 놈과 배부른 놈은 둘이 아니다.

경우가 둘인 것은 그가 自身일 수밖에 없기 때문이다.

All things, in and out,
Goes to the other and comes from the one.
Seeming to be two different things
Because they are not two.

밥을 먹는 개와 밥을 먹는 사람은 둘이다.
이것도 경우에 따라 하나일 수 있다.
미워하고 좋아하는 것은 오직 말만 다르고 같은 마음이며
둘이라면 '같은 사람이라'는 말조차 생기지 않는다.

오직 하나로되 하나라고도 말할 수 없는 것은
이것이 참으로 하나이지만 하나라는 말이
이미 둘을 빙자하여 나온 것이므로 하나일 수도 없으나
이미 둘이 아닌 것이기 때문이다.

소위 중생을 여래는 곧장 菩薩이라 불러 속내를 드러내니
있지 않는 중생이 부처이고, 있지 않는 부처가 중생이다.
著境 중생은 相을 모두 실재하는 줄 알아 제 몸을 떠나니
보는 거짓이 아니라면 어찌 그 참 아님이 밝혀질 것인가?

밝혀진다 하여 相이 진실이라 믿는 이가 하나도 없거늘
어찌 중생이라 하여 부처가 아닌 것이라 부를 수 있을 것인가?
구경 좋아 나갔다 때 되니 저절로 집으로 향하고
발걸음을 옮긴 뒤에 문득 "재미있었다." 읊조린다.

좋은 구경은 되돌아 집으로 가져 갈 수 없을 때뿐이다.

People are thrilled with a wonderful performance

After returning from the theater.

Between plays and ordinary homes,

Which one is really real?

비록 '중생이 미혹에 빠져 헤맨다.' 말하지만
이미 집으로 돌아가는 줄 알기로 한 말이 아닐 수 없다.
부처라 부르나 본래 부처가 아님은
마치 중생이 본래 중생 아님과 같다.

冶父가 스스로 이르기를
"오이 심으니 오이 나고 과일 심으니 과일 난다."지만
참으로 궁색한 토를 붙인 것이로다.
나는 이에 다만 "잠시 집 밖에 있는 줄 모른다," 하리라.

張가와 李가가 각각 셋이요 넷이라지만

구태여 수를 세어 이름 부여할 까닭이 무엇인가?

다만 "그놈이 다 그놈이라 진실로 거짓이라." 하리라.

이는 거짓이 진실이라는 것인가 진실이 없다는 말인가?

一曲 無生琴(무생금)을 알아 볼 이 어디 있으랴?

별의별 소리 다 듣겠네. 咦[이]!

You guys made me laugh. You know why?

It is so funny. Holly shit.

038

何以故 是諸衆生 無復 我相 人相 衆生相 壽者相

無法相 亦無非法相

[何以故 須菩提 是諸菩薩 無復我相衆生相人相壽者相 須菩提 是諸菩

薩 無法相 亦非無法相 無相亦非無相]

왜냐하면 이 모든 중생[보살]은

我-人-衆生-壽者(수자)라는 相이 다시 없으며,

법의 相이 없고, 非法이라는 相도 없기 때문이니라.

Because Bodhi-sattva, the great ones of Wisdom, would never again

hold the

The idea of the self, the idea of others,

The idea of ordinary common beings and

The idea of eternity.

Furthermore, He would neither carry

The idea of Dharma,

Nor the idea of permanent being

In Dharma.

六祖께서 이르시되,

無我는 수상행식이 없음이요,

無人은 了 四大不實하야 終歸(종귀) 地水火風함이며

無衆生은 無 生滅心이요,

無壽者는 我身 없음이 근본이니 어찌 삶이 있으리오.

죽음 없으면 永生이요, 삶이 없어 죽음이나

이미 몸에 없는 것을 마음이 떠맡고

마음에 없는 나고 죽음을 서로 되돌려 받음이라

그러므로 永生은 몸과 마음의 허망한 집착이라 한다.

冶父(야보)가 이르기를 허공과 같되 스스로 몰라

허공이 있는 줄로 다시 집착함이 아니더냐?

허공을 뚫고 화살이 나아가나 실로 뚫음이 본래 없어

이렇듯 그 없음을 뽐내는 것이 아니었든가?

내가 없다니 나라고 불리거나 부를 能所가 없고

나를 고집할 이유가 나에게는 없으며, 나아가서

나를 소유하는 남도 없고 나 자신은 더욱 없으므로

나를 이끌어 지탱시킬 힘이 안팎에 전혀 없음이로다.

Do not hate anyone;

Fortunately there is nobody.

Before you begin to see,

You have to be somebody,

"굵고 거칠기가 그치니 뚜렷이 밝아 몸통이 드러났도다."
야보가 송한 것이고,

That somebody wants to occupy you totally, while insisting that it is

omnipresent.

Since there is no-one in this triple world,

Do not rush to open up to it; just walk in.

Whole thing is clear, it is just that you were not.

둥글기가 큰 허공 같으니 모자람도 남음도 없다.
사람에게 육신이 있으매 뚜렷하고 꽉 차 텅 비었고
사람에게 마음이 있으매 광대하고 신령스레 통한다.
이 몸과 마음을 뉘 있어 하나만 가질 수 있으랴?

It is fulfilled like vast space, lacks no thing and keeps not a thing.

What is vast? Men are afraid of the idea of emptiness.

Wherefore? Because men cannot measure their own measurement.

No one knows the exact size of his mind or exact size of empty space.

"없다."고 나 역시 말하지만 이 말이 다시없으니

없다는 말만 여실하게 되어 마치 참으로 있는 것보다 우뚝하여지니

永生할 자가 없다는 것이다. 그러므로

하늘의 주인이 없다는 말을 무서워 말라.

참으로 없다고 일렀으니 도리어 이른 말에 대하여

그대들이 반대하고 믿기를 자부하고 이유를 다는 일과

그 명목이 바로 그대가 빌어먹고 삶을 해석하는 자리가 아니던가?

결국 '있다' '없다'라는 말에 분개함이

마치 흙덩이 좇는 한나라 개꼴이 된 것이로다.

Most beautiful and smart dog has the best ability.

Chasing a mud ball that owner threw far away.

God and divine-being must exist, since you pretend holiness in youself.

Reality and ousia with arche have been steamy mid-night dream.

God is an infant because men are still alive.

Men persistently try to affirm what they have negated.

In and out of himself, he goes and comes like an urban commuter.

This is all about the front door of human being's restaurant

Buddha has no name for himself.

Because human-beings took all the possible names.

The ordinary being claims to be just an ordinary common-being.

Each and every entity creates and names superior divine being.

오가는 이 허다하건만 아는 이 없다.
산해진미요 진수성찬이건만 허기를 면치 못한다.
중생을 구제하는 이가 부처인 줄 알지 말라,
부처가 도리어 낱낱의 중생들에게 목숨을 구걸하느니라.

祖師의 일을 보고자 하는가?

'허공을 때려 부수어 뼈 조각을 훑어 내고"
번개 불에 모래 삶아 밥 지어 먹었다.

Wanting to understand all the patriarchs' teaching.

Beating to death empty space to take out bones.

Steaming sand cooking in the oven to fix delicious flesh bread.

Do not seek any further; putting another head on your shoulders.

그러나, 말하여 보라!
중생 스스로는 중생이라는 자기 相을 가질 수 없나니
어찌하여 중생이 相을 집착하는 줄로 보는 것인가?

이목구비 없다면 눈 코 귀 혀라는 말은 어디서 왔는가?

얼굴 없는 괴물 앞에 무슨 불법을 말할 수 있으랴?

없기로는 부처라 이르는 바로 그것이 아니더냐?

본 사람도 없다면서[그 이는 누구일까?]

스스로 三世와 三界에 가장 거룩한 이라

[마음에 시간이 없거늘 오고 감이 뚜렷하고

현세, 과거세, 미래세라니 머무는 곳 없는데도

하필 왜 마음을 시간 재는 것일까?]

[어느 마음이 거룩하고 어느 마음이 무상하고 덧없는 것인가?

우러르는 이가 지금 어느 곳에 있기에 위를 향하는가?

피하고 외면하여 무엇을 얻으며

떠나 멀리 쳐다보아 무엇을 구하더냐!]

마음대로 지어 불러 앞과 뒤가 맞지도 다르지도 않는다.

[마음을 마음대로 할 수 있는 마음이 있으려나?

스스로는 아니라면서 여전히 그대 마음대로 하라니

본래 마음대로 할 수 있는 마음이 있다면

다시 마음대로 하라 되풀어 말하는 까닭은 무엇인가?]

구하여도 얻지 못하고 구함 없으리라 단언도 못하리라.
[하늘을 구하여 얻음이 늘고 버려 없앨 수 있다면
아무도 하늘이라 부르지 않으리라. 하늘이라 부름은
제 마음 다스려 하늘을 향하고 누질러 땅에 떨어짐이 아니니
아뿔싸, 하늘과 땅을 동시에 얻지도 동시에 버리지도 못하리라.]

달마 대사께서 이르시되;
"마음, 마음, 마음은 찾기가 어렵다."하시니
찾는 이는 누구며, 찾음이 있는 까닭은 무엇이냐?
마음을 마음이라 불러도 아무 탈이 없더냐?
[마음이라 부르면 相을 만드는 것인데 여전히 마음이로다.]

마주 대하지도 못하면서 도리어 "눈으로 본다." 이르며,
형상도 이름도 없다면서 부처라니 그 이름 더욱 우습다.
본래 남의 허물을 빙자하여 제 얘기하는 조잡한 처세술이 아닌가?
아니라면, 남 부추겨 제 자랑 하려는 억지춘향의 속셈이 아닌가?

중생의 눈이 보는 중생의 소견이거늘 부처를 세우고
볼 수 없는 몸에 이름 지어 부처와 중생 둘을 나누었다.
스스로 나누고 구분하여 망상 피우는 이 한 물건을
그대는 부처와 중생 그 어느 몸에 부착시키려느냐?

부처라면 二律背反이요, 중생이라면 自家撞著(자가당착)이리니

이름은 이름에 부처 그대로 둠이 무방할 것이로다.

相 없는 부처를 무엇 때문에 중생이 물려받으며,

중생이 곧 相 덩어리라면 부처 또한 相 밑에 있음이로다.

古今에 相 덩이 벗은 중생이 실로 없으니

바로 부처의 이름이 온 곳이기 때문이다.

相 없는 것을 이름 하여 부처라 꾸려 부르면

부처의 非相이 바로 중생의 主人일 수밖에 없으리라.

부처가 자신을 부처라 부르지 못하며

[부처라 부르려니 이름처럼 소리가 낯설고

부르는 그 자리가 이미 남의 집이로다

천하에 없는 것을 천상에서 구하여

있음을 얻어 만천하에 뿌리려 함이로다!]

Buddha has no name for himself.

중생을 중생이라 부르지 말라.

[중생이라 부르려니 물건과 사람이 밟히고

대답하는 이 몸뚱이마다 존중스럽기 그지없다.

이미 존재하고 있는 줄 알아 의지하려니

도리어 내 목을 죄어 제 몫이라 우긴다.]

Ordinary being claims to be ordinary common-being.

중생이 부처를 相 가운데 얻고
[몸뚱이 있는 곳마다 부처가 있나니
내 몸이 지은 생각에 자유롭지 못하다.
되돌아보는 얼굴마다 제각각 다른 얼굴이어서
차라리 세상 야박하다 탓하는 격이로다.]

Buddha, the Enlightened One, is not aware of differentiation from others.

That is why divine being does not create two-ness or duality.

부처가 중생이라는 상을 짓지 못하리니.
[온통 창조의 비밀이 인간 세상에만 있는 일이다.
두 개의 세상 되었구나!
만든 자는 만들자마자 또다시 자신을 돌아보니
만든 물건이 이미 다시 내가 만드는 물건이다.]

Conception, the idea of being in human form,

Defines difference.

Ideas, Buddha-being or Ordinary-being,

Are depending on each other.

상에 의지하여 부처라 불리는 중생인 셈이고

상이 없는 중생이라 불리는 부처인 셈이다.

셈 지어 이르므로 無盡이며 無數이며 不可說이라.

셈을 셈하여 스스로 셈 없는 물건이라 咐囑한다.

What is the difference between distinctively classified ideas?

Between ordinary-being and enlightened-being, so called sentient-being

and Buddha?

What is ordinary does not depend upon ordinary state of the being in

itself.

Only ordinary ones call themselves 'ordinary' in self-conscious apology.

있음과 있지 않은 없음이라 두 이름 붙여 나눈 것을

다시 이름 지어 '부처님 方便門'이라 부르기도 할 만하므로

'다시' 모양과 형상 드러난 곳을 스스로 돌이켜보아

다만 "상이 본래 없다"고만 이르니 이 상을 어찌하랴?

"法相이 없고 非 法相이 없다." 이른 것은

단순한 중복이 아니라 返照(반조)이며 穿鑿(천착)으로

功德을 표방하는 吟味의 정신이니

240

諸經에 說하시는 '供養 十方佛'이다.

과거 무량겁을 두고 수 없이 많은 한량없는

세월동안 한두 부처님뿐 아니라 천만 억

부처님 항하의 모래알보다 많은

부처님들께 공양을 올린 공덕인 것이다.

밥 먹고 똥 싸고 잠들어서도 오매불망 잊음이 없으니

하루 해 뜨고 지는 줄 알지 못하고 해가 바뀌고

달이 변한 것도 전혀 알지 못하는 오직 한 생각뿐이라 말한다.

풀과 나무가 고마워하더라도 태양에게 감사를 주-받지 말며

인간이 감사하더라도 自然에게 뽐내 제 그런 줄 칭찬 말지니

있되 있음에 공덕이 없고 없되 없음에 공덕 있나니

알던 모르던 有無 어디에도 머물지 않아야 無漏(무루) 功德이리라.

When you are here, I am not.

When I am here you are also here.

Between you and me, which comes first?

First and next are also the idea of U-n-me.

身相과 法相이 다른 곳에서는 한 몸이고 여기서 다르니

무엇이 몸이며 무엇이 법인가?

눈과 귀를 멀리하여 몸이 확연히 드러나고

머릿속으로 천만리를 치달려도 이르지 못하는 법이다.

무엇이 眼耳鼻舌(안이비설)이며 我人衆生 壽者상인가?

보고 듣는 줄 알면 我이며 모르면 사람이요

똑같은 줄 알면 중생이며 밖으로 믿으면 수자이다.

부처를 그리하여 보고 들음 없는 無心이라 이른다.

Eye, Ear, Nose and Tongue: what are these?

Seeing, hearing, etc. are all yours.

If you believe so, you already succumbed

To the idea of subject, object, men and an everlasting one.

똑똑히 보았고 분명히 들었다 하리라.

보고 듣는 줄 알면 저와 남을 속임이고

보고 듣고도 봄이 아니고 들음이 아니라면 이 중생이며

보고 들음 없이 다 알면 수자라 이른다.

Eyes listening, ears visualizing, and

Tongue is thinking.

All this time, no one has ever realized

Body is the psyche.

다섯은 얽힘이니 넷에 우선하는 것이 없기 때문이다.

들은 대로 보고 본 대로 들으니 果와 因이 다르다.

因果로 形色을 이해하는 것이 아니라 의식으로 안다.

그리하여 안다는 것은 앎의 의식일 뿐이다.

존재가 앎이니 안 존재를 法이라 부른다.

안 법은 형색을 갖추니 '나의 앞에 놓기' 때문에

독일은 vor-stand, 혹은 gegen-stand라 불렀다.

sub-ject와 ob-ject, 즉 對所(대소)가 이렇듯 이루어진다.

What it is, is what I see.

Beyond what is seen, 'I' thinks it is being in itself.

What is the substance of original being

Before we create any ideas?

인식의 전체로서 존재를 파악하면 Ding-an-sich가 되고

존재의 認識을 思惟의 核으로 보면 noumenon이 된다.

파악된 것으로 세계의 통일을 보면 ousia가 되고

그 자체로서 있는 존재를 想定하면 arche가 된다.

Kant의 Ding-an-sich는 我相이고

Sophist의 noumenon은 人相이며

世人들의 즐겨 말하는 ousia는 衆生相이며

Philosopher의 arche는 壽者相이다.

Platon은 저들의 虛構(허구)에 가득 찬 인식들을

idea로 묶으니 날조된 지식들을 통쾌하게 쳐부수어

History 책에도 없는 Sokrates를 탄생시키니

한가롭기 그지없는 정원에[schole] 묻고 대답하는 이다.

Who killed the re-examiner known as Sokrates?

039

何以故 是諸衆生

若心取相 卽爲着我人衆生壽者

若取法相 卽着我人衆生壽者

[何以故 須菩提 是諸菩薩 若取法相 則爲著我人衆生壽者 須菩提 若是

菩薩 有法相卽 著我相人相衆生相壽者相]

어찌하여 그러한가?

이 모든 중생[보살]들이 만일 마음에 相을 취하면

곧 '我人衆生壽者'에 집착하는 것이기 때문이니,

수보리여,

만일 "이것이 옳은 法이라"는 相을 취하면

곧 我人衆生壽者'에 집착한 것이니라.

The why and wherefore!

The why and wherefore is that if

Every ordinary being engaged in their minds and enunciated physical

forms,

Abruptly, ideas would attach

Of I, men, common-beings and eternal beings.

Subhuti,

Attaching to the Dharma

Will abruptly lead to the ideas

Of I, men, ordinary creatures and eternal beings.

법도 아니요 옳음도 아니다.

법이라 믿으니 信心이 없고 옳다고 믿으니

알음알이가 일어나 다시는 알 수가 없다.

알고 믿는 그것이 곧 모름이요 그르침이거늘

어찌 아는 주인이 있을 것이며,

왜냐하면 "무엇[Etwas]이 객체라면 주체가 있어야 하는데

주체가 그 무엇을 알았다면 그 주체는

객체를 객체로서[as an object] 존재하게 하는 놈이어야 하는데

이것이 사실이라면 그 주체가 도리어 객체에 의해서만

주체가 되는 dependent가 되기 때문이다.

When one mind is confused, the Six Sense Realms will follow;

It is called 'gone' or 'moved'.

When one is mind is recovered by introspecting Dharma World;

It is called 'come' or 'still'.

주체를 아[我]라고 부른다면 객체 역시

我를 객체의 우위에 他者로서 올려놓는 놈이기 때문에

我의 상대편에 있는 인[人]을 만들고,

남보다 優位에 있는 밖에 있는 것이라는

그것들[something else]을 만들기 때문에 중생[衆生相]을 만드는 것이며,

그 우위에 있는 자신을 영원한 실체로 생각하는 한

수자[壽者相]을 저절로 형성하기에 이른다. 이리하여 相이라 부른다.

I am a subject; disregarding the five sense organs:

Only functioning by collecting data.

Confused perspective becomes masterly owner.

Yet, neither me nor any body, can keep ownership and make himself

understood.

즉, 아-인-중생-수자는 중생 자체 안의 想念들을

창조하는 性品이 삶의 內在的 表象(표상)으로서 法界를 顯現하여 가는

性相인 것이다.

水不離波(수불리파)요 波不離水(파불리수)로다.

내가 있으므로 남이 있다거나 남이 있으므로 내가 있다

말하자마자 스스로 자가당착에 떨어진다.

Antinomy는 Being 혹은 Dharma의 내적 구조가 아니라
Being이나 Dharma라는 方便이 가지는 言語적 兩面성 때문이다.

나와 남이라든가 나와 너는 항상
상대를 보는 눈의 방향일 따름이기 때문이다.
가까운 나를 너라고 부르던, 먼 나를 그이나 남이라 부르던
그 거리는 오직 나의 일방적 측면이기 때문이다.

내 안에 있는 남이라든가, 내 밖에 있는 나는
여전히 같은 사람이지만 오직 눈의 指向이 다르다.
거울 안에 있으면 비춤을 숨기곤 '너'라 부르고
갑자기 돌이키면 손가락 닿기도 전에 다시 '나'이다.

존재를 언급하는 것은 인간이 감각에 의존하기 때문이다.
있다는 말은 어떻게 있던 무엇으로서 있던 모두
나에 의해서 나의 something, 나의 whatever it is 이며
나와 너라는 공식과 함께하느냐 마느냐의 결정일 뿐이다.

보는 자, 보인 것이 있다고 말하려면
Who, where, how부터 묻기 전에 what부터 물어야 옳다.
形象은 객관적인 who나 how가 없는 한 사실로 간파되지 않거니와
그 앞의 속성까지 다시 되돌아 보아야하기 때문이다.

We only ask what did you see?

Seer only concerns whatness of the seen;

If I ask again who sees when you saw that thing?

We have to finally inquire 'what sees it'?

왜냐하면 안다는 것은 비록 나의 문제이지만

인간 존립의 전체적 과제이고 동시에 목표이며

앎은 스스로의 지옥이면서 동시에 천당이기 때문이다.

죽음의 존재가 앎을 의지하여 스스로 영생을 꿈꾼다.

I cannot see even my own eyes;

What can we call so-called seeing things?

Do you understand why we say seeing 'things'?

Because I only saw something in me and that is nothing.

040

何以故 若取非法相 卽着我人衆生壽者

是故 不應取法 不應取非法

[何以故 須菩提 不應取法 非不取法]

어찌하여 그러하겠느냐?

'법 아니'라는 상을 취하여도 곧 我人衆生壽者에 집착한 것이니,

그러므로 마땅히 옳다하여 法을 취하지 말 것이며

법 아닌 것도 마땅히 취하지 못 할 것이니라.

What would be the reason for this?

Even if you are sure that 'it is not the Dharma',

You have already attached to the idea of

Me, men, ordinary being and eternal being.

Therefore right or wrong,

One should never commit,

To the Dharma

You have already created.

On the other hand;

One should never commit to the non-Dharma either.

One way or the other;

Both conclusions are wrong.

"이것이 법이라." 하고 다시 "법이 아니라." 말하는 것은
부정과 긍정이 아니니, 부정은 反自己에 대한 확신이다.
긍정하여 도리어 부정을 成熟함도 그 같은 이유이다.
마찬가지로, 나와 너의 경우도 이에서 다르지 않다.

Ordinally, men think they have power without exception.
Clinging to the conclusion that time-being is a certainty.
Men see the flowers in the garden as if in a dream.
When it is negated, they would rather remain indifferent.

네가 내가 아닌 것은 내가 네가 아니라 말함과 같다.
만일 내가 네가 아니라면 어찌 나인 줄 알 것이며
네가 내가 아니라면 어찌 그대임을 도리어 알 것인가?
수보리가 부르면 세존이 如來로 對應하여 공덕을 베푸시니라.

부르고 대답함이 부처의 一切事(일체사)이건만 듣지 못하고 알지 못한
다.
관음이 大悲하사 부르자마자 알고 듣자마자 깨달았건만

世人이 본래 제 입은 다물고 제 귀를 닫으니

言下에 문득 깨달으매 곧 頓敎(돈교)이건만 스스로 보지 못한다.

Calling and responding

Are all that matter in Buddha.

Men can and will listen with eyes, and see with ears;

Yet nobody but Buddha never sees or listens.

041

以是義故 如來常說 汝等比丘
知我說法 如筏喻者 法尙應捨 何況非法
[以是義故 如來常說 栰喻法門 是法應捨 非捨法故]

이와 같은 뜻이기에 여래가 항상 說하시되,
너희 비구들이여,
내가 說하는 법이 뗏목에 비유하는 것인 줄 알라. 하시니
법조차 되레 버려야 마땅하거늘 법 아닌데 이르러서야.

Tathagata says:

On every occasion Dear Bikkhus! Good Listeners,

My words of Dharma to you is like a raft.

Even the Dharma itself must me abnegated;

What can possibly be done for non-Dharma?

설하시는 말씀 하나하나는 다 재목으로 쓰고자 함이니
혹 기둥이요 혹 서까래나 지붕으로 쓴들 뉘 있어 타박하리오!
허나 우선 내려다 쓰려면 서로 차등 없이 맞추어 묶어 띄우니

목공의 손을 타기까지는 그저 쓸모없는 나무토막일 따름이다.

Not a thing exists between Dharma and non-Dharma.

Who allows you to have the idea of Dharma as right and wrong?

If it is right, there would be no room for that which is not right.

If it is wrong, no way for us to know that what is wrong.

목수를 만나고도 그대가 누구인지 그대조차 모른다.

알고 보니 나무가 기둥이요 기둥이 나무로다.

허나, 나무가 나무임을 버리고 有用함을 던져야 기둥이며

기둥이 제 서 있음을 버리어 이 옳은 집이라 하리라.

到岸捨舟常識事(도안사주상식사) 아니냐?

건네었으면 이제 배는 버려야 마땅하지 않더냐?

애써 온 곳이 도리어 떠난 곳보다 친절하지 못하게 되었다.

이 허망한 속임수에 천하의 납자들이 부산하였다.

나무는 나무이게 두고 기둥으로 하여금 나무 걱정 말게 하라.

모두가 목수의 눈썰미에 손놀림이듯 저들은 다만 한가로운 말장난이
로다.

그렇다면 무엇인가?

이름 지어 부를 때마다 점점 멀어지더니

이름을 없애자 더더욱 멀어졌다.

있는 줄 아니 법이요 법인 줄 아니 非法이다.

없는 것 命名하여 有化하나 문득 廻光(회광)하면 자취가 없다.

없는 줄 알면 필경 일체법을 了得(요득)하거니와

홀연히 요득한 줄로 알음알이 내면 곧 妖妄(요망)한 법이다.

앎은 요득하여 有化하므로 존재의 무덤이요

無知는 존재와의 同化이나 돌이키면 我人 없는 自在함이다.

Dharma is not Dharma if you saw it.

This is a Dharma which is only your idea of yourself.

But as soon as you say that this is not the Dharma,

You have just replaced up with down; sameness with difference.

Me is neither I or you.

Men are neither male nor female.

Idea of fulfilled and indigent being are both ordinary ideas.

How can anyone uphold a perpetual supreme being?

無得無說分

[증득함이 없어 설함도 없다]

No Thing To Be Attained, Nothing To Define.

Nothing is beneficial, then no Dharma can explained.
Body or mind cannot attain Dharma; inside and outside.
Even if that is done, what can be explained about yourself?
All outward ex-planation is very in-ternal matter and very vain.

042

須菩提 於意云何 如來 得阿耨多羅三藐三菩提耶

如來 有所說法耶

[復次 佛告慧命須菩提 須菩提 於意云何 如來 得阿耨多羅三藐三菩提

耶 如來 有所說法耶]

수보리여, 네 뜻에 어떻다고 생각하느냐.

여래께서 아뇩다라 삼먁삼보리를 증득하신 것이며,

또 여래께서 說하신 법이 있는 것이더냐?

Dear Subhuti, How do understand this?

Do you believe either Tathagata

Must obtain Annutarasamyaksambodhi

Or Tathagata must have a Dharma he could speak about?

여래 설하심이 법이요 아뇩다라삼보리라 이름 하여 부르니

중생은 위 있고, 견줄 바 있고, 내 있고, 부처도 있다.

이것 없고 저도 아닌 당사자는 이름도 법도 없어 없단 말도 못한다.

거꾸로 말 잡아타고 치닫는 것이로다.

Tathagata and sayer, Dharma to speak, truth to be heard.

Speak without tongues, Listen without ears, wisdom from where?

No one heard what Tathagata had to say; even after listening.

Sayer is finally the comer who has appeared to us just like this.

입을 열어 설하시되 나의 귀에는 기쁨과 슬픔이요

나를 위하사 건네어 주시고 되돌려 주신다니

그렇듯 모든 수고를 하는 이는 누구인가?

바라고 원하는 대로 이루어짐이 중생의 소견이다.

Truth talker naturally has no more than truth to talk about.

Yet even his name, truth talker, cannot be true anymore.

What he is saying, what he has to speak about and what he cannot say:

These are all why Tathagata tried to hide his own naming.

無上이라는 金仙은 삼만 육천 리를 뛰어 도망친 것이로다.

도대체 뉘 있어 드높여 자신을 세워 온 것이냐?

높을수록 낮은 내가 문득 천길 나락에 섰다.

이미 더 낮출 수 없는 몸, 하필 長大함일까보냐?

깨달음이 공고하니 念塵(염진)이 범접하지 못 할지면

제 이름 세움도 없거늘 하물며 바름[正]을 표방하랴?

삼보리[sambodhi를 三菩提로 음역하여 쓴다]가 무엇인가?
묻지 못할 것을 自對하니, "갈보리 봄보리 육모보리"다.

이름을 대 위에 세우니, 菩提는 찢긴 소리일 뿐
견줄 相對 위에는 이미 無上과 正等이 안 보인다.

다투어 견줌은 중생의 本分 所見이라
제 옳으매 남 그르니 我요,

In the house sitting on cozy couch,
Dreaming of fantasy.
I fly up and down the
Endless air-space.

몰래 남에게 가르침이 있되
내가 없고 옳음도 역시 없으면 人이며,

Nobody but me, yet adorned the whole flowered world.
Even myself was never separated from vast world.

객관적 존재와 보편성을 밝혀
世上事라는 견해에 집착하면 衆生이며

The universal being and unchangeable truth are clear;

But they do not exist for me, only for our brain.

세상을 여의고 영원불멸과 찰라가 있다면 곧 壽者이다.

부처의 지혜를 수승하다 여겨 중생을 여읜다 여기면

아인중생수자가 도리어 부처의 목숨을 삼키리라.

Men ask God, he answers our desires.

It can never be perishable, not permanent either.

Eye sees the sound of the river, Ear hears the thunderbolt.

Going to the 4 slaves, coming back home with empty hands.

四句偈(사구게) 한 구절만이라도 외우고 지니라니

없고 없어 없음도 없는데

무엇을 지니고 외울 것인가?

남쪽을 향하고 앉아 문득 북두칠성 보느니라.

Were you evoked by the Four Line Gatha?

Was, is, will be and being three also is not a thing.

How do you keep them and memorize in you?

Facing south; suddenly seeing 7 northern stars.

043

須菩提言 如我解 佛所說義 無有正法 [如來得]
名阿耨多羅三藐三菩提 亦無有定法 如來可說

수보리가 사뢰었다.
제가 터득하기로는 부처가 說하시는 그 뜻은,
이것이 곧 바른 法이라 함이 없으므로
여래께서 이를 아뇩다라 삼먁삼보리라 이름 지은 것이며,
또한 기정된 法이라 할 것 없음을
여래께서 가히 일컬어 說하시었나이다.

Then, the Good and Wise, Subhuti said, In my understanding, I
believe that Tathagata gives the name Anuttarasamyaksambodhi to
the Dharma of that which no thing could be definitely defined. This is
the one Dharma he truly has to talk about?

터득함에 이름이 없거늘 空生이 스스로 이름 지었다.
부처는 스스로 세존이라 말하지 않고 오직 공생이 지은 것처럼.
지은 이름에 연연하지 않고 그께서 당신을 如來라 말한다.

여래는 이와 같이 말하는 분이란 말이던가?

If Buddha has the mind of wanting to explain what he knows,

He is only as good as all of the common ordinary good people.

Since he is good, then, he has no reason to be excellent. Finally,

He is as common as the rest of the common people.

허망하고 허망하다. 알아 그렇고 몰라 그러하다.

여래가 이미 空生이거늘 수보리에게서 들어야하다니!

그러나 문득 돌이키라, 들었다면 이는 공생이 아니라

바로 세존이라 불리는 여래가 지금도 부처인 그것이다.

Alas! Who is He afterall?

He never called himself either Buddha, or Tathagata.

He has never come as either King or as a thief in the night.

Nobody has ever seen him or observed his existence.

Who and what is he then?

Vain and empty in his names; no one but many names.

Empty being comes like disciple, while master talks like thunderbolt.

Buddha has come this way, but the Way has no exit.

264

부처가 설하심은 누구를 위해서인가?

듣는 이는 이미 알기 때문에 듣는 이라 하는데

어찌 듣지도 못하는 이에게 설하기에 이를 것인가?

그러므로 둘도 둘이 아니라면 법 또한 법이 아니니라.

For whom did Buddha deliver the Dharma?

If listeners have already caught

His intention, he has made double talk in front of himself.

If not two, this poor Dharma already double crossed them.

定法은 중생에게 시작과 끝이 없음이다.

다 옳고 다 그르다면 말 머리가 둘이다.

양 머리를 모두 쳐 옳다 이르지 못하고

양 머리를 모두 당겨 그르다 이르지도 않는다.

손가락 반지 보며 결혼 여부 밝히지만

김장 손 부비며 겨울 철 안녕을 바란다.

木人 사내는 산꼭대기에 노래하니

石人 계집은 강가에서 더덩실 춤춘다.

Ring on the poor finger, marriage was done.

Wiping ass; same finger touches your lips.

Wooden man sings at the top of the mountain,

Stone lady dances in the sandy river beach.

말 없는 부처가 무진 설법을 행하니

산하대지가 텅 비어 다시 듣는 이가 없다.

평생의 勞苦에 보답할 길 없으니 뉘 탓이랴!

阿耨多羅(아뇩다라)가 正偏智(정변지)요 그대로 應供이로다.

배고프니 체하지 않고

배부르니 시름 놓는다.

266

044

何以故 如來所說法 皆不可取 不可說 非法 非非法

어찌하여 그러한가,
여래께서 說하신 法은 모두 취할 것이 없어서
법이라 말하지도 못하고 법 아닌 것이라
說하지도 못하는 것이기 때문이옵니다.

What would be the reason? In my understanding, The Dharma that
the Tathagata delivered has nothing to be begotten. Therefore there is
nothing to be called the Dharma, nor, nothing to be begotten as the
Dharma.

이렇듯 오더니 드디어 잘 갔다.
"법도 법 아님도" 모두 맞거나 틀리지 않나니
옳고 그름이 없는데 그 위에 무엇을 얹을까?
하찮은 것이 아래 있지도 않으므로 如來이며,
佛이라, 앎이 바르다 세우지 않거니 善逝(선서)로다.

가는 길이 자취 없어 豁通(활통)하니
긴 하늘가의 외기러기 소리만 차갑다.

사람은 사람이라 불러 사람이 된다.
그러나 부처는 부처라 부르면 부처가 아니다.
왜 그러하냐고 묻지 말라!
물을 때 그대는 '부처'라는 말로 불러야 하기 때문이다.

As a truth seeker he found his teacher.

That teacher either can be empty handed begger, or,

A most generous rich man with full hands.

Emptiness and fulfillment, let him decide by his own will.

어떤 이름으로 부름이 과연 옳은가?
이름만 부르니 오직 옳고 그름이나 알고자 한다.
홀연히 是非가 끊어진 곳에
내 얼굴 네 얼굴 서로 웃으며 훔친다.

여래가 그와 같이 설하시었다니
무엇을 얻어 들었는가?
善慧도 알아듣지 못하였거늘
수보리가 고개를 끄덕인다.

268

없으면 없을 수록 如來는 다가오지만
얻고 가질 수록 중생은 스스로 멀어진다.

Buddha, as a Tathagata, has never delivered any Dharma.

If you have anything to be heard in your own ear,

Two ears will cheat you the most, unless you don't have any.

Between having and Not-having, who is the master?

부를 일 없다고 이르기 몇 겁이던가!
그래도 여전히 부름으로 대답하도다.
불러 대답하고 대하여 이르더라도
두 사람은 서로서로 나와 너이다.

045

所以者何 一切賢聖 皆以無爲法 而有差別

[何以故 一切聖人 皆以無爲法 得名]

무슨 까닭에 그러하냐 하오면,
일체 어진 聖人이 모두 無爲법으로 차별을 두는 까닭이옵니다.

Wherefore? Surely it should be so, because one and all,

the good and wise Ones, are without exception,

living in the same Dharma of Do-nothing yet operate nothing

of the kind; disjecta membra.

이름으로 하나 얻어 열곱을 잃더니
일흔 뒤에 없다 일러 얻는 줄로 안다.
비로소 얻고 잃음이 본래 없더라도
부처의 心琴에는 줄도 소리도 들리지 않는다.

무엇이 성인인가?
그대들 멋대로 성인을 이름 하면 대개 주워들었거나

빌린 말들일 터이니 저 神秀(신수)가 성인의 일을
가히 測量(측량)할 수 없는 일이라 이름 지은 것과 같다.

Holy ones either do have or do not have human mind, same or different,
that is only instinctual judgement.

Never on earth, yet living in Heaven cannot be holy; not on earth, cannot
be aware of heavenly holiness at all.

One is here, the other is there; they both, having used 'is', are not
commutable anymore.

Rain drops from cloudy sky, streams, up and down.

Who makes the differentiations between two non existing things?

이렇듯 스스로 모르는 일을 측량키 어렵다고 함이
중생의 중생 노릇이며 부처의 제도하시고자 함이다.
제도하심은 이미 자신의 일이거니와 밖에 중생이 없고
밖의 중생은 제 안에 부처가 없는 까닭이다.

안팎이 없는 데서 안팎이 일어남이
마치 태양 속에 빛이 없되 모두 빛을 보는 것 같고
달에 차고 짐이 없건만 초생과 그믐이 있듯 한다.
있는 줄 믿으면 함이 있는 것이요 아니 믿더라도 같다.

하나라 함은 이미 둘로 나누었기 때문이며

둘이 아니라 함은 그 차별이 分明하기 때문이다.

하나도 둘도 아니라면 귀신같아 혼란한 제 마음이요

하나이면서 둘이라면 사람이 머리로 버티기 때문이다.

Do not talk about non-duality;

you will only be speaking about two in one.

Do not say same or different;

you did not know one in two yet.

聖人을 빙자한 것은 중생을 자처하지 못하게 함이며

聖人을 의지함은 중생의 思量심을 미리 차단한 것이다.

自處하여 自性의 오롯한 부처성품을 잃고

遮斷(차단)하여 사량의 무분별한 업보를 無化시키는 것이다.

業은 믿을수록 커지고 안 믿을수록 절대적이다.

普化가 "허공으로 오는 놈 도리깨로 친다."니

허공조차 다 때려 부수어 무엇을 얻을 것인가?

얻는다면 이것이 먹통이다.

有無가 없다니 유무라 이를 제 스스로 유무로 떨어지고

生死 묻다가 도리어 생사의 늪에 빠짐을 어이하랴!

잎새 떨어지는 얘기 거리로 되고 만다.

본래 無爲라 부르니 이는 함이 있는가, 없는가?

있으면 무위가 아니고 없으면 말이 없다.

한가로운 '無業의 사람이라' 누가 이름 지었나?

간교한 파수꾼이 이렇듯 부처라 업을 짓는다.

There is no Carma for any Buddha; With no Carma,

He becomes Carma-body. Do not say neither Carma nor no-Carma.

Each and every word becomes a story of falling leaves.

Dharma becomes real by meritorious conduct.

생각에서 얻으면 버릴 것 뿐이지만

버리고 버려도 疑心하는 마음 그칠 줄 모른다.

생각도 버리고 의심도 버려 그침을 믿으면

물 마시고 밥 먹는 일이 지극함을 뉘 알랴?

依法出生分

[법에 의지하여 일어난다]

Dharma becomes real by meritorious conduct

046

須菩提 於意云何 若人 滿三千大千世界七寶 以用布施

是人 所得福德 寧爲多不

[須菩提 於意云何 若滿三千大千 世界七寶 以用布施 須菩提 於意云何

是善男子 善女人 所得福德 寧爲多不]

수보리여, 이 뜻이 어떠하다 여기더냐.

만약 어떤 사람이 삼천 대천 세계를 일곱 가지

보배로 채워 널리 베풀고 보시한다면

이 사람은 복과 덕을 많이 얻는다 하지 않겠느냐?

Dear Subbhuti, What can you be aware of from this?

If one gives an offering to all of triple great thousand worlds fulfilled

by seven kinds of precious stones without any exception would you

not say that this man should get great perfection and integrity?

줌 없이 받고 생각 없이 實有이다.

世上 여의어 尊貴하고 法 없어 太平하다.

안으로 덕이요, 밖으로 복이라니

쌓고 베푸나 넣고 들여 놓을 곳집이 없다.

아무도 못하는 것을 생각하니 크고 대견하지만

생각으로 얻은 것이 긴 봄꿈보다 허망하다.

Internal virtues and external merits; what are they if there are some?

What and how can anyone cause a good conduct then to result in

Goodness?

One should know this well; nowhere can it be deposited.

布施(보시)와 福德은 누구나 말하나 아무도 없다.

삼천대천이 큰 것도 넓은 것도 다 꿈속 말이라

서로서로 비견하여 삼세에 그럴 듯 가당하지만

받을 이 없고 머무름 없으니 다만 많다 이른다.

Giving a good offering deserved nothing.

Emperor built great walls, it only divided mountain.

Fulfilled great thousand Cosmoses made smallworlds divided too.

Do not create bad feelings that will create hatred toward you.

허망을 즐기는 일도 죽기로 산에 오름이다

047

須菩提言 甚多 世尊 何以故

是福德 卽非福德性 是故 如來說福德多

[菩提言 甚多 婆伽婆 甚多 修伽陀 彼善男子善女人 得福甚多 何以故

世尊 是福德聚 卽非福德聚 是故 如來說 福德聚]

수보리가 사뢰되,

매우 많다 하겠나이다. 삼세에 없는 존귀한 어른이시여,

어찌하여 그러한가 하면,

이 福德은 그 성품이 곧 복과 덕이 아닌 까닭에

여래께서도 "복과 덕이 많다"고 說하시는 것이옵니다.

Then Subbhuti gives for an answer:
The most Honoured One by triple Cosmoses, I would say that should be a great number. Great perfection and integrity are not veritable in their nature. For this, Tathagata brings to the mind that "perfection and integrity are great.

뒤집으나 위 아래가 없다.

"복이 있다. 덕이 없다."는 모두 나와 남의 일이며

有無에 상관없다 하여도 중생과 수자의 일이니

상관없이 있고, 정말 없다 말함으로써 분별만 키우기 때문이다.

네 가지가 다 없는 일이라 이르시니 다시 두려울 뿐이다.

복과 덕은 들어 절실하지만 되물으니 허망하다.

있다 말하여 설 자리가 없으니 모래를 삶아 밥 지었고

없다 말하니 앉을 곳이 없어 맑은 물 흐려 놓았다.

여래께서 이름 지었다니 가을 落葉 얘기 거리만 되었다.

"Something comes, other thing instead returned;

Before cloud comes there, rain pours down here.

Even before people and king appear, land was flowered.

Explanation makes the fact even more obscure.

삼라만상이 있기 그 이전에 무엇이 있었나?

묻는 일은 쉬우나 물음은 이미 틀린 일이로다.

온통 깔려 있어 삼라만상이라 불렀거늘

그 이전을 묻는다면 삼라만상이 神의 主人이다.

있다 하여 그르고 없다 하여 틀린다고 이르지 말라!

다만 이름일 뿐이라 그르고 틀림 指示하여 무엇을 얻나?

如來의 거룩한 이름 속에 부처와 세존을 묻지 말라,
태초 이전 뿌리 없는 나무 위에 둥지 튼 철새로다.

실체에 이름 없고 이름에 실체 또한 없으니
다만 실체라 말하여 존재가 말로써 지시된다.
보고 듣고 말하면 서로서로 알아들은 줄 믿으니
세계가 본래 없어 점점 커지니 베풂음도 전혀 없다.

세계를 말씀으로 얻는 그 마음이 거짓이라,
마음 또한 존재가 아니기에 대천세계가 비었다.
베풀어진 세계 없고 베푸는 마음 다시 없으매
베풂음 받는 이는 넘쳐나고 베푸는 자 하나 없다.

Die Welt und das Wort, the world within Logos.

This mind carries all of them, yet nothing was loaded.

The emptiness and void nature of the mind are.

It has been named God's will; alpha and omega.

무엇이 복과 덕의 성품인가?
선행을 많이 행하였으되 그 자체는 복과 덕이 아니로다.
복과 덕이 많다고 이르는 것은 안에서 나감이요
과보 또한 없다는 것은 밖에서 안으로 들어옴이다.

Geometrical line is defined by a length without breadth or thickness.

Mind draws the line stretched clear around the unknown corner.

In it's dark edges people saw the endless space; named it empty.

Whatever we gain from this, it must be virtue and merit instead.

복과 덕을 말하기 이전에는

아무도 복이 있고 없음을 볼 수 없고

덕을 말할 수 없기 때문이다. 열 길 수심은 잴 수 있거니와

한 치도 없는 마음을 뉘 있어 측량하였는가? 보라,

몸에 진실 없으니 마음의 진실이라 말하여 부르거니와

볼 수도 잴 수도 들을 수도 없으니 참으로 다행이로다.

스스로 이와 같이 이름 지어 부른들 탓할 이는 본래 없도다.

多幸도 없고 탓도 없으매 진정 복덕이라 부름이리라.

보시하며 베푸는 것을 육조께서도 이르시었으니,

"전혀 성품 자리에는 한 푼 어치의 이익도 득도 없기"에

自性을 위하여 自性에게 붙이는 實物적 개념인 것이다.

주고받음이 성품에는 없거니와 실로 베풀어 받기 때문이다.

若復有人 於此經中 受持乃至 四句偈等 爲他人說 其福勝彼

"다시 더 나아가, 만일 어떤 이가 이 經의 말씀,

내지 四句偈(사구게) 등을 받아 지니어 외우거나

다른 이에게 說한다면 그 복은 훨씬 더 뛰어나리라.

And so going forth, if anyone peruses the words from this Sutra, and,

recollects even only one four-verse-line Gatha, or, talks about any parts

of the Sutra to others, then, his virtuous mind and merit would be far

greater than those.

四句도 死句로다.

Diamond is neither a jewel nor a treasure.

Any human body understands it's meaning.

Whoever talks about this jewel becomes a treasure of all.

Furthermore, diamond finally becomes most precious one.

따지거나 알 길 없다; 금강의 공덕이여.

말로 다 할 수 없으니 많다고만 시늉뜨기에 이른다.

남에게 일러주는 것은 자신의 앎을 세움이 아니다.

받아 지녀 외우니 앎 위에 말씀을 모시어 칭찬에 이른다.

필경 부처도 설하지 않으시니 佛說이라 부르며

성실하여 저 확신과 믿음조차 안에서 물리치니

무쇠나무에 꽃 피니 갈고 닦을 거울도 이제 없다.

이 마음 드러내 얻을 것 없거늘 어찌 알림을 걱정하랴!

경을 버려 마음 얻고 사구 偈로 봄소식을 전하니

천하의 한량들이 노래하고 춤추며 지칠 줄 모른다.

五穀(오곡)의 금물결도 푸른 하늘을 잊고 태평을 謳歌(구가)하거늘

어찌 임금의 다른 칙령을 손꼽아 기다리랴!

봄이 오니 풀은 푸르고 이것을 열어 첫째 구로 삼았다.

눈을 들어 산과 들을 조목조목 둘러보니 둘째 句(구) 되었다.

안팎을 두지 않고 벼리를 짚으니 셋째 구라 이르고

殺活(살활)이 틈새 없이 자재하니 넷째 구가 들어났다. 보라!

Once more. What is the first line?

It is spring time; naturally all plants are green.

Then, next. What would be the second line?

Do not stare up your eyes. Before your sight is already.

Tell me, from where third line comes?

Without in- and out-side, the sense senses sensor.

Attention! Life and death no longer stuck in your toes.

Reason becomes final line to disclose as it is.

살아 있는 말이란 부처님 말씀이 死生을 자재하는 까닭이다.

죽은 말 가운데 삶이 있고 산 말 속에 사실은 죽음이 있다.

무엇이 자재하여 사활에 무관한 것인가?

우리가 소위 信心이라 지어 부른 불꽃 속의 연꽃이다.

삶과 죽음 접어두고 오로지 제 성품으로 되돌이키면

한줄기 신령스레 밝디 밝은 한 물건 영롱하다.

동서고금에 상관하지 않고 부처와 중생에 무관하여

고요하되 오롯하게 깨어 있어 있다는 생각도 없다.

생각이 없으니 흰 구름은 남산에 걸리었고

흐르는 물 깊고 낮음을 두려워하지 않는다.

일러라! 무엇이 살아 있는 그 말 한마디 인가?

달빛은 요요한데 바람 없는 시냇물이 너울댄다.

White clouds hanging at the corner of southern mount.

No ideas high or low, not afraid of any depth at all.

To make sure, even though people talks a lot;

Nature does not exercise his own nature naturally.

Without wind, mountain creek quietly but twirls rapidly.

On high bright moon light shines upon every nothing.

Alas, who named them the world in whole?

Slim and small mouth swallowed them all at once.

모든 四句게의 핵심이 이곳에 있으니

이를 알아내려고 신심 내어 참선하는 것이 參究(참구)요

달리는 "경이나 사구게를 수지한다"는 것이요,

공부함에 있어 "無念으로 宗을 삼고 無住로 體를 삼음이다."

부처를 모신 집에 부처가 없고

중이 사는 집에 처자가 없다.

절도 집도 아닌 곳에 종소리만 은은하니

듣는 이도 없는데 누구를 위해 종은 치는가?

본 적도 없는 부처를 북쪽 벽에 모셔놓고

남쪽 아래 꿇고 앉아 때때로 예배하며

생각이 다다르지 못하는 곳을 향하여 가끔씩 묻나니
부처가 무엇이냐! 부처는 도대체 무엇이더란 말인가?

스스로 보는 중생이 되레 그 부처이든가?
묻는 것도 어리석은데 도리어 스스로 막히어 통하지 못하니
부처를 묻기 이전에 물은 뒤를 근심한다.
一念이 곧 수미산이라니 수미산 중의 일이로다.

八角磨盤便作狗라, 여덟 모난 맷돌이 홀연 개로 되었다.

산도 마을도 아닌 암자에 밤은 깊어 적막한데
조용하다 뉘 있어 이르리. 그대로 허튼 소리네.
西風 불자 되레 동쪽 숲 흔들리니 어인 일이냐?
하늘 높이 싸늘하게 울부짖는 외기러기 아득해 멀다.

Buddha owes himself to ordinary One.
While the ordinary One owns Buddhas.

중생 밖에 없는 부처는 無所有이지만
중생도 없는 부처를 어떻다 하랴?
臨濟에게 스스로 묻게 하리니
날몸 안에 든 無位眞人도 乾屎橛(간시궐)이니라.

何以故 須菩提 一切諸佛 及諸佛 阿耨多羅三藐三菩提法 皆從此
經出

[何以故 須菩提 一切諸佛 阿耨多羅三藐三菩提法 皆從此經出]

어찌하여 그러하냐? 수보리여,

일체의 모든 부처와 그리고,

모든 부처의 아뇩다라 삼먁삼보리 법이

다 이 경으로부터 나온 것이니라.

Wherefore is this likewise understood? Each and every Buddha, and

the Anuttarasamyaksambodhi; Nothing-to-be-equalled, and Nothing-

higher Dharma

My dear Subbhuti! They are all derived from the words of this Sutra.

무엇이 이 경이냐?

苦集滅이 마침내 道이니라.

무엇이 이 경의 말씀이냐?

無紋法印(무문법인)이니라.

288

What is the Sutra of Diamond?

Duhkha-satya, samudaya-satya, nirodha-satya이 마침내 marga이니라.

What is the word of this Sutra?

Dharma-mudra has no form at all.

하나로 모자라 여러 부처가 되어 넘친 것인가!

여러 부처 모아 엮으니 일체로 끊은 것인가?

하나뿐이어서 가난하니 무엇이 그렇듯 외로우며,

여럿은 또 무엇이 모자라 하나조차 버린 것인가?

다시 하나를 만들고자 諸佛이라 하는 것인가?

많음이여! 한 이름이라 함이여!

금 까마귀와 옥토끼는 식사 시간만 다른 게 아니고

더불어 같은 지붕 아래 살되 밥상을 같이하지 않는다.

무릇 본 것을 귀하게 여겨 햇빛의 고마움을 잊고

싸늘한 달빛 아래 무성한 숲이 꿈틀댐을 잊는다.

東西에 예리한 사냥꾼을 두고도 덫을 빼지 못하니

예로부터 金仙을 具足한 尊者라 부른 것이로다.

인연이 각각이라 깨달은 부처로 하나 되고,

본래 어리석은 이가 제 스스로 부처임을 잘 아니

알 때 부처를 모두 죽이고 모를 때 중생이 없다.

인연이 그대와 더불어 부처와 한 몸임을 어이하랴!

비록 인연이 다를지라도 중생은 한 이름이요

마음에 다름이 있을 수 없으니 부처가 여럿이라 이른다.

하나도 없어 여럿이고 여럿 아니니 하나라 일렀다.

諸佛에 속지 않아 하나를 얻고 하나를 믿어 여럿을 깨닫는다.

Many things; no one knows how many. Nothing at all;

every one, that is, anybody can see.

While saying yes, why did you ignore no-ness?

All in one; yet all and one; however, neither-nor.

하나이므로 覺이나 여럿이므로 중생이다.

경우를 중하게 여기므로 因緣身이 곧 正偏智라 이른다.

본래 여럿이 더불어 다르지 않기 때문에 正等이요

같고 다름이 얻을 수 없으므로 無上이라 하였다.

One or all, who cares after all?

One for each and every luminous awakening,

all for each and every indigent being.

Buddha never named any different ordinary being.

No ordinary common being is aware of a higher one than themselves.

To be higher than himself he should not have any idea of highness.

Their highness is what is in their mind before awareness of himself.

Therefore something higher means being identical to himself.

Wherefore we keep the idea of difference, more or less?

All difference is, according to the nature of reasoning, going across,

back to himself, by applying outer perspectives.

Other than himself, there can be no others in the senses.

밝혀도 밝아질 줄 모르니 불이요

어두워 지척을 분간 못하나 그 자리다.

억겁에 얼마나 큰 빚쟁이 만났기로

지금도 나무, 돌, 쇠에 모습을 담았던가?

須菩提 所謂 佛法者 卽非佛法
[須菩提 所謂佛法 佛法者 卽非佛法]

수보리여, 佛法이라 이르는 것은
즉 佛法이 아니니라.

Let me say unto thee, Subbhuti!
So-called Buddha-dharma,

하느님이 하늘에 없고
중생중생이 땅 위에 없도다.

드디어 불법으로 하여금 불법이 아니라 이르기에 이르렀다.
어디까지 가면 이 모든 自己否定의 늪에서 벗어날 것인가?
부처도 본 적 없고 달마도 본 적 없으니 무에 어려우랴!
허나, 갈 곳도 없는 중생은 그 자리 그대로 변함없도다.

It, that is, is not a Buddha-dharma.

Finally Buddha is not the Buddha; since God is not God.

Who names and donates these names to their no-body?

Doner and namer are miserable, but names are somehow greater.

Do not believe that their names are correct or right.

Righteousness and correction are also their different name.

By these names, every culture fell into turmoil in the end.

Why so? Greatness is nothing but their lip-service.

위없이 두루 안다니 중생에겐 하늘의 天壽(천수) 복숭아이다.

애초에 아무 말 없었더라면 변하거나 바뀔 것도 없으련만.

허물을 부추기어 不法으로 만드는 수고는 어찌할 것인가?

만일 중생을 위해서라면 불법은 그 초라함이 도를 넘었다.

아뇩다라삼먁삼보리는 無上 正徧知 혹은 正等覺이니

위 없다니 아래에는 무엇이 있으며,

골고루 퍼져 있다니 퍼지기 전에는 무엇이 있었는가?

부처가 얻은 지혜가 정변지라면 얻기 전에는 그 무엇이었든가?

無上 菩提가 실로 虛名이니

虛名이라 이름도 역시 허망한 이름일 뿐이다.

이 경에서 모든 부처가 오시었고

그 부처님들의 무상보리가 다 여기에서 나왔다니
이 허망하다는 소리 또한 허망하도다. 왜 그런가?

나온 곳이 있다면 어찌 如來라 부를 것이며
여래라 한들 그곳을 빌려 자신을 들어내니
빌린 자의 종일 따름이로다.
屍身(시신)을 거두는 이는 산 자에게서 돈을 뜯는다.

그 이름을 모른다고 이르지 말라.
당신 자신이 부처인 줄 모른다 말라!
앎 자체인 까닭이라 하지 말라,
알 것 없는 것이라 이르지도 말지니라.

Do not allow youself to say that God has no name.

Do not tell me God has no idea who He is.

Do not answer me because He is the answer itself.

Do not explain to anyone that He is the knower of all either.

그렇다면 필경 무엇이란 말인가?
불법을 아무리 떠들어도 불법이거니와
침묵하고 良久에 喝棒(할방)을 自在(자재)하여도
불법은 꿈에도 본 적이 없느니라.

다만 알 수 없는 것인 줄만 알면

곧 제 성품 보는 것이라 하시니

불타는 곧 일체 知라, 모르는 것 없음이로되

스스로 알지 못하는 것이 있으니, 일러라!

There is one thing even God does not know; yet,

God is all-mighty, all knowing.

Do not ask what is it at the end?

Holy turtle spread his hairy wings all the way.

一相無相分

[一相도 본래 相이 없다]

Not even one form has no form in its origin

須菩提 於意云何 須陀洹 能作是念 我得須陀洹果不

수보리여, 어찌하여 그렇다 여기느냐?
수다원이 스스로 생각을 일으켜 이르되
'내가 수다원의 果를 얻었노라' 하겠느냐?

Dear, Subhuti: How do you understand this matter?

Do you think Sudawon, One who was merged

In the first level of enlightenment stream, would raise a thought that,

"I have already achieved that result"?

중생은 내세워 제 이름 부르고
부처는 숨겨도 제 이름만 듣는다.

수보리는 오로지 제 이름만 생각하는구나!
아직 온 적 없는 여래가 묻는 意中대로만 살펴 대답하니
본래부터 가지고 온 불성마저 송두리째 잃었음이다.
그러하나 철저히 믿어 의심치 않으니 참으로 嘉尙(가상)하다.

저 수보리가 의심 한번 하지 않고

믿음으로 물은 곳이 어디인가?

Master and disciple, all together, act good and wise.

What is the first result they all achieved together?

Don't tell me, they are doing it for you or for all of us.

Merely acting on non-being's field, they care about you.

남산에서 숯을 굽는데 북산이 붉어온다.

Burning woods in southern Mount

Becoming red at northern Mount.

052

須菩提言 不也 世尊 何以故 須陀洹 名爲入流
而無所入 不入色聲香味觸法 是名須陀洹
[何以故 實無有法 名須陁洹 不入色聲 香味觸法 是名 須陁洹]

수보리가 사뢰기를, 아닙니다.
삼세에 없는 가장 존귀한 이시여,
왜냐하면 수다원은 일컬어 '흘러 들어간다.'는 말이겠사오나
들어갈 곳이 실로 없어, 색 소리 향 맛 감촉 어떤 존재에도
들어감이 없는 까닭에 다만 수다원이라 이름 지었나이다.

Subhuti then replied;

The utmost honoured One of complete triple cosmoses;

Since the name of Sudawon means merging in the stream,

However, there is no place being merged into, and finally

Neither sound-colour nor fragrance-taste,

Nor even the sensibility of any real beings can result in merging;

We therefore named this Sudawon.

붓다는 중생의 선험적 變身이고

세존은 迷惑과 愚癡(우치)의 변신인 質疑[interrogation]이며

여래는 理와 事의 광명이 변신한 것이므로

세존에게 여쭙고 여래께서 대답하는 것이 經이다.

Buddha has been merged with ordinary human-being;

No wonder Buddha is supposed to be an extra-ordinary superior being.

If this statement is right, Buddha becomes a useful instrument.

He was a made-up answer for our convenient linguistic mirror.

물음을 이끌어 내므로 붓다이고

묻는 이는 세존에게 여쭙는 것이다.

물을 줄 알기 때문에 이미 답이 親하니

문득 대답하는 이를 如來라고 부르는 것이다.

Buddha himself deserved an accurate answer to

'What is the Buddha'; however, who knows it?

Buddha does not answer for himself or for us.

But someone has to answer accordingly, tete a tete.

오직 물음에 대답을 기대할 수 있는 어른이므로

"世尊이라 하라" 下命하니 곧 자기 名號(명호)의 소리다.

302

“가장 거룩한 이”는 自覺의 별명이기 때문에.

바로 여쭙는 그 말뜻을 따라 방편을 펼친 것이다.

아무도 이 세상에 가늠할 이 없는 것이므로

去來 없는 이 어른의 名號를 如來라 하였다.

그동안 묻고 대답할 때 이목구비들은 무엇을 하였는가?

하는 일 없이 問說(문설)을 구경만 하였는가?

듣기만 하니 항아리 귀를 한 야차요, 듣고파 하니 천룡이며

듣고도 들은 바 없으니 자못 중생이다.

말을 듣자 알아들으니 보살이요

듣자마자 言下에 깨우치니 선지식이다.

수다원이 부처의 별장이 아니니

저 때 듣는 줄 모르고 말하는 줄 모르니 다만 수다원이다.

듣기 전에는 어디에 있으며 듣자마자 어디로 흐르던가?

몰라서 물었다 부르니 알고 끄덕인 것이다.

한 번도 대답한 바 없건만 아는 줄 알고 끄덕임도

다 함께 雙林(쌍림) 아래 涅槃(열반)하는 줄 알라! 喝(할)!

053

須菩提 於意云何 斯陀含 能作是念 我得斯陀含果不

수보리여, 어떻게 생각하느냐.
사다함이 스스로 생각하여 이르되,
'내가 사다함의 果를 얻었노라' 하겠느냐.

Dear, Subhuti, what do you think of this? Do you believe that
Sadaham might raise a thought and say thatI have achieved a result in
Sadaham state of the mind?

개도 모르는 이가 저를 부르면 달아나고
재는 뿌려 사방에 흩어져 자취를 없앤다.
아무렇게나 불러도 개는 주인을 찾지만
뿌려진 재는 물로 닦아 먼지를 치운다.

재고 쌓아 둔 것은 둔 곳이 주인일 뿐
얻은 이는 얻음을 알자마자 잃는다.
몸이 시키는 대로 해 마치었으니

주인은 안심하고 돌아서며 다 잊었다.

Mind itself is the result of human body.

Kept no where, yet it is obviously possessed.

Moon-lite shines upon mount-fields fulfilled.

Neither moon nor field does not drink light.

054

須菩提言 不也 世尊 何以故 斯陀含 名一往來 而實無往來 是名斯
陀含

[須菩提言 不也 世尊 何以故 實無有法 名斯陁含 是名斯陁含]

수보리가 사뢰되, 아니옵니다. 삼세에 없는 존귀한 이시여,
왜냐하면 사다함은 일컬어 한번 뿐인 왕래이오나
가고 올 것이 실로 없는 것인지라
이 까닭에 그 이름을 사다함이라 하였나이다.

Then, Subhuti replied: It is not indeed, No one can honour Him
in the whole cosmos, Bhagavat, because, Sadaham means coming
and going once; However nothing comes and goes by any means, so
thereafter, it is called by the name of Sadaham.

오고 감은 무엇인가?
본래 거기가 여기로다.

Coming and going? What is it?

Different identity.

얻은 것이 있다는 것은
'往來(왕래)한 것'을 두고 보아 이르는 것인데
스스로 다녀온 곳은
실제 한 번도 간 적이 없는 곳 아닌가?

도달한 곳은 그가 머무는 곳이요
다시 돌이킬 수 없어 갔다 이른 것인데
그가 '다녀 온 곳'은 현재
'제가 있는 곳에 대한 반성'일 뿐이다.

그렇다면 나는 자기로서 지금 어디에 있는 것인가?

When you say, he has gone;

Why is he still here; not moved an inch?

When you recall, he came here before;

how did he manage himself and not subsist anywhere?

갈 곳을 불러일으키니 '갔다' 하였는데
둘러보니 있지도 않은 제 자리로다,
스스로 이르기를 주인 없는 "내가 다녀왔다" 이르니

실제로는 "오고감이 없다" 이른다.

다녀온 것이 있다면 나일 터인데
그 주인이 오고 갈 수는 없으니
다만 생각으로 하여금 주인을 삼은 까닭이다.
안과 밖이 어찌하여 홀연히 오고가는가?

이 主와 思念의 혼동을 主人이라 부르고
혹은 나라 말하니 내 속의 남이요 남 속의 나로다.
그리하여 다만 '이름'일 뿐이라고 한다.
어찌하여 한 눈 속에 전혀 다른 怏宿(앙숙)이 사는가?

055

須菩提 於意云何 阿那含 能作是念 我得 阿那含果 不

[須菩提 於意云何 阿那含 能作是念 我得 阿那含果不]

수보리여, 어떠하다 여기는 것이더냐.

아나함이 스스로 생각을 지어내 이르기를

"내가 아나함의 果를 얻었노라." 말하겠느냐.

Dear, Subhuti, what do you think of this? Do you believe that

Sanaham might raise a thought and say that I have achieved a result of

Sanaham state of the mind?

입을 열자니 그만두어야겠고

입을 닫자니 답답하기 그지없다.

한번 오고 가더니 다시 올 일 없으니

사람이 태어나면 죽어 다시 얻을 같음이 없다.

이미 같은 것이 없거늘 오더라도 모르니

이는 다시 온 것인가? 윤회의 열매가 속 빈 강정이다.

I have never seen my own face twice.

Correctly speaking, not even once.

What is the face I saw before, then?

Maybe it was not the face you own.

For the first time, we think this is not my face.

Even though that is really your own face.

Between belief and doubt, we argue this!

By the way, then, what is this?

I am, actually was we; but now again I.

That is what I am talking about.

What I believe is not what I truly believe.

However, I believe it while I do not, equally.

강 위에 물이 흐른다. 물의 흐름은 본 적도 없이.
호수의 고요함을 즐긴다. 고요함은 어디에도 없건만.
호수를 넘고 강을 건넌다. 탄 배도 함께 이다.
그때 그 사람은 지금도 나이지만 영원히 떠났다.

056

須菩提言 不也 世尊 何以故 阿那含 名爲不來
而實無不來 是故 名阿那含
[須菩提言 不也世尊 何以故 實無有法 名阿那含 是名阿那含]

수보리가 사뢰기를,
아니옵니다. 삼세에 없는 존귀한 이시여,
왜냐하면 아나함은 일컬어 "오지 않는다."는 말이오나
오지 않는 것이 실제로 없으므로
이 까닭에 아나함이라 이름 하였나이다.

Then, Subhuti replied;

It is surely not indeed;

no one can honour Him in the whole cosmos, Bhagavat

because, Sanaham means, 'gone once, returns never';

however not a thing does not come back by no means,

thereafter, it is called by the name of Sananam; coming and going.

창 문 앞에 지저귀는 새소리는 매일 새 소리다.

The same bird has come daily, singing different song every day.

실로 돌아 올 것이 없으매 갔다고 말한다.

같은 것 다른 것이 모두 그대의 허망한 이름이라;

coming and going이 그대의 산책만도 못하구나!

가고 옴이 오로지 허공 떠난 그대의 말뿐이다.

前後가 끊기고 內外 中間이 도무지 없으니

가는 것은 있지만 다시는 돌아오지 않는다.

돌아온다면 간 것이 아니고 갔다면 오지 못한다.

홀연히 눈 속의 空華(공화)를 오고 간다 이른다.

한번 간 뒤에 다시 돌아오지 않을 터이니

말은 이미 돌아 왔건만 돌아보는 눈빛만 휘둥글린다.

화장 고치고 떠나버린 여인의 발걸음 같아서

방바닥에 들어붙은 허리의 숨소리만 머리에 찬다.

한번 가 돌아오지 못하니 무엇이 가고 무엇이 오는가?

새벽녘에 황금 까마귀 부상국에 오르는데

옥토끼는 서녘에 떨어져 자취가 없으니

뒷전에 앉아 바라보는 늙은이 세월 가늠도 못한다.

057

須菩提 於意云何 阿羅漢 能作是念 我得阿羅漢道不

"수보리여, 그 뜻이 어쩌하다 여기는 것이더냐.
아라한이 스스로 생각을 지어내 이르기를
"내가 아라한의 道를 얻었노라." 말하겠느냐.

Dear, Subhuti, what do you think of this?

Do you believe that an Arhat might raise a thought and say that

I have achieved the Tao as Arhat?

없다고 말하니 중생이요
참으로 있다니 빼어나지만
말 없고 몸도 없으며
옛부터 '일 없는 道人'이다.

부처도 또한 스스로 아라한이라 칭하였으니
어찌 얻음이 없고, 實-無有-法일까 보냐?
實로 없는 有法인가, 아니면 有法이 실제로 없는 것인가?

有는 唯이며 實은 차라리 悉(실)이다.

我 人 衆生 壽者에 걸리는 것은 悉, 즉,

'남김없이' 걸림에 의한 존재이니 唯, 즉

비록 있더라도 없는 것으로 看做(간주)되어질 수밖에 없다.

'아라한이라''일컬음은 곧 熟知(숙지)된 有無이며 悉知된 法이다.

있다 부르니 있지도 않은 것이 참으로

있는 듯 없으므로 다만 有라 이름한 것이요

없다 다그치니 없지만도 않은 것이 있는 것은 더욱 아니므로

없다 이를 수도 없는 까닭에 다만 無라 이름한 것이다.

비구여, 이름조차 없다 이르지 말라!

이름에 손 타니 남이 비웃을까 두렵다.

Saying 'nothing' is easy.

But, who knows nothing?

저들 아인중생 수자여!

내가 흘러 든 줄 아니 한 번 가 자취가 없고

내가 가는 줄 아니 온 것에 모양이 없다.

오고 감이 없다 이르고도 제 몸 한 번 본 적이 없다.

314

저 네 가지 부류의 수행이 곧 네 가지 相이다.

스스로 아라한이라 부르는 곳에도 다시 四相이 있으니

이름만 있으면 我요, 없다 하면 人이며

有無에 머무르지 않으면 衆生이요 그도 없다니 壽者다.

사상을 병통이라 이르지 말라

병통 중의 병통을 앓아 아무 것도 하지 못함이다.

병에 오고감이 없으니 온전하거나 쾌차함이 없다.

네 가지 병통에도 머물지 말며 온전하다 이르지도 말라.

스스로 대답을 구하는 자는 물음을 떠날 수도 없다.

스스로 自適(자적)하여 어리석고 自然하여도 그르치니

머무름과 떠남이 서로 물고 당기기 때문이다.

어찌할꼬? 눈을 부릅뜨되 이리저리 굴리지는 말라.

須菩提言 不也 世尊 何以故 實無有法 名阿羅漢
世尊 若阿羅漢 作是念 我得阿羅漢道 即爲著我人衆生壽者

수보리가 사뢰었다.
"아니옵니다. 三世에 없는 가장 존귀한 어른이시여,
왜냐 하면 '법이라 이를 것이 실로 없는 것'을
이름 하여 아라한이라 부르기 때문이옵니다.
세간 출세간에 가장 존귀하오신 어른이여,
만일 아라한이 '내가 아라한의 도를 얻었노라' 여긴다면
이는 곧 '我人衆生壽者(아·인·중생·수자)'라는 相'에
집착한 것이옵니다.

Subhuti replied: Indeed it is surely not.
No one can honour Him in whole cosmos, Bhagavat, since there is
Not a thing called Dharma by no means, therefore, it is called by the
name of Arhat.
The utmost honourable One in this or above this cosmos,
If the Arhat raised a thought and said that
"I have achieved an Arhat-Tao." then,
This will end up as the ideas of ego, human, ordinary, and superior.

생각할 수록 그르친다.

The more you think, the worse things get.

"법이 있다."면 마땅히 법이라는 것을 세울 것이요,

"법이 없다."면 응당 사람만을 두는 것이요,

"있고 없고 에 상관하지 않는다."면 무법천지에 걸리고

"법 그 자체를 둔다."면 절대자의 相을 내세우는 것이다.

If declared that "this is the Dharma," it creates reality.

If declared that "there is no Dharma," it involves men only.

If said Dharma "neither is nor is not," it becomes meaningless.

If Dharma is in itself, it concludes the absolute being.

"법은 본래 如是如是(여시여시)라 이르거나,

名相 없고 有無에 집착하지 않는다."이르더라도

聲色에 상관없이 여시여시한 것이 있어야 하고

유무나 名相에 집착하지 않는 것이 있다는 것이 된다.

진리니 실체니 하는 매혹적인 명칭은

이해를 돕는 논리적 결론의 허구일 따름이다.

물 불 땅 바람 등의 四大가 이름인 까닭은

六識의 주인과 손님이 둘이 아닌 경우뿐이다.

네 가지는 서로 전혀 다르다고 구분하기에
눈과 귀는 서로를 도와 이름과 모양을 삼았다.
기묘한 인연으로 서로 다 하나인 이 몸이
비로소 창조 神과 창조된 세상처럼 조화롭다.

특히 '영원한 실체'라는 상념으로 하여금
생각 속의 이념적 실체를 스쳐가는 구체적 존재로 보는
그 자체가 곧 相에 執著(집착)한 것이기 때문이리니,
常法은 존재-법의 이름이 아니라 작명가의 이름이다.

059

世尊 佛說 我得 無諍三昧人中 最爲第一 是第一離欲 阿羅漢
世尊 我不作是念 我是離欲阿羅漢
世尊 我若作是念 我得阿羅漢道
世尊 卽不說 須菩提 是樂阿蘭那行者 以須菩提
實無所行 而名 須菩提 是樂阿蘭那行

삼세에 없는 가장 존귀한 어른이시여,
부처께서 說하시되, "다툴 것이 없는 三昧(삼매)를 얻은
이들 가운데 내가 가장 으뜸이라" 하시오니,
이는 욕망을 떠난 아라한으로 으뜸이겠거니와
삼세에 없는 가장 존귀한 어른이시여,
저 스스로 '욕망을 떠난 아라한'이라 지어 생각하지는 않나이다.
삼세에 없는 가장 존귀한 어른이시여,
제가 만약 '내가 아라한의 道를 얻었다' 지어 생각한다면
세존께서 수보리에게 설하신 것은
'아란나를 기꺼이 행하는 이'라는 말씀이 아니었나니,
수보리가 실로 행할 아란나라는 것이 없기 때문에
'수보리에게 기꺼이 아란나를 행하는 이'라 부르시었나이다."

No one has ever been greater than this existence The utmost honorable one in the triple cosmos, as the Enlightened One said:

"If I am the One who has attained an undebatable stage in Samathi,

I should be the highest one among each and every Arhat, because of

departing from all kinds of possible desires. However, I would not

dare to deliver the idea of Arhat as being departed from themself."

The utmost honorable One in the triple cosmos, never and ever.

三世는 스스로 도망칠 장소를 미리 차단하고

없는 것 하나 없이 다 가진다는 아이러니를 만들었다.

說하는 부처는 아직도 입이 없고 듣는 수보리도 그러하니

입과 귀가 없는데 말하고 들었다 해도 놀라는 이조차 없다.

중이라 부르고 불법이라 부르도록 내버려 두라!

이미 없는 것을 "따로 없다." 일렀으니 가련하다.

스스로 비구를 자처하니 가진 것 없는 비렁뱅이라,

주어도 고마워 않고 뺏어도 아까워하지 않는다.

허나, 내 묻건대, 아까워하지 않음은 또 무엇인고?

종일토록 법문을 여쭈니 수보리는 아난을 지나고

善來 비구야! 외치는 牟尼(모니)는 외로운 無師僧(무사승)이라

하나 잃어 전체를 버리고 전체를 던져 하나를 無化한다.

One has no word to say; then

One will not open his mouth.

Therefore, One who opens himself

Will never say, "this is what I mean."

莊嚴淨土分

[정토의 장엄]

To build the absolutely pure land

060

佛告 須菩提 於意云何
如來 昔在燃燈佛所 於法 有所得不 不也
世尊 如來在 燃燈佛所 於法 實無所得

부처께서 고하시되, 수보리여, 네 뜻에 어떻다고 여기느냐?
여래가 옛적 "연등 불 처소에서 증득하시었다."
이를 법이 있겠느냐?
그리할 수 없나이다. 三世에 없는 홀로 善이신 분이여,
여래는 연등 불 처소에서 증득하신 법이 실로 없었나이다.

Buddha interrogated then, "Subhuti, how do you understand?"
Once, at the time of before any time,
Is it possible to say that, "Tathagata was
In the Lighting Lantern [Dipamkara] Buddha's place,
Get enlightened by attained certain Tao?"
"The most honorable One in these triple cosmoses!"
Subhuti said, "It is impossible to say that so, when Tathagata was
In the Lighting Lantern [Dipamkara] Buddha's place, he surely
Did not get enlightened by attained certain Tao?"

여기는 오묘한 연꽃들로 꾸미고 가꿈이 저들과 닮았다.

연꽃을 그리워하는 마음은 누구보다 간절하다만

뒤 돌아보기만 하고 정작 향과 빛깔을 맡은 적 없다.

왜인가? 연등 불 당시 그를 알아본 이가 없었기 때문이다.

그 옛날 시작도 없는 그때에

부처라 부를 이가 있었는가?

부처가 있었다면 누가 作佛하여 부른 것이며

지어 부름이 있었다면 부처도 이미 그의 작품이다.

Who began to call Buddha?

Neither someone nor no-one!

Whoever he might be

He has never seen Him at all.

"등에 불을 당긴다,"니 눈 속에 빛이 없고

"시작도 없는 옛적이라,"니 古今이 없다.

授記(수기)를 주어 마땅하련만 주고받음이 같으니

빈손에 호미 들어 劫(겁) 밖의 天水畓(천수답) 길쌈 맨다.

기필코 그대가 정말 거기 그 자리에 있었다면

나는 그대를 보지도 듣지도 않았을 것이로되,

이미 보고 들었다니 환하나 눈앞이 깜깜하여

심기가 불편하니 겸연쩍어 연꽃을 든 것이다.

菩提와 번뇌는 있는 만큼 없고 없는 만큼 있다.

손바닥 위에 손등이요 손등 밑이 손바닥이다.

인연에 빛을 주고 聖神들이 장엄하여 둘러서니

法華(법화)와 華嚴(화엄)이 금강의 눈 안에 번뜩인다.

To know, is to know that You know nothing.

That is the meaning of true knowledge.

- *Socrates* -

061

須菩提 於意云何 菩薩 莊嚴佛土不

수보리여, 그 뜻이 어떻다고 여기느냐?
보살이 불국토를 장엄한다고 하겠느냐.

Dear Subhuti,

How do you understand this?

Do you believe that all the Bodhisattva-mahasattvas are

Actually adorn the Buddha-lands?

저들이 집을 지으니
오로지 땅 밑 감옥과 하늘 위 누각이로다.

새댁에게 끼워 준 반지가 유난히도 빛나니
시집이 아쉬워함은 손가락이 아니라 신랑이고
임금 곁의 무수한 시녀들은 유난히 예쁘니
신하가 부러워함은 계집이 아니라 권력이니라.

불 국토에는 부처도 없고 땅도 없나니

아무나 사는 동네에 이름도 성도 없다.

찾은 적도 없고 기다리는 이도 없는데

내가 가면 같이 가고 앉으면 같이 앉는다.

수보리는 부처의 아들이고

부처는 온 법계 四生의 慈父(자부)이다.

누가 이토록 당당히 그렇다고 이르는가?

기꺼이 그대를 위하여 물어준 것인 줄이나 알라!

부처의 국토는 그 크기가 얼마인가?

보살의 무리들은 과연 그 수가 얼마나 되는가?

있다면 부처의 나라 아니고 없다면 보살의 집 아니다.

없다면 없는 것인 줄 알라, 허나 남에게는 緘口(함구)하라.

집은 있는데 담과 벽이 모두 트이었다.

지붕은 있으나마나하여 멀리에는 보이나 가까이는 不在다.

있으나마나 하다고 이르려다 그만 뒤통수를 내려치니

때린 자의 그림자도 찾을 길 없다.

In this Buddha-land there is no-one but all-being.

062

不也 世尊 何以故 莊嚴佛土者

卽非莊嚴 是名莊嚴

아니옵니다. 삼세에 없는 홀로 善이신 분이여,

왜 그러냐 하면 "부처의 나라와 땅을 장엄한다."는 것은

곧 장엄이 아닐 새, 이름을 장엄이라 하기 때문입니다.

"Nothing I know of." Subhuti continued,

"No-one but His Goodness, Ut-most honored One!

Since adorn the Enlighten-world cannot be recognized

As adornment of Buddha's world in anyways; that is why

We just named it the adornment of Buddha-land."

Each and every kinds of flowers are not sufficient.

Why? Buddha is already surpassed those beauties and fragrances.

How so? He is smeller himself and seer itself without nose and eyes.

Anything else? Whatever you can imagine to adorn his world?

世尊은 세계나 세상의 尊者가 아니시다.
스스로 如來라 칭하시는 이에게 現今은 이러하거니와
과거는 오직 지금을 타고 흐르나니
미래는 지금으로 말미암아 과거를 닮았다.

이때를 당하여서도 여전히 모르고
여전히 아니라고만 이르니
이것이 아 인 중생이다.
옳다고도 그르다고도 함부로 떠들지 말라!

What and where is your home, sweet home?

Father and mother, both parents all passed away.

Nobody but my both parents still lives but waited not.

That is my sweet and only home; who is saying!

"나 이전에도 존재한 이 없고 나 이후에도 존재할 이 없다."니
자체로서 있음이, "천상천하 유아독존"이라
이 땅에 流通시켜 생각의 高下 長短을 부수었고
同異 없이 시방 三世를 두루 흐르게 함이다.

그대가 보는 이것은 하나도 불국토가 아니니라.
불국토는 그 어느 것도 보여지지 않느니라.

그렇다면 그 어느 곳이 불국토인가?

山 위에 강물 흐르고 바다 밑에 구름 끼었다.

Who was before him? Who is before me?

No one saw him yet before I see, he was seen.

Between past of present time, after now, what can we ask?

Nothing can be interrogated among past, present and future.

趙州(조주)의 잣나무 父母未生前이요

靈雲의 桃花 꽃 三世를 머금었다.

뉘 있어 부처님 國土를 장엄하랴?

천오백 善知識의 꿈 이야기로다.

063

是故 須菩提 諸菩薩摩訶薩 應如是 生淸淨心
不應住色 生心 不應住 聲香味觸法 生心 應無所住 而生其心

그리하여 수보리여, 모든 보살 마하살은
마땅히 조촐한 마음을 이와 같이 낼지니.
마땅히 형상[色]에 들어앉아 마음을 내지 말 것이며,
마땅히 색성향미촉법에 들어앉아 마음 내지도 말지니
마땅히 들어앉음 없는 곳에서 그 마음 내어야 할 것이니라.

Before then already, dear Subhuti!
All the great beings, as Wisdom-body, should raise your mind
Merely immaculate from those assembled form and ideas,
Nor raise yourr mind residing in the castle of sight, sound, odor,
Tactility, and hypostasis[법]. Therefore you should not raise
The mind while residing at nowhere and whatsoever.

무심하게 형색을 보지 말라,
이미 유심히 보고 있는 것이요,

텅 빈 마음으로 남을 보지 말라,

이미 보려는 도둑이다.

Knowing it already before Buddha;

Not knew till the utmost one told me.

Knowing and hearing becomes one in listening.

Buddha and Subhuti begets one and same family.

마음에 모양이 없고 이름이 없다지만

마음이란 말도 하기 전에 미친 듯 形相을 내고

있고 없음은 허울 좋은 얘깃거리가 되었다.

마음 같아서는 마음이란 말이 없으면 좋으련만…

잠자리가 없고 먹을거리가 비었고 생각거리가 동났구나!

이름 하여, "비구여, 어서 오라."고만 일렀지 아무도 아니다.

불법이 막중하여 하늘 끝까지 자재하더라도

한 조각 땅덩이도 없는 것을 어느 곳에 咐囑(부촉)하리오?

住는 범어에 vivartasthayin이니

일어나는 세계와 소진하는 세계의 居住 期間이다.

들어앉음은 사람이 집을 지어 제가 주인 노릇하는 일이니

눈과 귀가 점점 자라 마침내 쇠잔하기까지의 집이다.

그리하여 不應住(불응주)는 곧 "응당 安住하지 말라."는 것이다.

喪身(상신)이고 失命(실명)이다.

安住에 세 가지가 있으니 形相과 六塵과 執藏(집장)이다.

그리하여 經에 我, 人, 衆生, 壽者의 四相을 둔 것이다.

應無所住라니 응당 틀린 것을 가지고 맞는다고 말하니

佛法의 未來가 가히 짐작 간다.

지금 "머물지 말라," 말하는 곳은 어디인가?

이미 머물러 있다면 "머물지 말라"는 말이 틀리고

머무름이 없다면 없음에 이미 머무름을 문 것이라

無住와 住, 所住와 無所住가 돌며 쳇바퀴 돈다.

마음은 住할 곳도 無住할 곳도 없는 것,

心生이 生心의 住處이거늘 어찌 삶을 의탁하랴!

비우고 비우니 빈 것으로 마음을 채우고

채우고 채우니 七寶 가득 찬 寶庫(보고)가 털렸다.

Logic has no logical method to understand logic.

Aristoteles found no word to create logic.

Identity and difference, even dialectics are same;

Telling us what to see is quite reasonable except one.

하나 없이 온전하고 뜻 없이 다 마음대로다.

천하를 거머잡으려니 千萬도 모자라겠지만

이 손에서 버리고 이 몸으로 간직하니

버리고 간직함조차 내려놓으니 하나도 과분하다.

눈 코 귀 혀가 내 이 몸이며

이 몸이 마음대로 마음노릇 한다.

볼 수도 들을 수도 없어 마음이라 부른 것인데

다시 마음이 있는 줄 알면 몸조차 잃으리라.

Seer, hearer, smeller, eater, mover and thinker;

Do these all belong to the one so-called I?

If those are so-called mine, why looks others?

If they are others, why I depend upon them?

얻으려는 마음에서 한발 물러나 버리고

버리려는 마음에 결코 물러나지 아니하면

얻음과 버림이 마른 코딱지 손톱 끝에 날림이라

예사 기침소리를 폐병인 듯 소스라쳐 놀랬다.

눈병, 고불, 귓병, 잇병은 그렇다지만

몸도 마음도 아닌 병을 이름 할 길 없어

마침내 속 앓이 心氣를 가슴 앓이라 부른다.

가슴 병도 아니라니 모른다고만 한다.

須菩提 譬如有人 身如須彌山王 於意云何 是身 爲大不

수보리여, 비유컨대 만일 어떤 사람의 몸이

큰 수미산 王만 하다면

그 뜻이 무엇이라 여기느냐? 그 몸이 크다고 이를 만 하겠느냐.

Dear Subhuti, For example, One man with as big as

The mighty King of the Mount Sumeru, what do you think?

Would you call him he has a great body?

내 몸의 크기가 얼마나 될까?

큰 나무는 크고 작은 돌은 작은 줄 알지 말라!

크고 작음은 저 편의 일이 본래 아니로다.

눈 없는 사람이 만진 공기조각이니라.

敍述(서술)하여 얻을 것이 무엇인가?

산에는 높음이 없고 바다에 넓음이 없다.

主語로 아무 것이나 대체 할 수 있으려니와

가고 오고 앉고 서는 일은 아무도 모른다.

No one can see the mountain, big or small;

His eyes are still same one to be paired.

The great king of the Mountain of mountains

has never came to me to keep his names.

'예컨대' '비유컨대' 가 모두 같은 맥락이다.

'어떤 사람' '부처님' 모두가 몸과 아무 관계가 없으니

몸이 없으므로 '수미산'이 없고 '수미산 왕'이 없다.

'없다'고 '이름'은 있음도 아니나 없음이 없는 까닭이다.

내 말이 어렵다.

네 말이 없기 때문이다.

내 말을 알아들었다면

들은 것은 그대의 말이다.

수보리가 여쭈어 여래가 답하니

따로 일 때는 세존이라 묶여 있음이다.

그리하여 是非를 묻고 대답함은

너와 나의 묶임을 풀어 無化시키는 일이다.

무엇을 그리 대답하여 주는 것이며
어찌 그토록 물어야하는 줄 아는가?
앉고 서서 여쭙고 들여다보며 일러주니
한 치의 오차 없어 불법이 들 곳도 없느니라.

須菩提言 甚大 世尊 何以故 佛說非身 是名大身

수보리가 사뢰었다. "아주 크옵니다. 세존이시여,"
왜 그러냐 하면 부처는
"몸 아닌 것을 일컬어 큰 몸이라," 說하시기 때문입니다.

Good and wise Subhuti answered, "It is great indeed.

The utmost Honourable One in the triple cosmoses!

That is because, The awakened One says that, Body is

Not at all, great, then, it can be called great body."

몸 아닌 것이 큰 몸이라니

마치 사람 아닌 것이 부처인 것과 같다[佛身無身]. 아느냐?

마음 없는 것이 佛이니라[無心是佛].

어찌하여 없음[無]으로 宗을 삼는 것인가?

趙州(조주)스님은 무엇을 인하여 다만 없다고만 하였는가?

크다니 더 큰 것을 여의지 못하고

작다니 더 작은 것을 떠날 수가 없다.

여의고 떠남이 생각이라면 생각으로 못 미치는 것을

도대체, 백천 가지로 '아니다' '없다' 말 않고 무엇이라 부르리!

아 인 중생 수자를 알고자하는가?

對示를 보여주어 양머리를 치더라도

불법은 꿈에도 본 적이 없느니라.

그렇다면 무엇이 불법이냐?

돌 거북이 신령스러워 나래를 펼치었다.

대저 있다고 말하는 까닭은 눈과 귀 등 五蘊(오온)을 위한 말이요

스스로 존재하는 것은 五蘊에도 六根에도 의지하지 않기 때문이다.

의지하지 않고 존재하는 것은 소위 육근으로 認知할 수 없기 때문에

身口意 三受와 行蘊인 五官 없이 다만 識으로만 아는 것이니

이렇듯 육근은 모든 삼라만상을 집어 삼키는 존재의 關門이다.

육근의 업이 곧 識이니 七 八은 오직 六까지를 始로 삼을 때

비로소 가능한 想念일 뿐 실제로 그 몸이 있는 것이 아니다.

그리하여 보고 들은 몸이 아니라

識으로만 가름되어지는 몸이라는 말이다.

예컨대 天龍은 아무도 본 적이 없지만

하늘을 날아다니는 용으로서 존재한다.

본 적이 없다는 말은 아무나 떠드나니

기실 "못 보았다"는 말도 거짓이라는 말이다.

즉, 실질적이고 감각적인 동시에 구체적인

감각이 그 자체로서는 없으므로 行蘊 없음을 無宗이라 부른다.

꽃이 눈 안의 꽃이 되어 태어나니 꽃이 존재하고

이와 같이 다가오는 까닭에 如來가 태어났다.

Knowing nothing does not utter what nothing is.

관세음은 입을 통하여 관세음을 소리 낼 때

이와 같이 관세음이라는 소리의 존재가 되어

몸 안으로 들어와 마하사다바야[크게 부각되어 나타나 있는 것]가 되는

것이다.

이것을 [이와 같이 알고 보기 때문에] "悉知(실지)하고 悉見한다." 한다.

깨달은 자가 누구에게 무엇을 說하는 것인가?

온전히 알고 온전하게 보는 것이 무엇인가?

아는 것이 있고 보는 것이 있으면 未完이다.

온전히 보고 온전히 알기 때문에 "이와 같다" 하였다.

꽃이 웃으니 부처가 얼굴을 붉히며 부끄러워한다.

온전히 보고 온전히 알기 때문에 "이와 같다" 하였다.

無爲福勝分

[수승한 無爲의 복덕]

The utmost virtue and merit is doing not a thing at all

066

[佛言]須菩提 如恒河中 所有沙數 如是沙等恒河

於意云何 是諸恒河沙 寧爲多不

수보리여,

마치 항하가 소유하고 있는 모래알만큼

이와 똑같이 많은 항하가 있다면 어떻게 생각하느냐?

이들 항하의 저 모래알이 과연 많은 것이라 따지겠느냐?

Dear Subhuti, what if there are as many everlasting river

As the sands of Everlasting rivers, would you call

That must be really the great number in your mind?

강과 모래가 무엇이 그리 많은가!

그대는 많다 하면서 짐짓 놀라는구나!

그러나 조금만 정신 차려 돌이켜 보면

놀랍게도 그대는 태산 같이 잠잠하다.

아느냐?

叢叢(총총)한 佛法이 毫釐不動(호리부동)하여 鐵輪銷(철륜소)니라.

엄엄한 부처님 법이 털끝도 안 움직여 쇠바퀴를 녹인다.

길고 많은 것은 강도 모래도 아니다.

강을 쳐다보고 모래를 훑으니

보는 줄 알 길 없고 매만지느니 상념뿐이다.

오죽하면 보지도 않고 길다 많다 하랴!

강은 보면서 모래를 못 보고

산을 보지만 그 나무를 모른다.

강 이야기를 하면 문득 모래부터 생각하고

산을 내려와 나무 얘기를 한다.

중생이여! 중생의 부처여!

한없는 세월동안 부처의 심장을 달고

중생의 손과 발로 세상을 허우적대기 얼마이던가?

눈과 귀로 온통 물건 사고파는 얘기뿐이구나.

그대 지금도 스스로 중생이라 자책하고,

부처의 입을 빌어 중생이라 무시하여 부른다.

멀쩡한 이 몸에 어찌 나무부처, 돌사람 섬기며

活人의 입으로 도리어 뒤집어 말하는 것이던가?

자기부정은 자신의 일이 아닐수록 선명하게 긍정된다.

형상 없는 부처를 다 보고 형상 있는 부처를 아무도 못 본다.

태어나기 이전에 있고 남김 없을 제 비로소 존재한다.

그러므로 말한 것은 다 틀리지만 틀린 그것이 말을 만든다.

하늘을 버티고 앉은 단 한 명의 중생도 없건만

한없이 많은 중생 모래알 쥐어짜는 이들이여!

의심하여 묻고 생각하여 다시 따지니

한없이 많으나 알자마자 하나도 없다 말한다.

하나가 곧 一切(일체)이니 두절되어 헤아리지 못하고

많음이 곧 하나뿐이니 다다르지 못하여 그친다.

그리하여 one from all이며 all before one이로다.

하나는 많음을 배반하니 많음이 하나를 낳는다.

思念의 落葉(낙엽)은 눈앞에 무수하니 홀연 가을 밤 별이고

잣나무 가지에 걸린 오두막 달빛 아래 낙엽이 쉰다.

하염없이 내쉬는 가냘픈 숨소리에 그대 손발이 묶이고

고향 떠난 나그네는 떨어지는 별똥에 그리움 달랜다.

항상 하여 흐르므로 길고 하염없는 모래이나

마음속에는 길이도 영원함도 모두 들 날 숨 뿐이다.

길면 길수록 움직이지 못하고 영원하여 과거이다.

돌이킴이여! 내 쉰 한숨이여! 불러도 아무도 없다.

많으면 많을수록 결국 아무것도 없다.

067

須菩提言 甚多 世尊 但諸恒河 尚多無數 何況其沙

수보리가 사뢰기를, 심히 많습니다.
삼세에 더없이 거룩한 분이시여,
저들 항하만으로도 숫자 없어 많거늘
하물며 그 모래알이겠습니까?

Venerable Subhuti said, Yes, indeed,
I would say the number is really great.
The utmost Honored One in these Triple Cosmoses.
The never ending river itself is already the great number;
Whatelse can be more mentioned about their sands?

아무도 여래를 본 적이 없듯 모래를 훑고
중생이 흐르고 또 흐르되 제 생각 쉴 길이 없으니 강이다.
강과 모래는 분명 한통속이라 말하겠지만
강과 모래는 한 번도 더불어 센 적도 흐른 적도 없다.

더없이 고귀한 분께 왜 생각을 여쭙는가?

생각의 주인이 여쭙는 그분인 까닭이다.

그렇다면 무엇이 생각이더란 말이냐?

그분을 만나지 않으면 여쭙는 일 자체도 모른다.

많다고 말하였지만 항상 입 속에 재갈처럼 물렸다.

강은 비록 많아도 필적할 상대 곁에서 모래를 센다.

수보리는 많은 줄 모르니 세존이 수보리의 혀를 훔쳤다.

세존의 텅 빈 가슴을 많다 일러 위로한 것인가?.

왜인가?

부처를 본 이는 아무도 없지만

부처를 보지 못할 이도

본래 없기 때문이다.

No one has never seen the Buddha.

Likewise, Buddha does not look ordinary-being.

심히 많다니, 마음은 벌써 그쳐 머무름을 생각하고,

항하에 강물이 없고 강에 영원함이 없으니 어찌하랴!

흐르는 줄 여전히 몰라 億劫(억겁)을 지내고도 아직 '이놈'이요,

흐른 적도 없는데 이미 모래알로 수미산 왕을 이룬다.

빨려 들듯 물속에 기필코 들어 앉아

눈은 버드나무 올라 九曲(구곡) 아래를 굽어본다.

붉은 소나무 둘러 친 정자 안에서

학의 머리 붉기 몇 번이나 세었든가?

068

須菩提 我今 實言 告汝 若有 善男子 善女人 以七寶滿

爾所恒河沙數 三千大千世界 以用布施 得福多不

수보리여, 내가 이제 여실하게 너에게 이르노니,

만약 선남자 · 선 여인이 있어

저 항하의 모래 수처럼 많은 삼천대천세계를 칠보로써 채워

널리 보시하거든 그 복을 증득함이 참으로 많다 하겠느냐?

Dear, Subhuti,

What I say onto thee is one and wholeness.

If any good and wise ones practically adorned three

Thousand great cosmoses with seven kinds of precious

Treasures and jewels, then, donate them all as an alms,

What do you think, would he get truly superior virtue and merit?

如實(여실)함은 곧 여래의 悉知悉見(실지실견)이라

理와 事가 뚜렷하여 다투지 않기 때문에 붙은 이름이다.

비유와 實相이 하나이니 그 말이 바르다 하고.

實體가 없으므로 밤하늘의 燈籠(등롱) 같도다.

선남자 선 여인이라 일컫나니 이 무엇인가?

사람도 남자도 여자도 아니라면 무엇이 그리 착한 것인가?

白賊 부처가 必殺(필살)의 무기를 들고도 善逝(선서)하는구나!

본 대로 變(변)하고 들은 대로 나투니 짝할 이가 없구나.

바라는 것이 없으니 얻을 것이 없을 수 없고

얻을 것이 많으니 바람을 버린다 말 못한다.

얻지 못할 것을 얻었다면 바란 것이 되고

여전히 못 얻었다면 바라는 대로가 헛되다.

수보리는 차라리 천만 가지를 버리더라도

여래의 한마디 칭찬을 구할 터이지만

여래는 칭찬하여 무엇을 얻을 것인가?

스스로 항하에 배 띄우고 민낚싯대 던진다.

아무리 수천만 가지로 변하고 바뀌지만

입속의 黃蓮(황련)은 쓰디쓰니 바뀜이 없다.

삼천 대천 세계를 모두 칠보로 채우니

칠보는 세계의 주인이나 색싯감이 없도다.

하나 밖에 없는 눈으로
큰 산과 긴 강을 먹어치우고
텅 빈 귓구멍으로
천둥 번개를 일으켜 천지를 뒤덮는다.

쌀과 야채가 짐작도 못한 것을
작은 입 하나가 내뱉으니
천상의 인간과 모든 귀신도 모르는 일을
이와 같이 말하여 일깨워 준다.

무엇을 말하고 무엇을 일깨웠는가?
입에서 말한 것이 귓속에 흐르고
귀로 들은 것을 눈 속에서 뒤집는다.
필경 몸 벗어 마음을 얻더란 말이냐!

069

須菩提言 甚多 世尊

수보리가 사뢰되, 말할 수 없이 많나이다.

삼세에 더없이 거룩한 분이시여.

Subhuti gave for answer, "That great number is indescribable.

The utmost Honorable One all over the triple Cosmoses!"

수보리는 解空이 제일이다.

Subhuti knows his time is out;

As soon as it is affirmative, the negative becomes it's origin.

What is it? He didn't know yet;

He drew the second head on his shoulder.

빈손에 호미 들어 낱낱의 모래알을 뒤진다.

많다는 부처님의 密意(밀의)도 수보리의 손아귀에 들었다.

그 어느 하나도 三世에 존재한 적이 없어

357

"없어 많다," 이르고도 尊貴한 本性을 지킨다.

福德을 구족한 세존으로 하여금

스스로를 실토하여 들어내게 하니

삼천 대천 세계가 바로 중생의 보금자리이나

온통 사바세계에는 수보리 이름뿐이로다.

떠난 지 오래니 출발지가 멀고

멀수록 되돌아가니 一點(일점)에 묶인 것이로다.

三界를 뒤지고 三世를 휘잡으나

다만 一心이라 떠드니 이 또한 먼 것이로다.

The further you go the closer you come.

Searching Subhuti went far away from this place;

Finger pointer raised up right before his eyes;

People still calls Him, "who is here with me."

복덕은 실로 眼中에도 없는 虛構(허구)이며,

布施(보시)에 바퀴가 없어 실로 건넴도 굴림도 없으니

마치 끝없는 하늘에 색이 없고 높이조차 안 보이니

다만 '푸른 하늘'이라 부르는 것과 같다.

그가 세존이라 부르지 않았던들

결코 수보리는 아무 말도 여쭙지 못하리라.

고금에 허다히 많은 질문들을

모두 여래 응공 정변지에 부촉하노라.

If Subhuti did not call his 'the utmost.... One,

He will lose his tongue forever before this Sutra.

070

佛告 須菩提 若善男子善女人 於此經中

乃至受持四句偈等 爲他人說 而此福德 勝前福德

[佛告 須菩提 以七寶 滿爾數 恒河沙世界 持用布施 若善男子 善女人

於此法門 乃至受持 四句偈等 爲他人說 而此福德勝前福德無量阿僧祇]

붓다께서 수보리에게 이르시되,

만약 선남자 · 선 여인이 이 經에 대하여,

더 나아가 四句偈를 受持하여 남에게 說하여 준다면

이 복덕은 앞의 복덕보다 뛰어날 것이니라.

Buddha said unto Subhuti;

If any good and wise men, man or woman,

Tell to the others about this Sutra, and furthermore,

Talk about the four line Gathas and uphold them,

His virtuous merit would be greater than former.

경은 종이와 잉크로 찍어 만든 책을 지시하지 않는다.

이 종이에 잉크로 만들지 않은 것을

눈으로 읽을 수 없고 듣지 못할 것을 당부한다니,

"끝없이 맑게 트인 바람을 그 누구에게 부촉하랴?"

[無限淸風付與誰]

When Buddha says 'the others' what is it?

Did he really see those distinct difference?

If he said so, then, who is this?

Since I cannot even mentioned same Him.

멀리서 소식 듣고 불원천리 찾아오니 무엇을 구하는 것이며

쫄쫄이 굶은 뱃가죽을 나 몰라라 하며 기꺼이 박수치니

어두운 하늘에 걸린 둥근 달덩이를 반기는 일이요

태양 없는 하늘 아래 물과 흙과 나무에게 하루를 맡긴 것이다.

엿보았다면 늦은 것이요 끄덕이면 바보 되고

홀연히 叉手(차수)하고서 禪定에 들더라도 이 또한 그르친 것이다.

이 무슨 도리인고?

경이 책이 아닌 줄 안다면

게송을 듣고 훌쩍 天地를 超脫(초탈)한다.

게송은 gatha이니 부처를 파악하는 Logos이다.

Four lines Gatha is the Logos of the enlightenment;

It begins with the voice of the common world;

Which has never been disclosed by anyone but one.

It ends with the sounds of fully awakened One in them.

一句는 문득 세상의 소리를 담아 뱉는 것이다.

"무릇 相이 있다"는 것은 大 前提(전제)이니

더불어 앎을 주인으로 삼기 때문이다.

二句는 다시 안으로 집어 삼키니 안 것이 도리어 허물이다.

"그들 다 虛妄한 것일 뿐이라."니

일체 思惟의 죽음 까닭이다.

三句는 起信하여 세상을 뒤집어 홀연 제 性品으로 歸還함이다.

"若見諸相을 非相이라니, 모든 상이 상 아닌 줄만 본다"면

照察(조찰)하고 顚倒(전도)된 것을 다시 뒤집는 일이기 때문이다.

四句는 가장 옹색하고 꼭꼭 닫혀 출입할 門이 없는 곳이다.

"바로 如來를 본다." 단호하게 하늘의 덕을 보고자 함이다.

즉, 한가로운 野夫(야부)는 산과 물에도 간섭을 않고

오가는 구름을 탓하지 않나니 제 마음이 없기 때문이다.

四句를 死句로 만들지 말라. 그럼 이건!

마음 없다니 이렇듯 구차한 변명으로 부처를 희롱하고
조사를 욕보이기 얼마나 되었던고! 알고 보면 다 餘興(여흥)이로다.
본래 한 가닥 마음 사로잡아 남산의 구름에 맡긴 뒤에
홀로 산 중턱 벼랑이 嫉妬(질투)하는 곳에 누어 太平을 노래한다.

부처가 몸을 숨기는 곳이므로 세 구절을 야무지게 씹고
능히 祖師가 쉴 곳이므로 넷째 구절에 다 放下(방하)한 것이다.

"그 어느 공덕이 이렇듯 크랴."고 말하였다면
이 또한 버려야 될 또 다른 책일 뿐이다.
"남에게 설한다면 앞의 것보다 크다."고 이르리니
如來禪(여래선)의 터울이 이렇듯 치밀하고 차갑기 그지없다.

경에 이르시되, 佛祖가 偈(게)로 목숨을 삼는다 하시나
차라리, "부처와 조사가 모두 도망친다." 함이 옳다.
분명히 알아두라, 말씀이 목숨 줄이니
글자와 뜻에 비리 붙으면 곧 바로 死句에 떨어진다.

尊重正教分

[바르고 존중스런 가르침]

Upright and faithful Teaching

071

復次 須菩提 隨說是經 [隨所有處 說是法門] 乃至 四句偈等
當知 此處 一切世間 天人 阿修羅 皆應供養
如佛塔廟 何況有人 盡能受持 讀誦此經

거듭 이르거니와 수보리여!
이 경이 펼치시는 말씀, 나아가 四句 偈 하나만이라도
인연이 닿는 대로 이를 說한다면 마땅히 알라.
여기에 일체 세간과 天人, 아수라가 공양하여 올리나니
마땅히 부처님의 무덤이나 탑과 같을 것이거늘
하물며 이 경을 기꺼이 지니어 독송하는 이에게 이겠느냐?

I will speak onto thee once more, Subhuti,

Talking about the words in this Sutra, furthermore, to the others,

About even four lines Gatha, accord with your possible opportunities,

Then, you ought to know this that all the living beings, Heavens and

Humen, and

Asuras, they will give him great offerings without limit;

All of them will serve and give an offerings to even Buddha's Pagoda

and tomb,

What about to the one who read and uphold whole Sutra?

경을 설하여 주는 것은 책 없음을 알리는 일이다.

독송하는 이로 하여금 제 所見을 없애 성품을 보는 일이다.

하나도 아는 바가 없거니 무슨 의견을 내놓을 것이며

참으로 안다면 무엇을 더 보고들을 것인가?

Are you looking for this Book?

Looking for is another way of seeking yourself!

How can anyone seek his own seeker?

Unless you are not looking for his book? Written in what language?

들을 줄 아는 이를 만난 것에 더 큰 복이 없고

상대도 나를 만나 經을 통하여 서로를 감별하게 되었으니

큰 功이라, 분별하면 얻고 줌이지만 근본으로는

얻음도 줌도 본래 없는 까닭에 공덕이라 부른다.

글자를 읽음은 마치 산의 나무를 보는 것

잎을 따로 떼어내지 못하고 뿌리도 자르지 못하니

그대는 기어이 나무를 보고자하나

정작 나무는 산을 바라보는 이의 자랑인 것을!

아무도 이 經[이 무엇인고?]을 펼친 적이 없으며

偈의 일목요연함을 느끼고 스스로 깨달은 바가 없었다.

부처와 중생이 한 오라기 명주실 줄에 목숨을 매달았나니

이제. 문득 펼치고 여니 뻗어 功이요 살핀 德이다.

손 안의 구슬이요 돌리고 굴리니 念珠(염주)이다.

의심 없고 하되 동요하지 않으니 受持한 것이로다.

일할 때는 주머니 속이지만 심심할 때 가지고 논다.

가진 줄도 내도록 모르더니 잃고는 갑자기 부산하다.

하늘과 사람은 무엇을 위하여 공양을 올리는가?

저들이 올릴 수 있는 값진 칠보는 무엇이란 말인가?

경을 읽고 외우고 四句를 하염없이 새기니

설익은 포도는 버리기도 아깝고 곤 포도는 섞일까 두렵다.

What is the reason they become happy ones;

As soon as they hear, they give great offering!

They do not have hearing ears; yet liosten them all.

Do not understand a thing; yet they knows them all.

소리 없는데 들었으니 배고픈 아수라요

보는 바 없건만 다 즐기니 하늘의 사람이요

눈 코 귀 혀가 모두 속이는 물건이로되 속지 않으니

가히 저 생명들을 위하여 내가 기쁜 것이로다.

072

須菩提 當知 是人 成就最上第一希有之法

若是經典 所在之處 卽爲有佛 若尊重弟子[似佛]

수보리여, 마땅히 알지니라.

이 사람은 가장 빼어나고 으뜸가는

세상에 있을 수 없는 법을 성취한 이이니라.

이 경의 가르침이 있는 곳이라면 곧 부처가 계시거나,

부처 같이 尊重스러운 제자가 계신 것이니라.

Dear Subhuti, You ought to see this clearly!

This is the man who has attained the nothing higher Dharma

Of no-where in this world; Teaching, no matter where it happens

Is the same place where Buddha abides. Or,

There must be a good and wise One same as Buddha.

있는 곳마다 부처요 모두가 같은 제자라

무엇을 보고 있다는 것이며 안보이니 없다고만 이르네.

본래 애비의 아들이 아들의 그 애비인지라

문득 하나를 아니 열을 알고 다 아니 본래 앎이 없다.

마땅히 알라니 알고 모름이 손바닥과 주먹이다.

드물기 그지없으니 이 세상에 본 사람이 없고

속으로 경이라 부르지만 실은 펴놓고 읽지를 못한다.

밥그릇 속에서 굶어 죽은 것이요

천상에 올라 천하를 다시 꿈꾸는 격이다.

부처와 제자는 가까울수록 말이 없고

알면 말이 없고 말하면 앎이 새끼를 친다.

여러 가지로 떠들며 이리저리 설명할수록

"경이 없어지니" 종이다발 거머쥔 손을 턴다.

글자는 없고 책이 다발이요

책이 없는데 讀者(독자)는 문 앞이다.

입을 열면 부처가 죽고 책을 펴면 조사가 죽는다.

그대는 어느 편인가; 문 밖에서 책 읽는구나.

Student and teacher are both disappeared.

If you have something to teach; every ones enemy.

Nothing to teach? then, no one can attain enlightenment.

Talk; Buddha dies, no words? Then you die.

눈으로 읽지 못하니 相이 없어 무방하고

紙墨(지묵)이 없으니 모여 앉아 떠들며 다툴 리 없다.

부처와 조사가 일찍이 太古 밖에 숨었거늘

앞 다투어 모시고 머리를 조아림에 向方(향방) 없는 그 자리다.

如法受持分

[여법하게 수지하라]

Uphold the Dharma rightful

爾時 須菩提 白佛言

世尊 當何名此經[法門] 我等 云何奉持

이때 수보리가 부처께 사뢰어 말씀 올리기를,

세존이시여, 마땅히 이 말씀을 저희는 어떻게 불러야하며

어떻게 지녀 기리오리까?

At this very same moment, Subhuti asked a question;

The utmost honorable One in this triple Cosmoses,

What would be the name for this Sutra, and,

What is the rightful for us to uphold the Dharma-words?

책이나 그 뜻을 지니지 않고 문득 말씀을 드리워 내니

텅 빈 곳에 마음을 실어 큰 수레로 굴리니 과연 수보리가 제자이다.

기리어 지니는 것은 벼리를 잡아 허공에 매다는 일이다.

눈에 보이지 않을수록 더더욱 분명하니 각자의 마음이라 부른다.

마음에 이름이 없으니 다이아몬드이다.

내 마음 네 마음 다 꾀니
"쇠 뱀이 금강의 눈 뚫고 나간다."
마음에 마음이 없으니
"펼쳐 보나 단 한 글자도 없다."
가난이 가난하여지면 부자가 부자 됨보다 부유하다.

무엇이 금강경인가?
무엇이 금강경이 아닌가?
무엇이 여법하게 금강을 수지하는 것인가?
무엇을 지금껏 수지하여 왔더란 말인가?

참회하고 되돌아보기 그 얼마이던가?
늦을수록 새롭고 더딜수록 전광석화와 같다.
獅子(사자)는 咬人(교인)하고 韓獹(한로)는 逐塊(축괴)로되
師子는 앉아 천하를 평정하되 호리부동이다.

이름을 구하면 늦은 것이로되 부처는 용서밖에 모른다.
이름 지어 불러 달라니 가난하여 밥줄이 끊기겠고
여법하게 지니기를 걱정하니 밥통이 열 개라도 모자라다.
수보리와 여래여! 그 이름들은 도대체 어디서 왔는가?

佛告 須菩提 是經 名爲金剛般若波羅蜜

以是名字 汝當奉持 所以者何 須菩提

佛說般若波羅蜜 卽非般若波羅蜜 是名般若波羅蜜

[佛告 須菩提 是法門名 爲金剛般若波羅蜜 以是名字 汝當奉持 何以故

須菩提佛說 般若波羅蜜 則非 般若波羅蜜]

부처께서 수보리에게 말씀하시었다.

이 경이 이름 하여 금강 반야바라밀이라

마땅히 이 이름으로 그대들은 지니어 기리라.

그 까닭이 무엇이겠느냐? 수보리여,

부처가 說하는 반야바라밀이란 즉 반야바라밀이 아니니

이것을 반야바라밀이라 이름 지어 불렀느니라.

Buddha Sayeth unto Subhuti:

This Sutra is entitled the Great Wisdom Paramita of Diamond

Thou Shall remember then uphold this Sutra under this name.

Wherefore is it, Dear Subhuti?

What Buddha delivered as Mahaprajnaparamita is not

Mahaprajnaparamita, for this Buddha named this

The Great Wisdom Paramita of Diamond.

부처는 부처가 아니니 그를 부처의 이름으로 부르라.

달마는 달마가 아니니 그를 달마의 이름으로 부르라.

부처와 달마가 이와 같이 다만 이름일진대

무엇이 부처이며 무엇이 달마인가? 속히 이르라!

부처가 이름이거니 어찌 세존이며 스스로 여래인가?

산은 본래 산이 아니로되 산이라 이름 하여 부르고

마음도 본시 마음이 아니거늘 마음이라 이름하여 부르니

아니고 아니며 아닌 것의 이름들이 지혜로이 건네었다.

"그대가 나를 부르니 내가 부르는 그대로 대답하여 주고

네가 내게 물어오면 對應하여 너를 위하여 풀어 주었다."

대답하고 대응하여 일러 주었으니 이름 하여 일체법이라.

이름으로 이름이 아니라 이름을 불러 스스로 다 여의었다.

거기 있는 山河는 내 안에 들었고

내 안의 산하는 아직도 밖이다.

산하와 내가 동시에 비어 다만 이름이라 말라!

허공 안팎으로 마음이라 부를 것도 없느니라.

Mountains and rivers are within me.

Mountains and rivers inside of me are still outside.

Don't tell me; "those are only names, nothingelse."

There is nothing to be called also mind.

홀연 摩訶(마하)라니 제 이름도 스스로 감당하지 못한다.

여래께 여쭈니 다만 "좋다"고만 이르며 웃으시었고

조사는 몸사리며 良久(양구)하거나 喝(할)로써 응대하니

대답하여 보라, 그대여, 무엇인들 성에 차겠는가!

須菩提 於意云何 如來 有所說法不
須菩提 白佛言 世尊 如來無所說
[須菩提 於意云何 如來 有所說法不 須菩提 言 世尊 如來 無所說法]

수보리여, 그대는 어떻다 생각하느냐,
여래가 說하신 법이라는 것이 있다고 여기더냐?
수보리가 부처께 사뢰어 말씀드리기를,
삼세의 존자이시여, 여래는 說하심조차 없사옵니다.

Dear Subhuti, What would say about this?
Do you believe that is there any so-called Dharma, only
Tathagata can say?
Venerable Subhuti clearly answered to Buddha;
The utmost Honorable one in this Triple World!
There is no noumenon of Dharma to speak about at all.

무엇이 여래의 설법이라 일컬을 수 있는 것인가?
오로지 중생이라 부를 중생이 없거늘!

무엇이 깨우친 자가 설할 수 있는 법문인가?

부처라 부를 부처가 도무지 없거늘!

To whom can He say?

No One.

What can He say?

No thing.

삼계의 스승이시니 말하지 않을 수 없이 존귀하지만

중생의 종이요, 범부의 마지나 내려 먹는 下手人이라.

좋아하면 세존일 뿐이지만 죽도록 미워하니 달리 부른다.

달리 부르자니 이름 없는 까닭에, 겨우 여래라 이른다.

삼계의 위없는 스승이라니

이미 위아래가 없거늘

무엇을 스승이라 부르는 것이며

무엇이 삼계라고 불리는 것이었던가?

The highest mount; from where?

No heaven above; to whom?

The greatest teacher; with what?

No word can be put; by which?

해골 속에 형형한 眼光(안광)이거늘
이름 또한 거창하도다.
스승 위에 스승 있고 세상 밖에 세상이다.
오르지 않고 높으나 나서지 않고도 문밖이다.

이르지 말라 이르지 말라,
벌써 천리만리 도망쳤느니라.
도망하여 어디로 갔는고?
"여덟 모난 맷돌이 공중 속으로 빨려들었느니라."

여래는 입이 없고 눈이 없고 귀도 코도 없거늘
어떻게 말하고 보며, 듣고 냄새를 맡느냐?
그대에게 一轉語(일전어)를 내려 哀惜(애석)함을 달래주리라.
꼼짝 말고 그 자리에서 世尊께 곧장 여쭈어 보라!

수보리가 분명 作心(작심)하여 대답하기를;
제가 분명하게 대답해 올릴 수 있다 하였다.
저 자신만만한 총명함은 어디서 왔는가?
그가 부처의 입을 빌린 때문인가, 본래 부처인가?

말할수록 모자라고 들어내고자 하나 점점 닫히니
깊이도 높이도 없으며 비대하지도 무겁지도 않다.

이 세상 이러한 것 다시없거늘 이것이라 부르니
도대체 이것이 무엇이더란 말인가?

They heard no word from him.

What he said was understood like this.

How is it?

Tell me, what did you get?

누구도 따르지 못하는 말과 言說(언설)의 노예가 아니며
말하고 듣는 입과 귀에 놀아나지도 않으며
해박한 지식과 감미로운 지혜를 즐기지도 않는데
어찌 즐거움을 해탈이라 부르며 천당이라 이르랴!

076

須菩提 於意云何 三千大千世界 所有微塵 是爲多不

須菩提言 甚多 世尊

[須菩提言 彼微塵 甚多 世尊]

수보리여, 그대는 어떻다 생각하느냐.

삼천대천세계에 있는 모든 작은 먼지를 많다 하겠느냐?

수보리가 대답하기를,

말할 수 없이 많사옵니다. 삼계의 거룩한 존자이시여.

Dear Subhuti, Would you say that there be many

Speck of dust in three thousand Worlds of great Cosmoses?

수보리는 능청떨며 세존의 비위를 맞추나

알고 보면 거룩한 이 空生의 꼬임에 빠졌다.

解空(해공)은 세존으로 존귀함을 뽐내 드렸다지만

空에서 生한 이에게 무슨 쓸모 있으리오!

허망하다, 금강이라는 견고함이 다 무엇이던가?

바다에 빠진 바늘 같아 찾을 길 없고
남풍에 흩어진 구름 같아 돌아올 기약 없다.
그것은 그러하나 그대는 지금 어디에 있는가?

하나 둘 셋 경과하면 많으나 시간을 기대고
시간 헤아리고자 숫자에 의탁하지만 재면 셋이다.
걸림이 장벽이 아니며 툭 트여 허공이라 말라!
그대 같은 장벽에 그대 같은 허공이 아니더냐!

Fish moves, water becames muddy.
Bird flies, a feather falls down.

한 생각의 하나는 이미 체신을 잃은 지 오래라
많아서 하나인가 하나이기에 많은 것인가?
하나라면 눈과 귀가 혼란스럽기 그지없고
둘이라 부르자면 하나가 문득 배반하고 나선다.

077

須菩提 諸微塵을
如來說호대 非微塵일새 是名微塵이니다.
如來說호대 世界이 非世界일새 是名世界이니다.
[須菩提 是諸微塵 如來說 非微塵 是名微塵 如來說
世界 非世界 是名世界]

수보리여, 이 모든 미세한 티끌들을
여래는 미세한 티끌이라 說하지 않기에
이름이 미세한 티끌인 것이며,
여래는 세계를 세계라 說하지 않기에
이름이 세계인 것이니라.

Dear Subhuti, For these speck of dust,
Tathagata would not utter them "speck of dust",
It is begotten as speck of dust. Since
Tathagata would not utter the world "worlds".
Therefore, it is begotten as the world.

用語를 끌어들여 財寶(재보)로 삼으니 이것이 法界이다.

살아 움직이기 때문에 무진 법계이며

空하여 그 어느 것도 有하지 않기 때문에

'다 함이 없다' 이르는 것이다.

Something is no thing; which was forced to be called

Something. Like no-one is actually everybody in here.

What is no-thing or nothing in this case?

Nothing cannot conceive no thing; that is thing for itself.

허나, 이는 마치 병든 사람이 건강하기를 바라는 마음이요

무상하여 얻을 수 없음을 탄식함과 무에 다르랴?

작디. 작은 미세한 티끌 같은 세상이므로

낱낱을 집지 못하듯 하나도 없으나 많아 끝이 없다.

말로 다 할 수 없이 많은 숫자로 헤아리되 數가 없다.

숫자를 만드는 것은 一念이다.

일념을 다시 헤아릴 수 없으므로 시간이 된다.

시각적 일념은 한없이 미세한 티끌이 되고

시간적 티끌은 찰라와 생각 일으키는 순간이다.

문득 하늘에 올라 새가 되어 나래를 펴더니

어느새 땅굴 속에 집을 지어 골고루 安住(안주)한다.

타고자 하면 문득 타고 내리고자 하면 문득 내리니

뜻대로 되는 것이야 없지만 뜻밖은 千萬이다.

Neither metamorphose nor transform;

Bird and dog are neither bird nor dog.

If bird is bird, no bird can be called by that name;

If dog is not dog, no dog can be named dog.

존재하는 것은 관찰자의 存在-名이요

존재하지 않는 것은 관찰 없는 이의 別名이다.

부처는 중생의 눈이요

중생은 부처의 산파다.

Let it be as it has been;

Then, what is it you see?

Is this what you saw?

Then, what is it before seen?

순간에 대한 일념은 곧 劫이 되고

티끌에 대한 일념은 곧 佛刹(불찰) 微塵(미진)이다.

어느덧 시방 세계가 중생을 버려 떠나도

중생 떠난 자리에는 오롯한 떠남도 없다.

마음이라 부를 色이 없고
색이라 일컬을 마음이 없으니
心色이 본래 같다 이르지도 말라
이미 둘이 없거늘 어찌 同別이랴!

忠國師 이르되,
마음이라니 이미 色이요
色이라니 以前처럼 心이다.
心이 心이 아니며, 아닐 수도 없으니
세 點은 흐르고 굽어 풀 베는 낫과 같도다.

078

須菩提 於意云何 可以三十二相 見如來不

[佛言 須菩提 於意云何 可以三十二大人相 見如來不]

수보리여, 어찌하여 그렇다 여기겠느냐?

서른두 가지 相號(상호)가 곧 如來라 볼 수 있는 것이더냐?

Dear Subhuti, wherefore is it, what do you see?

By those thirty two well defined forms of Buddha-being,

Is it possible for us to identify the Tathagata-existence?

대전제와 소전제가 바뀌었다.

그러나 알고 보면 허무맹랑하여 전도되었음이 분명하다.

인간이 죽는 것이기 때문에 Socrates가 죽는가,

아니면 Socrates가 죽는 존재이기 때문에 인간도 죽는가?

온 세상에 있는 존재자들이 세상을 만들고

존재 그 자체[Ding an sich; Kant 에 의해 설득력을 얻은 단어]는

마치 참으로 존재하고 있는 것처럼 행세하는데

이 말이 생각에 필요하기 때문인가,

아니면 말의 본성상 소위 논리적으로 불가피한 것인가?

만일 불가피하다면, 이 말 전에는 소위

Denken[thinking]이 없다는 말로 들릴 것이다.

When you heard the name "Buddha".

Why in the world, instead of seeing the sound,

Do you have to think that which concept of the object?

By thought, whatever it is, what did you get for in and out?

즉, 사유는 가장 편리한 용어[term]에 즉시 화답하기 때문에

사유하는 知性의 먹이가 된 것이다.

그래서 주관[subject]과 從屬[subject to some-thing]은 동일하다.

여래를 說하고자 서른두 가지 상호를 거론하였는데

그것이 차별을 위한 것임에도 불구하고 이제는

차별화된 주인 자신이 그 차별을 자체로 삼아야 한다.

이 경우는 마치 육체와 정신의 관계와도 같다.

예컨대 長大와 白毫(백호) 光明이나 轉輪(전륜)성왕이다.

'나'라는 정신적 주체를 설명하기 위하여

내 몸의 움직임과 행위와 행동이 대신 설명하는 것과 같다.

孔子에 의하건대 "사람은 곧 그의 행이다."
왜냐하면 사람을 말하기 위해서는 말부터 밝혀야하는데
말을 밝히는 일은 사람도 정신 그 자체도 아니므로
이것을 말로 다시 바꾸는 일은 별개이기 때문이다.

"말로 다시 할 수 없다"고 선택한 말이 문제이니
"할 수 없다." 함으로써 되돌아가는 곳은 自身이다.
이 인간의 자기모순은 논리적으로는 tautology이지만
존재의 가장 보편적인 피할 수 없는 명제이다.

왜 사람은 이 過誤를 알면서 되풀이하는 것인가?
앎의 무기력 증세인가? 아니면 활력소인가?

정신은 육체로 자신을 환원시켜 實證化하지 않고는 못 견딘다.
그러나, 육체적 事實-現實성은 어디에도 보존되지 못하므로
實證化를 성취하기도 전에 정신적으로 다시 환원된다.

마치, 육신이 있으므로 인간은 죽어야 하지만
정신만 전제한다면 죽음은 한낱 거짓이요 오직 영원일 뿐이다.
그러나 정신만 전제한다는 말은 육신을 배제한다는 우선-전제로부터
와야하기 때문이다.
따라서 정신을 전제로 내린 영원을 육신을 전제한 죽음 위에 놓아야

한다는 말로 된다.

그러므로, 정신과 육신의 분리는 결국 영원에 대한 육신의 자기 부정을 전제한다.

부정을 전제한다는 말은 현실이라는 反騰(반등)을 가정하고 있다.

허망한 것은 이 반등이나 반격이 아니며 저들의 대립이나 조화도 아니다.

다만 思惟는 항상 我의 反我를 卽自에서 對自로의 부름을 향유한다는 것이다.

즉, 사유가 즐기는 것은 자신이 아닌 그 무엇[some-thing]이다.

32라는 숫자는 허망하지만 32를 사유하는 그 이는 32가 아니다.

자신의 서른두 가지 非自己의 존재를 통하여 자신을 살찌워 간다.

그 허망한 몸을 가지고 있는, 생각된 자기와 생각 없는 자기를 다시
자기화함으로써 허망한 몸을 벗어나기 위하여 허망한 非자기를 다시
자신으로 만든다. 가장 확실한 非自己는 自己라는 이름이므로
이름일 뿐이라는 非自己化를 통하여 自己를 정립시키고, 이 자기도
역시 단순한 이름이라고 자각함으로써 텅 빈 자기를 살찌운 것이다.

생각 그 자체는 그 결과가 아니라 애초에 가지고 있던 개념이다.

이 최초 개념의 붕괴를 통하여 텅 빈 自我가 형성된다.

여기에서 형성된다고 말하는 것은 존재한다는 것을 의미하지 않는다.
존재 그 이상이기 때문에 생명 있는 形成이라 부른 것이다.
그리고 이 부름도 역시 이름이기 때문에 그 텅 빈 이름 자체를 일컬어
다시 如來者, 다만 이와 같이 여실하게 생성되어 다가온 것이라 한다.
여래 그 자체는 비자기로서의 생성하는 自覺이다.

이 자각이 생생하지만 텅 빈 자체 성품과 활동을 잃지 않으므로
한 줄기 신령스레 밝고 고요한 물건[一點靈明]이라는
결론에 다다르기 때문이다.

시작한 말 때문에 자신이 죽는다.
죽은 말 때문에 자신을 살려낸다.

중생 덕에 부처이니, 없는 부처가 중생 덕에 있다.
그러나 중생은 영원히 부처를 모른다.
왜냐하면 부처가 부처를 아는 것은 그가 부처 아닐 때이므로.
그리하여 중생은 그가 중생이 아닐 때 부처임을 본다.

만일 중생이 중생인 것이 아니라면 부처일 수도 없다.
왜냐하면 중생이 아닐진댄 더욱이 부처일 수 없기 때문이다.

만일 중생이 부처라면 부처는 중생일 수가 없다.

왜냐하면 부처라고 부르자마자 곧 부처이어야 하는데

중생의 속성이 모두 이미 부처이기 때문에

부처에게는 아무 속성도 있을 수 없기 때문이다.

중생이라는 단어는 아무런 실질적 현재성이 없다.

왜냐하면 부처를 이미 예상하여 좁히고 다듬어 꾸며 만든 단어이기

때문이다.

이에 비하여 부처는 이미 인간이라는 생명체 전반을 가정하고

그 以上을 理想으로 삼으면서 다시 조작한 단어이므로

實上 현실적이지만 이미 現實 以上이므로 역시 現在性이 없다.

즉 '존재하지 않는 존재'라는 異常(이상)한 소리를 해야 하는데

이 異常함이 도리어 異常하지 않은 것은 우리가 바로 인간 아닌 인간

이기 때문이다.

즉, 우리 자신이 존재하지 않기 때문이다.

즉, 용어는 用語인데 term이기 이전에 이미 씀도 모르며 우리가 '쓰고

있는 말'이므로

다시 용어라 불리는 것이다.

是不是[이다-아니다]는 먼저 알아차리는 자의 몫이다.

말을 내뱉은 것은 이미 주장인데 이 주장된 것은

用語로서만 살아 움직이기 때문에

먼저 말을 쓰는 사람에 의하여 지배되기 때문이다.

그리하여 세상에서 가장 존귀한 것은

그 '존귀한' 말을 빼앗을 줄 아는 이의 자각이다.

이 자각은 스스로의 텅 빈 實體를 항상 되돌리고

반성 되어진 것을 돌이켜 省察(성찰)하는 覺惺(각성)이다.

깨달음은 존재하는 것들의 노획이라

있고 없음을 무시할 줄 알고

이름 있고 이름 없음을 넘나들 줄 아나니

지금도 覺을 覺이라 非覺이라 하지 않는다.

079

不也 世尊 不可以三十二相 得見如來

何以故 如來說 三十二相 卽是非相 是名三十二相

[須菩提言 不也 世尊 何以故 如來說 三十二大人相 卽是非相 是名

三十二大人相]

아닙니다, 삼세가 우러러 모시는 존자이시여.

서른두 가지 相으로 여래를 보는 것은 불가하나이다.

왜냐하면 여래께서 說하시는 서른두 가지 상이란

그 자체 곧 상이 아니어서 相이라 이름 붙였기 때문입니다.

Not for the world, the Utmost Honorable One in Triple Cosmoses!

Seeing Tathagata by Thirty two forms are not possible.

Wherefore? Thirty two forms being defined by Tathagata are

Not merely existing marks at all by themselves, therefore were

Named just thirty two kinds of Buddha's Characteristic form.

어찌 수보리는 이토록 애비 마음 읽을 줄 모르나?

바로 이르고자 애비는 없는 말로 설명하는 법이다.

格外(격외)의 一句를 짐작이나 하겠는가?

동창이 밝아오니 노고지리 우지진다.

Subhuti is so much alike Buddha's tongue;

How is he look, then?

Interrogation between them; coming-asking going-answering.

Question went penetrating deeply touch heart, then lost.

묻는 이가 외롭지 않고 대답하는 이가 고달프지 않으니

대화는 무르익어 점입가경에 이르도다.

물음은 간 데 없고 박수소리에 맞추어 웃어젖히니

동서고금이 없고 인도와 중국에 태극이 나부낀다.

보느냐 묻는 데는 코앞의 일이요

아느냐 물으니 눈앞의 짐짓 自答(자답)이다.

스스로 묻고 스스로 대답하느니보다

묻게 만든 뒤 대답하여 주는 맛이다.

모든 相을 버리어 오롯한 相을 비추니

거울 속의 미녀는 실물을 도리어 감춘다.

상으로 여래를 볼 수 있는지 물었지만;

둘로 나누어 밑천도 건지지 못함을 탓한다.

phenomenon과 noumenon은 그 이름이 잘못이 아니라;

理와 事를 나누어 분명히 하려함에 잘못이라.

잘못이라 말하자마자 잘못이라 할 수 없게 되었으니

생각이라 분별이라 이름 지어 올림을 송구히 여긴다.

현상이라니 그 실체에 그 현상일 터

이치라니 그 事相의 이치가 아닌가?

그 실체가 이 현상의 것이라면

그 事相이 이 이치의 것이로다.

They called this, "one thing" or "it is that".

What is seen is noumenon of as it is.

What it is is phenomenon of what is seen.

Twoness is two of oneness, and vice versa.

080

須菩提 若有 善男子 善女人 以恒河沙等 身命布施
若復有人 於此經中 乃至受持 四句偈等 爲他人說 其福 甚多
[佛言 須菩提 若有善男子 善女人 以恒河沙等 身命布施 若復有人 於此
法門中 乃至 受持四句偈等 爲他人說 其福甚多 無量阿僧祇]

수보리여, 만약 선남자나 선 여인이 있어
항하의 모래 같은 몸이나 목숨으로 보시하였다면,
또 만약 이 經 가운데,
더 나아가 네 글귀만이라도 받아 지니는 이가 있어
남을 위해 설명하여 주었다면 그 복이 심히 많으니라.

Subhuti, even if there is any good man or good woman,

Raised a virtuous mind or offered a countless body

As sands of Never-ending-river, and furthermore,

Out of this Sutra, take only even one four-verse line Gatha, then

Explore the meaning from the Sutra to uphold the word for others,

His virtue and merit is on the contrary far greater than anything else,

말씀의 經을 지니는 일이 무엇인가?

What would be the upholding Sutra of the Word?

Seeing a flower already creates the form of ego.

Phenomena and flower before you formed the idea of reality.

What you argue as your own understanding is intellectual idol.

四相에 떨어짐과 四句의 偈는 어떤 관계인가?

그대는 보았는가? 그 이름을 부르고자 하는가?

知解를 내어 실체와 현상이라 말하고자 하는가?

안 것과 앎으로서 있음과 사실이라는 要求는 어떤가?

그러나 눈 뜨면 그대로 아상이요

본 그대로가 인상이며

본 줄로 알므로 중생상인 것이며

이를 기필코 터득한 세상이 수자상이로다.

상은 객관적 실체의 존재가 所持하고 있는 형상이 아니라

객관적 존재로 인식하는 주관의 독자적 유형이다.

참으로 그와 같이 있는 것에 대한 이름이 아니라

그와 같이 존재하는 모습에 대한 네 가지 所信이다.

남을 위하여 제가 믿는 바를 말하는 것은

결국 또 다른 四相을 고집할 뿐이다.

四句를 일러 주는 것은 경의 설명이 아니라

경을 볼 때 일어나는 네 가지 고집의 破棄(파기)이다.

앎의 앎으로서의 알아차림이여

객관적 존재의 주관적 파악이여!

객관적인 것을 왜 도리어 주관에 두는가?

객관은 객관적으로 다만 주관적인 터이다.

네 글귀를 받아 지니는 자여

그대의 이름에 영광 있으라!

보자마자 아니 본 것이 아니며

터득하자마자 空寂(공적)하니 如來한 世尊이로다.

白衣 관음이 억겁을 두고도 설하지 않은 비밀이

어린 남순 동자에게 들통 나기 그 몇 해나 되었던고?

같은 날 태어나 說하는 이는 무엇이며 듣는 이 무엇이냐?

관음과 남순이 說해도 듣지도 못한 것을 지금 읽고 듣는다.

관음의 나이 九九는 八十二요,

南筍(남순)은 아홉에 아홉을 곱하니 여든 둘이라.

뉘 있어 이 소식을 짐작이나 하리오?

귀와 입이 없는 데 비로소 두 가지를 얻는다.

있는 그대로 없음이니 참으로 복덕이 심후하다.

있는 줄 아는 것이 바로 苦海이니 뉘 있어 건네랴!

무엇이 있는 것이요, 무엇이 없는 것이냐?

묻는 그곳에 분명하여 없고 대답하는 데 분명 있다.

黃蘗(황벽) 云(운) 諸佛(제불)이 보니

衆生이 종일토록 生하나 無生이며

종일토록 滅(멸)하나 滅함이 없으며

生과 滅 없는 것이 곧 大乘의 果라 하시었다.

이미 생과 멸이 없거늘

어디에 있고 없음을 따로 둘 것이더냐?

離相寂滅分

[상 여의니 적멸이라]

Leave nothing everywhere, void and calm Nirvana

081

爾時 須菩提 聞說是經 深解義趣 涕淚悲泣 而白佛言

[爾時 須菩提 聞說是經 深解義趣 涕淚悲泣 捫淚 而白佛言]

이때 수보리가 이 經 說하시는 것을 듣고는
깊게 그 義趣(의치)를 깨닫고는 하염없이 눈물을 뿌리고
슬피 울며 부처님께 사뢰어 말하였다.

At this moment, upon listening Buddha's words of this Sutra
Subhuti finally thoroughly understood the profound meaning
He was moved to tears from both eyes without stop.
Then, cried deeply and uttered likewise;

What do yoy read, here?

이 경이 무엇이기에 '설하신 경'이라 부르는 것인가?
경과 사구게의 공덕을 이르고 기리어 칭찬하니
눈으로 눈물이요, 입에 기쁜 나머지 울음소리 그침이 없다.
스스로 기가 막히니 신통한 妙用(묘용)이 절로 나온다.

보라! 야보의 '좋은 웃음'과 같은가 다른가?

모든 비밀한 말씀이 진실로 그대의 뜻이던가?

기쁠 일이 아닌데 문득 눈물까지 선사하니

말 못하는 부처가 입도 다물지 못하는 悲事(비사)로다.

부처도 설하는 바를 숨겨 여래로 변장하거늘

무슨 수로 수보리는 설하심 들었다고 뻐기는가?

애초 세간에 들어 저들에게 설하심은

저들을 위함이 아니라 당신의 한풀이가 아니던가!

한풀이라니 무엇이 한인가?

穢土(예토)에는 부처 住할 자리가 없고

淨土에는 중생 住할 자리가 없어

세간에 주하는 세존이라 부르는 터이다.

봄이 오고 겨울 가기 몇 번하여 刹塵(진찰)인가?

본래 없는 이름에 중생과 부처로다.

중생도 부처도 본래 없다 이르지 말라,

본래 없으니 없다는 중생이요 있다는 부처로다.

들은 바 없이 감격하고 설한 바 없이 슬프다.

귀가 없어 자랑하더니 귀 얻자 눈물 흘린다.

평생을 두고 못다 한 몇 마디에 때句를 타니
한 순간의 無言으로 장광설을 되갚은 것이다.

八만 때천 방대한 설법이여
단지 허깨비 동자의 꿈이야기로다.

082

希有世尊 佛說如是 甚深經典

我從昔來所得慧眼 未曾得聞如是之經

[希有婆伽婆 希有修伽陁 佛說如是 甚深法門

我從昔來 所得慧眼 未曾得聞 如是法門]

있을 수 없는 일이옵니다. 삼세에 가장 거룩하고 존귀하신 이여,

부처께서 이와 같이 심히 깊은 경을 說하시오니,

제가 옛적부터 얻어 온 지혜의 눈으로는

일찍이 이와 같은 경을 얻어 들은 적이 없나이다.

What a rare thing it is, the utmost Honoured One in Trio Cosmos,

The Buddha have just spoken about this profound Sutra as I heard,

Ever since I have opened little wisdom eye from beginning-less

beginning,

I have never had any chance to hear such a Sutra in my memory;

무엇을 일컬어 "들은 적이 없다."는 것인가?

그것은 그만 두더라도, 일러라!

지금까지 귀를 열고 들어온 것들이 도대체 무엇이냐?

본래 三界에 이 경 말고 다른 경이 있다는 것인가?

과거를 위하여 내가 현재를 기억할 것인가

아니면 현재를 위하여 기억된 것들 때문인가?

과거를 돌이켜 보니 돌이킬 기억물이 없고

현재를 돌이키려니 돌이키는 만큼 현실이 없다.

삼계에 빼어나시니 그 누구며

삼세에 짝할 이 없으니 어느 분이시겠는가?

하늘과 사람을 통틀어 가장 존귀하신 그 이는 누구인가?

천의 눈으로 보지 못하는 것을 다 보며 듣는구나!

지금의 세존이 내가 옛적에 모신 그 여래라면

이와 같이 듣고 이와 같이 깨달음을 얻으리오 만

그 눈으로 아무리 지혜를 굴려도 들을 수 없기 때문에

금강 반야바라밀 경이라 이름 지어 불렀느니라.

이 경이라고 되풀이 하여 말하거니와

가리킨 손가락 끝에 글자가 묻어나고

읽는 입가에는 싸늘한 비웃음조차 버겁다.

어찌할꼬? 杜口(두구)하고 叉手(차수)하라! 뿌리는 흙속이니라.

冶父(야보)가 이르기를

"웃어야 좋겠지만 마주치면 꺼린다." 하였다.

어찌하여 그렇다는 것인가?

있을 수 없는 일이니 웃을 수밖에 없고

없는 일은 더더욱 아니니 웃을 수밖에 없지 않은가?

웃지도 울지도 못하리니 그대는 어찌하려는가?

하하하. 이 경을 보기는 하였는가?

冶父(야보)가 이르기를

083

世尊 若復有人 得聞是經 信心淸淨 卽生實相

當知是人 成就第一 希有功德

[世尊 若復有人 得聞是經 信心淸淨 則生實相

當知是名 成就第一 希有功德]

삼세의 가장 거룩하고 존귀하오신이여,

만일 어떤 이가 이 경을 듣고서 조촐한 것이 마음임을 믿는다면

이는 곧 如實한 相을 일으킨 것이오니, 이 사람은 마땅히

제일 희유한 공덕을 성취한 것임을 알겠나이다.

In the triple Cosmoses the utmost Honoured and Venerable One!

For example, at the moment of hearing this Sutra, then believing that

the mind is in its origin pure and immaculate, naturally he has

Already raised an idea of full attainments; you should be aware of this,

that is, that he has attained the most rare virtues and merits.

이 사람을 보라! Ecce Homo!

이 경이 아직 없고 지금 읽는 이도 없는데 후세에 뉘 있어 보랴?

삼세를 두고 들을 수 없고 볼 수 없거늘 읽고 쓰나니

허투루 신통 묘용이 이것이라 지어 부르지 말라.

이미 自然이 아니거늘 신통 묘용 자리 잡을 곳이 神妙(신묘)하니라.

곧 여실한 相을 일으킨다니 이것이 무엇인가?

한걸음도 떼지 않고 집 안에 들어와 있음이요

한 입에 대해를 남김없이 들어 마시었다가

단 숨에 수미산 밖으로 모두 토해 낸 것이로다.

창조자는 창조하지 못할 제 비로소 태초일 것이며

作爲는 스스로 지음일진대 누가 뒤에 있다면

아무것도 지은 것이 아니지 않은가!

만들고 부수는 일은 모두 들숨 날숨이로다.

空寂한 마음에 마음이라는 이름이 없으며

텅 비어 아무 形相도 없다는 말을 하지도 않음이다.

어찌하여 그러한가?

形相이 비었다고 이른다면 그 텅 빈 것이 무엇이던가?

이를 아는 것이 그렇게도 제일 희유한 공덕이라니

야보가 차라리 웃어야 옳다 이른 것이요

한마디라도 덧칠을 한다면 곧 겸연쩍어 지리라.

무엇이 공덕인가?

멀리 손가락으로 불러일으킨 밝은 뫼가 月出峰(월출봉)이니라.

聲色을 觀한다 하니

무엇이 聲色이며 소리라, 색깔이라 하던가?

이름이 분명하리만큼 묻는대로 자취 잃으니

這老(이 노인)가 色卽是空이라 일컫는구나!

084

世尊 是實相者 卽是非相 是故 如來說名實相

삼세에 가장 거룩하고 존귀하신 이여,
이와 같이 如實한 相이란 곧 非相인 것이니
이 까닭에 如來가 說하여 實相이라 命名(명명)한다 하시니라.

The Utmost Honoured and Venerable One in triple Cosmos!
So to speak this idea of real and true Attainment is not an idea,
By this reason, Tathagata says this is finally
Named real and true form.

이치가 事相을 여의지 않았고
사상이 이치에서 다르지 아니하니 如-實하다고 한다.
세존이라 부르니 본래 이치가 그러하지만
사상으로는 본래 如來인 것과 같다.

부처도 모르는 이름을 수보리는 알고
산과 물이 모르지만 사람들이 잘 안다.

오리와 거북은 소리와 털이 없더라도

인간과 사바세계에는 문제 될 것이 없다.

여자가 어미이지만 여자를 모르기 때문에 尼이다.

그러나 돌아보면 이치로는 여래이고

事相으로는 도리어 世尊일 터이니 누가 입장을 바꾼 것이더냐?

중생과 여래 가운데 어느 것을 이치요 사상이라 부를 터이더냐?

No one has a knowledge about an object;

"What stands before us." is merely a name for

What we thought was a tree, but it does not exist outside of us;

Existing not outside is already wrong statement in itself.

命名함은 우리가 본래 作名家이기 때문이다.

야보가 말하기를,

"산과 강, 대지를 어느 곳에서 배달하여 왔는고?"

물어주니 알겠는가? 그대가 그렇듯 부른 것이 무엇인지!

시작이 없는 劫初(겁초) 그 이전에

[이를 듣고 그대는 무엇을 생각하는 것인가?]

그림을 차마 그릴 수 없는 그 곳에서 홀연히 시작하고

하늘과 대지가 바야흐로 각각 나의 시야 속에 들 제

같이 들어와 같이 매몰되어 사라지니 가관이로다.

When you begin to think tree;

Before tree there was a tree-thinker.

Before tree thinker drew a tree;

Tree manifests itself as "seen-tree."

만일 "한갓 相이 아니라." 일컬으면
"지금 이 산하대지는 이렇듯 모양을 드러내니
도대체 어디가 저들의 온 곳이더란 말인가?"

Before we ask what they are;

Each and everything tells us each and everything.

Even after we know what they are;

Each and everything has never moved at all.

注하여 송하기를,
멀리서 바라보니 산이 비쳐 보이고
가까이 들으니 물에 소리조차 없다.
봄은 갔을지라도 꽃은 도리어 남아 있고
사람이 오더라도 새는 놀라지 않는구나.

418

눈앞의 사물마다 몰래 숨긴 적 없이 드러나고
제 모습 억지로 내세우지 않으나 분명하다.
"어리석으니 눈앞에 존재의 형상만 있고
깨우친 즉 귓가에 아무 소리도 없다." 즉,
"완연하여 참으로 고요하고 뚜렷한 것이다."

如實한 相이라 부르며 즐기니 壽者이다.
무엇이 如實한가 되물으면 [계속하라!]
문득 여실한 것이 다 유명무실하니
如實한 허망을 自招한 이름일 뿐이다.

In my hearing,

This namer himself is the most nameless one.

085

世尊하 我今得聞 如是經典하잡고 信解受持야 不足爲難이어니와

若當來世 後五百歲에 其有衆生이 得聞是經하고

信解受持하면 是人은 卽爲第一希有ㅣ니

[世尊 我今得聞 如是法門 信解受持 不足爲難

若當來世 其有衆生 得聞是法門 信解受持 是人則爲 第一希有]

삼세에 가장 거룩하고 존귀하신 이여,

저희가 이와 같이 경전 말씀을 듣자마자

믿음으로 깨달아 受持하는 것이야 어려움이 없겠사오나,

만일 어떤 중생이 다가오는 來世 오백세가 지난 뒤에라도

이 말씀을 듣자마자 믿음으로 깨닫고 受持한다면

이 사람은 곧 드물기로 제일가는 이라 하겠나이다.

The Utmost Honoured One in Trio Cosmos,

For beings having heard this Sutra and being awakened and raising

sincere faith,

And finally retaining the Sutra might not be too difficult.

However, if anyone from five hundred years later, having heard

This Sutra, immediately raise a sincere faith to be awakened,

Then, retain the Sutra, this man would be the one that is most rare and the best.

이와 같이 말씀을 들었다고 말하겠지만
둘 없는 言說은 중생도 부처도 없지 않은가!
어렵지 않게 신심 내라 평하지만
들은 것 없는 까닭에 묻는 일이 아득하다.

이와 같이 들었다면서 아무도 모르고
이와 같이 묻는 동안 새삼스레 들었다 한다.
예부터 지금까지 묻고 들음으로 서로를 속이니
구멍 없는 귀로 듣고 吐說(토설)하는 無言 童子(동자)로다.

As soon as hearing Dharma, one can get enlighten;

However, is there anyone after hearing Dharma,

Still keep in touch continuous interrogation about it

Without having any idea of superior understanding etc.

둘 없는 言說이 무엇인가?
꽃 피는 소리 봄 가까워 認知하나
들을수록 색깔 없어 비로소 웃고

421

눈에 가득한 소리 꽃 없어 필경 눈물 흘린다.

스스로 인과를 창조하는 중생이

스스로 얽히고 묶임 당하나니

듣고 본 이는 믿음을 낼 수 없고

믿음 내는 이는 허공에 묻는다.

하루가 어려운데 來世 임할 일 걱정하는 이여!

지금도 경전을 듣는 이 없는데 하물며 500세라니!

무엇이 내세인가? 지금이 이전인가 이후인가?

무엇이 500세인가? 五蘊(오온)으로 보지도 듣지도 못하니

세월에 밤과 낮이 없고 해와 달이 시들었다.

Who can recognize this Sutra;

Neither the book nor the letters.

Not even the person in His time

Nor the people coming countless ages.

따로 경이 없으니 "佛法只在日用"일 따름이다.

四句偈가 어디 梵語(범어)이며 漢文이라던가?

오고 가며 첫 行이요, 앉고 누우며 2 行이며

옷 걸치고 벗으니 3이요, 밥 먹고 마시니 4 行이다.

422

어찌하여 그러한가?

금강이라 부른 것은 눈과 귀로 보고 듣기 때문이고

반야라 이른 것은 눈과 귀로 보도 듣도 못하기 때문이다.

경이라니 믿지도 않고 깨닫지도 못하기 때문이요

受持라니 제 본래 지니고 있는 줄도 모르기 때문이다.

Wherefore Diamond? Everything will be cut off.

What is Prajna? Brain cannot reach the point.

Why is the Sutra? No one knows himself as Word.

How to retain? Coming nothing, Going nowhere.

"어려울 게 없다"니 "남쪽에 앉아 북두 보기"이며

"어렵다"니 눈을 못 보고 불을 태우지 못한다.

어렵다니 아상 인상 아닌 어느 상에 걸린 것인가?

모르니 중생상이요, 아니 홀연 수자상에 걸렸다.

상에 걸림인가, 걸림이 상인가?

있다 하면 하나에만 걸리지만

異同인 줄 알면 모두에 걸리고,

異同 없는 줄 아는 걸림도 相이라.

086

何以故 此人 無我相 無人相 無衆生相 無壽者相
所以者何 我相 卽是非相 人相衆生相壽者相 卽是非相

왜냐 하면 이 사람은 我相이 없고 人相이 없으며
衆生相이 없고 壽者相이 없나니, 왜냐하면
我相이 곧 相이 아닌 것이며,
인상, 중생상, 수자상도 곧 相이 아닌 때문이니라.

Wherefore is it? This man has no form of ego,
nor the form of other, nor the form of ordinary being,
nor the extra-ordinary being either; because, the form of ego
Is not the ego-form; likewise the form of other, of ordinary being,
And of extraordinary being are not also the those forms.

어찌하여 相에 네 가지인가?
있고 없고 非有無에 非非로다.
對를 여의니 둘은 자취를 감추거니와
감출 곳이 본래 없어 無名도 아니다.

경전 말씀을 수지하니 智와 信은

自他의 通念에 의지하지도 않나니

믿거나 受持함 없는 것이 말씀이다.

主客 보편 절대의 定立을 용서하지 않는다.

도대체 定立시키지 않을 줄 앎이 부처라

이 앎을 定立하자 다시 四相에 떨어진다.

앎도 정립시키지 않으리라 말하지 말라

않으리라 다짐 할 제 壽者(수자)에 떨어졌다.

신심은 일체 見性과 成佛의 모태이니

성품에 내가 없고 성불에 네가 없으며

중생 없는 성품이요 부처 없는 마음이다.

없다는 것 또한 있지 않기에 非相이다.

非相非非相(비상비비상).

생각이 相이지만 相에는 생각이 없다.

일어난 생각에는 생각이란 相이 없기 때문이다.

이미 생각을 모르거늘 어찌 相인 줄 알랴?

상이라 부르는 이 생각 덕택에 묶인다.

번뇌에 번뇌 없고, 없음이란 번뇌도 없다.

보리에 지혜 없어 없는 지혜도 일어난다.
一念 일어나 異同 또한 없는 곳에
번뇌도 지혜도 아닌 오직 이 말뿐이다.

몸 없고 얼굴 없이 몸도 태우고 얼굴 붉힌다.
冶父(야보)가, "마음에 사람을 져버리지 않으니
얼굴에 부끄러운 빛이 없다." 한 까닭이다.
손발이 따로 일 보나 주인은 나무람이 없다.

이 空生의 역사요 모든 경의 요지이니
無念으로 宗要를 삼는 이유라 여기라.
일으키나 본래 일어남 없으니 無爲라
이에 불법의 體를 삼아 流通케 하라.

나눌 수 없으매 네 가지 마음을 일컬어 보자!
무엇이 肉團心(육단심), 緣慮心(연려심), 集起心, 堅實心이던고?
구분하여 차별을 밝힐수록 그 차별이 무색하니
모두 마음이지만 아무 것도 아닌 마음이다.

1. 피와 살과 심장의 마음은 무엇인가?

2. 眼耳等 八識이 얽히어 作用하는 마음은 무엇인가?

3. 第八識(제8식)이 能히 種子를 積集하는 마음은 무엇인가?

4. 그리하여 堅實한 眞如心(진여심)은 무엇인가?

[華嚴經疏鈔卷五十七(澄觀)]

마음에 네 가지가 없듯이 相도 네 가지를 지키지 못한다.

그럼에도 불구하고 네 가지를 이를 수 있는 것은

能所(능소) 없는 것이 자신을 비추어 實際에 따르기 때문이다.

따르되 비춤 또한 능소를 짓지 않으므로 如實하다 한다.

087

何以故 離一切諸相 卽名諸佛

왜냐 하면 일체 모든 相을 여읜 것이

이름 하여 곧 부처이기 때문이다.

Wherefore is it? Departing from each and every form and idea

Is named, that is, the Buddha as it is.

칼과 방패를 모두 던져 빈 몸으로 맞선이여!

이름 던져 자취와 형색조차 모두 없앤다.

빈 하늘에 마른번개 저 천하를 짓밟고

봄바람도 없는데 가지마다 알알이 붉었다.

모양도 형상도 아닌 것이 부처라면

저 모양과 형상들이 어디에서 왔는가?

모양과 형상이 부처와 무슨 원결을 지었나?

원수를 사랑하느라 불상만 더욱 늘었다.

이렇듯 산 물 하늘 사람을 본다고 본다.

이와 같이 보인 것이 실로 있다고 본다.

이렇듯 본 것에 알음알이 내어 굴리고

이것마저 본 줄 알 때 홀연 없이한다.

불도 여의고 뜨거움도 여의며

물도 여의고 촉촉함도 여의니

불과 물이 없고 熱(열)과 濕(습)도 여일 때

同別조차 본래 없으니 이 뭐꼬?

객체에 대한 自己回歸(자기회귀)를 주관이라 부른다면

주관이라 부르는 자기회귀는 또 무엇인가?

主客을 번갈아가며 돌이키어 衆生識이거늘

부처라 불러 도리어 인과에[相 laksana] 떨어지지 말라!

rupa[色]와 心[citta: 心意識]의 法[dharma]

그리고 laksana[相]과 空[sunya]:

경계를 보는 그 마음[6-7-8]과

마음에서 본 境界는 동일함에도 불구하고 다르다.

동일하다 하면 다르나 같다 하면 둘이 된다.

그리하여 同別에 불구하고 하나도 둘도 아니다.

諸經의 언급하심을 참조하라:

1; 我. 2; 人, 3; 衆生, 4; 壽者여 [金剛經]

1; 生, 2; 住, 3; 離, 4; 滅 그것이로다. [大毘婆沙]

1: 有, 2; 知-識, 3; 緣-增上[因果-總別], 4; 依 [大智度論]

1; 總相, 2; 別相-同相, 3; 異相 4; 成相-壞相 [十地經]

1; 有相-無相와 非有相-非無相, 2; 有無俱相

3; 一相-異相과 非一相-非異相, 4; 一異俱相等[大乘起信論]

088

佛告須菩提 如是如是 若復有人
得聞是經 不驚不怖不畏 當知是人 甚爲希有
何以故 須菩提 如來說第一波羅蜜
卽非第一波羅蜜 是名第一波羅蜜

부처께서 수보리에게 이르시기를,
이와 같고 이와 같으니라. 만약 다시 어떤 사람이
이 경의 말씀을 듣고서 놀라지도 두려워하지도 않으며,
낯설어하지도 않는다면, 마땅히 알지니라.
이 이가 참으로 희유한 사람이니. 왜냐하면 수보리여,
여래가 설하시는 제일바라밀은 곧 제일 바라밀이 아니고
그 이름이 제일바라밀일 뿐이기 때문이니라.

Buddha said to Subhuti,

Just as it is, and it is as this should be.

If anyone, as anyone listen the words of this Sutra,

Neither being afraid of them, nor being wander about them,

You should aware of this case very carefully that,

This man is so extraordinary that he is very rare person;

Because, Subhuti, the first and best Paramita, according to

What Tatagatha told us, is neither first nor the best Paramita;

Simply the paramita is nothing else than only the name.

밥 한 그릇 나누어 먹는 곳에 제불의 공양이 있고
이 공양이 있는 곳에 제일 큰 반야바라밀이 있다.
무엇이 제불의 공양인가? 받기 전에 준 것이라면
무엇이 바라밀인가? 주기 전에 건네었느니라.

"이 경의 말씀을 듣고서 놀라지 않는다."니
제 집에 앉아 남의 집으로 알았나니, 이는 책이 아니요,
"두려워하지도 않는다."니
곁에 아무도 없어 모두 내 食口라, 배울 것이 없음이요,

"낯설어하지 않는다."면
이는 분명코 비로자나 부처님 당시 이전에
겁초 전부터 멍석을 깔아놓고 놀던 곳이라,

이미 淨土라 불러도 늦은 것이므로 이에 이르기를,
"畏敬(외경)하여 예배하지 말라."한 것이다.
"마땅히 알지니라." 하시니, 믿지 않기 때문이다.

의심하여 육도 윤회를 일으키고, 끊어 三途(삼도)의 苦를 벗는다.

What is the First principle of human and heaven worlds?

God is the answer for this question; before this answer,

We should interrogate wherefore this can be right for us.

The answer is questioner's long deserved answer of aporia.

"참으로 희유한 사람이라."니 이 세상에 태어난 唯一한 이라,

이 사람 이전에 아무도 없고 뒤에 아무도 없으며

이 홀로 善하여 큰 소의 울음 같은 목소리로

머리와 꼬리를 다 없앤 이라 믿기 때문이다.

그렇다면 그 몸통은 무엇인가?

'참으로 희유하니' 사방을 둘러보아도 아무도 없느니라.

홀연, 淸白의 눈을 갖추어 東西로 왕래하는 이가 보인다.

동트기 이전 때마침 봄비 뿌리니

기쁨과 환희로움도 도리어 숨어버린다.

물고기 노니 개울물 탁해져 버리었고

입 벌려 떠들자 가지가지 의심 버리지 못한다.

이 경의 말씀은 눈으로 읽으면 눈썹이 빠지고

입으로 외우면 야차의 항아리 속에 빠져 죽으며

마음으로 읽으면 집도 절도 다 잃어 드디어 갈 곳이 없다.

그렇다면 무엇으로 읽어야 하는가?

一轉語(일전어)를 내리노라,

빛을 보아 돌이키고 머리 들어 발밑을 보라.

어찌 놀랍고 두렵지 아니하랴? 한없이 낯설도다.

바로 어제, 오늘, 내일 똑같으니 어이하랴!

四句는 死句이며, 경은 종내 아무 말도 없느니라.

그대에 이르러 부처가 목숨을 잃는구나! 喝(할)

須菩提 忍辱波羅蜜 如來說非忍辱波羅蜜 是名忍辱波羅蜜

[須菩提 如來說 忍辱波羅蜜 卽是 忍辱波羅蜜]

수보리야, 인욕바라밀은 여래가 說하시었나니
·인욕바라밀이 아니라 그 이름이 인욕바라밀이니라.

And furthermore, Subhuti,

The Ksanti-paramita is for what Tatagatha told;

It is not really the Paramita of Ksanti, merely,.

Only the name for this is the Ksanti-Paramita.

나도 너도 없는 곳에 부처가 듣고 말한다.

여래는 나와 네게 가장 친절한 설명을 푼다.

듣고 보니 아무나 하는 말 따위로 여기건만

다시 생각해 보니 아직껏 듣고 본 적 없다.

Our Tatagatha did not say nor mentioned about so-called

Ksanti. It is rather Buddha's job to say about things:

When there is not a thing in this world, just like Speaking Truth,

You and I, because no one is, can speak without any obstacles.

집도 절도 없는 이 삶이니라. ecce homo.

수보리는 여래의 說을 듣는 것인가, 空生의 귀로다.

여래가 설하심을 듣는 것인가? 黃面 杜口의 혀로다.

인욕을 알고자 하는가? 百尺竿頭(백척간두)에 進一步하라.

The King did not test his patience;

King wanted to know how far he can go.

The sage did not endure tortures or pain;

Sage tried to be free from his superiority.

생각이 없으니 생사를 모르고

생사가 없으니 번뇌와 보리가 없다.

번뇌와 보리가 없으니 중생과 부처가 없다.

중생과 부처가 없거늘 무엇을 忍辱(인욕)하는가?

無面이라 無恥요 無知라 無慙이로다.

부처라 불러 칭찬하니 諸佛이 唯心이요

부처가 無心이라니 三界가 湛寂(담적)하다.

부처와 마음을 두고 무엇이냐고 묻지 말라.

436

When the Buddha[who is he, anyway?] talked about Ksanti?

What is the Ksanti when he said 'endurer'?

What did he endure when King, Sword-singer, hurt him?

The great endurer had only one thought of sword, himself.

무엇이 *忍辱*하는 것인가?

왜 참고 견뎌야 하는 것인가?

참을성 많은 이가 무엇을 본 것이며

무엇으로 건넨다는 것인가?

He is not surely the patient of great endurance.

Neither under the name of Buddha, who is coming to be,

Nor under the name of Ksanti-Paramita.

One who comes and goes as it is, don't know crossing over.

중생을 *堪耐*(인내)하는 부처는 일체 중생을 잃고

중생이 곧 부처임을 믿는 자는 부처가 없다.

중생을 잃고 그 근원을 모두 잃으니 잃을 것 없고

부처가 없으니 참을성을 다시 노래 부르지 못하리로다.

나 없이 나, 너 없는 너를 앞세우며

중생을 아니 보나 스스로 중생임을 자처하도다.

부처의 발원은 이 마음 밖에 따로 없나니

존재 아닌 것을 믿음으로써 참고 건너 다다르도다.

부처의 발원은 이 마음 밖에 따로 없나니

090

何以故 須菩提 如我昔 爲歌利王 割截身體

我於爾時 無我相 無人相 無衆生相 無壽者相

何以故 我於往昔 節節支解時

若有我相 人相衆生相 壽者相 應生瞋恨

[何以故 須菩提 如我昔 爲歌利王 割截身體 我於爾時 無我相 無衆生相

無人相 無壽者相 無相亦非無相 何以故 須菩提 我於往昔 節節支解時

若有我相 衆生相 人相 壽者相 應生瞋恨]

어찌하여 그러한가? 수보리여,

내 그 옛날 歌利(가리) 왕 때에 몸뚱이를 베이고 찢길 적

그때 나에게 我相이 없었으며, 人相이 없었으며,

중생의 相이 없었으며, 壽者라는 相이 없었느니라.

[相이 없으매 相 없다는 것 또한 아니었느니라.]

어찌하여 그러한가? 내 그 옛적 마디마디 사지가 찢겨 나갈 제

그때 나에게 我相 人相 衆生相 壽者相이 있었다면

응당 성나 원망하는 마음을 내었을 것이니라.

[초라하게 뒤집혔다.]

Wherefore is it? Dear Subhuti,

When my body, in very ancient times before, under the ruler, the

King Of Sword-singer, was cut away many pieces and disintegrated,

at that time.

I didn't think any idea of mine, of his, of very human mind, and I did

not keep any idea that this is nothing which I have to do with time

being.

What is it then? If I carried any idea at that time, even a second, Of

mine, of the other's, of normal ordinary being, and of superiority,

Then, I might angry with the King or retained deep hatred within

me.

나를 찢고 할퀴는 이가 누구인지 모르니 歌利다.

찢고 할퀴고 물어뜯는 것으로 즐거워 노래 부르는 것이다.

[육식을 즐기니 고기보다 물어뜯고 찢음이었구나.]

나에게 고통과 아픔을 주는 것이 바로 나에게 기쁨이다.

[아픔과 기쁨을 마음은 나누나 質量은 같다.]

苦는 우리의 임금이요, 지배자이며, 또 희망이다.

[이루지 못할 줄로 기뻐하니 즐거운 苦라.]

그러나 저나 내가 그러하였다니 무엇이 나인가?

Keep telling "I did." By the way what I?

440

나에게 安住하고 있는 남[他]이여!
남을 물어뜯어 먹고 사는 나[我]여!
‘우리들’과 ‘남들’과 ‘저들’이여!
존재와 생명의 기반도 없는 저들이 내 살을 찢는다.

참고 견딘다니 무엇을 참고 견디는 것인가?
이 세계가 사바에는 존재하지 않거늘
태초 이전부터 이와 같은 존재로서 견디어 왔도다.
나와 너가 없으며 중생과 부처가 없으나
劫初 이전부터 이와 같이 저들을 참으로 용서하고 사랑하며
존재하는 영원의 즐거움으로 참고 견디어 왔도다.

착각은 佛國土를 지향하며 다함없는 法界라 찬양하며
다음으로 건네기를 기다리므로 바라밀이라 부른 것이며
머리 돌려 일컫되 나의 살림살이가 곧 修行處라,
이르는 곳마다 主人 옷 갈아입는 종살이였도다.

지배자여, 그대는 그 지배조차 견뎌 참지 못하도다.
지배를 얻기 위하여 스스로 지배하는 백성의 노예가 되었도다.
예속된 것들로 하여금 자신의 보좌를 지켜 견디나니
그대는 영원히 같은 자리[位]의 종이로다.

091

須菩提 又念過去 於五百世 作忍辱仙人

於爾所世 無我相 無人相 無衆生相 無壽者相

[須菩提 又念過去 於五百世 作忍辱仙人

於爾所世 無我相 無衆生相 無人相 無壽者相]

수보리여, 다시 생각하여 보건대 과거 오백세에

인욕선인이었을 때 저 세월이 흐르는 동안

我相이 없었으며, 人相이 없었으며,

중생의 相이 없었으며, 壽者라는 相이 없었느니라.

Behold Subhuti, Let us remind ourselves before!

In the past, five hundreds years, when I was as a Ksanti-sage,

During all those time and tide flew as usual,

He was not begotten any idea of me, any idea of human,

Any idea of ordinary being, and any idea of superiority.

인욕선인은 곧 인욕 없을 새 이름이 인욕이로다.

歌利왕을 함부로 호명치 말라, 仙人이 듣는다.

가슴살 추려 뽑으니 머리통 열도 모자란다.

비로소 四相이 없다니 지극한 布施는 뉘게였던가!

남 얘기하듯 계속 지껄이는 이 물건은 무엇인가?

Who is keep talking like this like somebody else?

일러라!

Tell Me now!

생각에는 흐름이 없으니 지금이로되

들어 올리면 홀연히 과거 500세 전이 아니더냐!

스스로 되물으니 "그동안 무엇을 지어왔는고?"

念念之間이 無間地獄(무간지옥)이며

生滅之間에도 悠悠自適(유유자적)이로다.

江 꼬리 비틀어 산등어리에 붙잡아 매고

나무 허리 꾀어 바위 둥근 발등에 꽁꽁 묶는다.

해와 달을 눈동자 안에 넣어 三世에 굴리고

계곡의 귓바퀴 속에 졸졸 흐르는 세월을 낚아챈다.

빛 感知 못하는 태양에 목 맡긴 해바라기로다.

끝없이 주고받아 자연, 神性이라 끝없이 이른다.

하염없이 주고받는 이름이야 말하지 않겠거니와

도대체 주고받은 이름들이 무엇이란 말이더냐?

돌아보니 저 하염없이 셈하는 이 누구인가?

長短의 明暗 여한 없이 낚싯대 들어올린다.

물 오른 생선처럼 눈과 귀에 有無로 잔치다.

씹고 삼키니 기억의 窓 뿐 아무것도 없다.

듣고 잊고 보고 잊어 잊음 또한 잊으니

비밀의 문 들락거리며 무리지어 허송 댄다.

산과 들 메운 꽃 속에 새 지저귐 헤아리기 얼마이던가?

自心寶宮(자심보궁)에는 作名되지 않은 것들만 더욱 그득하다.

No matter how great there are, was, and will be,

What they have waited to see was this,

Nothing but weird and incorrect name-maker.

Without welcoming nor saying good-bye.

是故 須菩提 菩薩 應離一切相 發阿耨多羅三藐三菩提心

不應住色 生心 不應住聲香味觸法 生心

應生無所住心 若心有住 卽爲非住

[是故 須菩提 菩薩 應離一切相 發阿耨多羅 三藐三菩提心

何以故 若心有住 則爲非住 不應住 色生心

不應住 聲香味觸法 生心 應生 無所住心]

그러므로 수보리여, 보살은

마땅히 일체의 相을 여의어 아뇩다라삼먁삼보리 心을 내나니

마땅히 形色에 머물러 마음 일으키는 것이 아니며

마땅히 음성 냄새 맛 촉감이나 法에 머물러 마음 일으키는 것이

아니니,

머무는 바 없이 마음을 마땅히 일으키는 것이니라.

설사 머무르는 마음이 있더라도 곧 머무르지 못하느니라.

At the end, because of this, Subhuti,

All the great Ones are departed from each and every form,

upraise the mind in Anuttarasamyaksambodhi; that is,

Not surely raising the mind by attaching to the looks and sights,

Nor surely raising the mind by abiding in the sounds, smells,

Tastes nor sensitivities in general, however, it is rather,

Move their minds without holding non of them;

Therefore, even if one out of thousands, the mind abides in

somewhere,

This cannot be resident at anytime.

아뇩다라삼먁삼보리는 곧 불의 이름이니 正偏知(정변지)다.

보살이 깨달음을 얻으니 이전과 이후가 있으려니와

원인이 보살의 以前이요, 보살은 이미 以後이니 결과다.

發보리심은 以前을 떠나 以後에 이르기 전의 건넴이다.

그리하여 이전에도 머물지 못하고 이후에도 못 머문다.

음성과 냄새에 머문다는 것은 원인과 결과의 倒錯(도착)이다.

형색과 음성 등이 眼耳의 兩根을 원인으로 삼으나

兩根 안에 빛과 소리가 없으니 형색과 음성의 法이다.

냄새 맛 촉감도 그와 같아서 當場의 존재가 當場의 법이다.

諸法[모든 법]이 이와 같다 이르니

如是는 안과 밖이 둘로 나뉨이 없으나 서로 다르고

다르다고 말하지만 둘이 따로따로인 것이 아니며

하나가 아니듯 둘이 없는 理事를 闡明(천명)한 것이다.

머무르되 머무는 것이 아니라니

여래의 하시는 일이 무상하고 덧없다;

본적도 들은 적도 없는 여래를 이렇듯 공경하니

까닭인 즉 듣도 보도 못한 이들의 몫이로다.

눈으로 轟音(굉음) 울리고 귀속에 끝없는 강이 흐른다.

꿀꺽 산과 들과 강과 바다를 차별 없이 삼키곤

심심한 듯 아무 때나 팽개치듯 뱉어 버리곤 한다.

신통 묘용을 말하던 이들 어안을 잃어 잠잠하다.

죽은 부처는 배가 부르고 산부처는 끼니를 굶는다!

남루한 형색을 방관하더니 후대에 존중하며 받든다.

恒河沙(항하사)는 흐름이 없고 셈 없는 한 가닥 비단포기이듯

팔만 사천 형형색색이 한 뭉치 구름덩이일 줄이야!

내 집 너머로 보이느니 남의 집 담장뿐이라

방안에 날리며 마구 구르는 먼지 까락은

셀 레야 셀 수 없는 눈 속의 京劇(경극)이로다.

세월 밖의 편지뭉치로 날 새는 줄 모른다.

When the Buddha appears, nobody took care of him;

Do not tell anyone you saw him once.

Whom you live together with is also nobody;

When time comes to you, I and you are always without me.

是故로 佛說菩薩心은 不應住色布施라 하노니

須菩提 菩薩 爲利益 一切衆生하야 應如是布施니

如來說 一切諸相 卽是非相이며 又說 一切衆生 卽非衆生이로다.

[是故佛說 菩薩心 不住色布施

須菩提 菩薩爲利益 一切衆生 應如是布施 須菩提 言世尊

一切衆生 相卽是非相 何以故 如來說一切 衆生卽非衆生]

이 까닭에 부처가 說하기를, 보살의 마음이란

마땅히 형색에 머무름이 없는 布施라 하시느니라.

수보리여, 보살은 일체중생을 이롭게 하기 위해

마땅히 이와 같이 보시하여야 하나니,

如來가 說하시는 일체 모든 相은 곧 非 相이니,

나아가, 일체중생이라 說한 것도 곧 非 衆生이니라.

Therefore, Buddha said that;

All the great One's mind must be the offering which

does not abide in any what is seen or what it looks.

Dear Subhuti, for each and every ordinary beings' own sake,

Bodhisattva Mahasattva must offer likewise;

All the form on which 'One who comes likewise' says

Is not merely a form at all, and furthermore

Each and every ordinary beings as said are not ordinary one either.

부처가 無爲의 사람이거늘 어찌 보살을 들먹이며

무어 때문에 중생을 들먹여 일체 중생을 일컫는가?

중생이라 부른 때에 진 빚을 무엇으로 감당하리오?

보시하여 베푼다면서 남김없이 다 빼앗는 날도적이로다.

"일체 중생을 이롭게 한다."니 어찌 아난의 허물이

예전에 그러하듯 오늘에도 여전한 것이더냐!

중생을 중생인 줄 아는 보살의 허물은 그 중생이요

부처를 부처로 아는 그 이는 다시 부처를 만드는구나!

He cannot even save himself,

How can He help us.

Since He does not know the savior,

We, now, know who helped us.

부처 계신 곳이거든 住하지 말고　無佛處不得住

계시지 않거든 급히 지나쳐 내빼되　有佛處急走過

450

30년 뒤에 말 못한다 이르지 말라. 年後莫言不道

말한 뒤에 이른 것 없다 하지도 말라 言後莫道不道

본 것이 보는 데도 없고 보여진 그 곳에도 없으니

도대체 그 무엇이 본 相이더란 말인가?

중생이라 여긴 것은 그대의 착각일 터이고

부처라 생각한 그대의 長夢(장몽)을 그만 쉬어라.

相이 상이 아니라니 그렇다면 무엇인가?

저 초라한 부처의 모습을 보라!

실오라기 하나 걸치지 못한 비구인 것까지는 그런 대로이나

천상천하 다 뛰어도 물 한 모금조차 마실 수 없지 않은가?

드디어 속내를 드러내 한 중생도 본 적 없다니

중생이 없는 것이야 제 업이라 부르려니와

제 몸은 과연 구경이나 할 수 있겠는가?

모양도 이름도 없이 부처라니 집 주인이 없다.

아는가?

He collected dried bones from the air.

He created man and woman as two,

He does not know His name.

God and Buddha, these names are nihilated also.

일체 중생을 일컫는 이 뉘신가?
애초에 아무도 모르던 이름을
黃面 노인이 공연히 심사 부렸다;
중생 이름 퍼지자 부처가 허공 뼈 되었다.

452

094

須菩提 如來 是眞語者 實語者 如語者 不誑語者 不異語者

수보리여, 여래는 그 말이 참된 이며,

그 말이 誠實한 이며, 그 말이 如如한 이며,

그 말이 꾸미거나 기만하지 않는 이며 말과 다르지 않는 이니라.

Dear Subhuti, One who speaks as he is verily the Tathagata.

His words are entirely his own fulfillment and exactly one with

himself.

What he said does not deceive himself and repudiated from himself.

부처는 말하는 이고 여래는 말 모르는 이다.

이르는 대로 묻고 다그쳐 되물음이 옳으리라.

무엇에 眞實하며 어떻게 如如하더란 말인가?

세인의 입에 회자하는 말 빌어 부처가 그럭저럭 對한다.

Being as it is should be the Tathagata;

Then, Tathagata must be coming as it is.

The one who came this way cannot occupy same road;

The way is not able to step same road he stood on.

부처도 할 수 없는 말이며 보살도 알아듣지 못한다.

말이야 입에서 나오나 귀가 듣는다니 모를 일이다.

입도 본래 모르거늘 귀가 어찌 짐작이나 할 수 있으랴?

남을 마음이라 부르지만 영원히 제 몸만 구차하다.

어찌하여 如來인가? 이렇게 온 곳 없는 이여!

이전과 이후가 가지런히 비었으니 如如하고

이름도 낯도 서니 아무도 本身이라 이를 수 없다.

진짜와 가짜가 본래 똑같으니 더더욱 갈 곳 없다.

동별 모두 혼돈과 갈등이다.

다르다고 할 그때에 가장 같으며

같다 할 때 전혀 짝이 없다.

그리하여 有無가 도리어 낯설다.

갈 곳 없는 것처럼 온 적도 전혀 없기 때문이요,

오지 않은 것이니 당장 이 자리라고도 못한다.

있는 것이 다 있어 마땅하니 如實하고

없음이라는 분별이 다 허망하니 虛然이다.

454

부르는 대로 대답하니 듣자마자 맞장구치며 깔깔댄다.

외면하여도 불쾌하지 않으니 안팎이 같은 물건이다.

스스로 놀라지 않으니 해와 달이 바뀌어도 그대로다.

바꾸어 불러도 스스럼없이 대답하니 남의 집이 아니다.

忍俊不禁하야 笑呵呵(소가가)하고

肯心自許하니 云喏喏(운야야)하도다.

且喜瞿曇이 逢此老하노니

白雲千載에 一知音이로다.

영준함을 참지 못하곤 깔깔대고 웃으며

마음에 그럴싸하여 옳다거니 떠들어 댄다.

또 구담이 이 늙은이를 만나 기뻐하니

흰 구름 천개의 수레에 실어 나른 일개 소식이로다.

惠忠(혜충) 국사가 세 번 불러 세 번 대답하였는데

自對하여 "그대가 아니라 내가 자네를 배반하였다."

이르시니 부르는 것과 대답함이 이와 같다. 그리하여

이 화두를 자세히 살펴라 하시었다. [입조차 잃으리라.]

한가로운 구름은 산자락 위에 거닐며

계곡의 물은 바위와 나무를 비껴 흐르니

산과 구름을 하나라 둘이라 이르지 말라
있는 대로 방해 않고 없는 대로 근심 없다.

意圖하니 있다 하고
돌아보며 없다 한다.
없는 의도 되돌리니
산과 계곡 물만 보네.

杜口(두구)한 채 無盡說(무진설) 마치고
開口(개구)하여 殺佛殺祖(살불살조) 한다.

095

須菩提 如來 所得法 此法 無實無虛

[須菩提 如來所得法 所說法 無實無妄語]

수보리여, 여래가 얻는 이 법은 허와 실이 없느니라.

Dear Subhuti,

This Dharma that which Tathagata attained,

Does not own neither entity nor non-existence.

虛妄을 빌어 眞實을 밝히고 진실에 근거하여 假(가)라

법계가 본래 허망하여 허망하다 이를 수 없으니

허망하지 않은 淨土가 더욱 虛妄한 소리다.

서로 기대어 얻지 못하니 얻는 대로 제 얼굴이다.

말씀하신 것에 아무 이름도 없으나

알고 모르고 때문에 두 가지 다름이 있는 줄 안다.

존재하는 줄 알아 얻을 것이 없으니

subjectivity도 없거니와 objectivity라 할 것이 없다.

그리하여 존재의 주인인 master가 없다 한 것이다.

Master가 없다는 것은 존재의 liberty가 없다 함이다.

冶父가 송하여 이르기를,

물속의 짠 맛이며 彩色(채색) 안의 아교는 맑다 하였으나,

[水中鹹味(함미)며 色裏 膠淸(교청)이라니]

굳기 무쇠 같고 부드럽기 연유[酥·수]라 하더라도

이러한 즉, 有-無와 虛-實이 半半이 될 터이다.

이는 마치 半人 半神 같아서 外道의 법이요

인과를 면할 수 없고 의구심을 떨치지 못하여

헷갈리기 쉽다. 나 같으면 그렇지 않아서

있는 것은 없고 없는 것이 도리어 생생하니

'굽은 것이 곧음을 못 숨기니' '허공의 뼈를 추렸느니'라.

[曲不藏直이라 虛空出骨하느니라]

我와 人이 없으면 衆生을 두어 共生과 人間을 세우나

이미 아무런 entity가 없는 것들의 retrospection에 불과하니

All becomes vain, 즉 voidness of being in itself.

그럼에도 불구하고 ceaseless repetition을 무기로 삼는다.

壽者로써 대체하여 intellectual superiority를 謳歌(구가)한다.

존재의 無化[annihilation]를 통하여 마음을 들어내고
없다는 無를 奪取[take away]하여 마음조차 무화시킨다.
들어내는 그 마음은 어디에서 보며
無化된 마음이라니 어디에서 그런 作態(작태)가 일어나는가?

따라서 이러한 명제가 가능하다:
"뜰 앞의 잣나무니라." 언급하였다.
그러나 그것은 뜰에도 잣나무라는 나무도 아니다.
언급 되어진 것으로 왜 그는 다시 西來意를 찾는가?

마치 잣나무가 존재자의 존재[Sein des Seiendes]인가?
잣나무에 소위 잣나무 性이 어디 있더란 말인가?
인간의 인간성, 부처의 불성이라는 말과 같다.
실제로 잣나무를 아무리 보아도 잣나무는 보는 데 없다.

부처를 볼 수 없고 인간을 볼 수 없기 때문이다.
더구나 보고 있는 이놈에게는 seeing 자체가 없다.
오히려 이해 인식하는 노력과 실재의 대립[Gegen-stand]이
이것이 겁초부터 음미하고 있는 실체의 문제가 아닌가!

096

須菩提 若菩薩 心住於法 而行布施

如人入闇 卽無所見 若菩薩 心不住法

而行布施 如人有目 日光明照 見種種色

[若菩薩 不住於事 行於布施 亦復如是 須菩提 譬如有人 入闇則 無所見

若菩薩 心住於事 而行布施 亦復如是 須菩提 譬如人有目 夜分已盡 日

光明照 見種種色]

수보리여, 만약 보살이,

법에 머무름 있어 마음으로 布施(보시)하는 것은, 비유컨대

막혀 어두운 곳에 사람이 들면 볼 수 있는 것이 없으며,

만약 법에 머물음 없는 보살이 마음으로 布施하는 것은

비유컨대 햇살이 밝게 비출 적에 눈 있는 사람이라면

가지가지 形色을 보는 것 같으니라.

Dear Subhuti, if the Bodhisattva delivers Dharma

While attached to the mind of giving, for instance,

A man goes inside of dark room, not a thing can be seen;

On the other hand, if a Bodhisattva deliver Dharma

While not attached to the mind of giving, for instance,

A man with omnipresent sunshine light, each and every

Kind of being and matter can be seen clearly.

법에 마음이 머물고 법에 마음 머무름이 없나니

법에 마음을 두고 마음 그칠 무엇이 존재하는가?

달마가 홀연히 서쪽에서 온 까닭을 여쭈니

"뜰 앞의 잣나무 話"를 世人이 꿈속처럼 여기네.

묻는 이가 친절하신 말씀 듣고도 꿈결 같이 헤매니

마치 배고픈 이가 밥그릇 속에서 굶어 죽는 것 같다!

대답하는 이의 말에 便乘(편승) 않고 부리기만 하였다면

잣나무에 오르지 않고도 문득 慧法(혜법)을 證得(증득)하리라.

Bodhisattva, the good wise one. what being is he?

Who delivers a thing to nobody; and to no thing.

Just like sun shine of not knowing his vastness.

Just unlikely a darkness of not having internal sight.

발아래 이 땅이 부르지 않고 다다른 그대의 立地요

손들어 가리키고 눈 떠 바라보는 저 잣나무는

아무리 샅샅이 뒤져도 손가락 눈동자를 劫初(겁초)에 떠났다.

어이하여 지금도 뜰 앞의 잣나무라는 얘기뿐이더냐?

어느 bodhi-dharma이며 무슨 佛法인가!
달마에 禪旨 없고 부처에게 법이 없다.
풍류 없는 그곳에 도리어 풍류하나니
천오백 선지식이 화두를 모두 모른다.

먹고 말함에 무엇이 이득인가?
헤아려 따지다가 문득 쉬어 그치니
이것은 무엇이 보시하고 다시 받은 것인가?
自利가 利他인가, 利他하여 自利를 도모하는가?

남이라니 스스로 이롭지 못하고 올 길이 없다.
'나'를 내세우자 '남'의 덕이라 자취 없나니
나와 남이 애착만 가고 없으니 어찌 이로울 것인가?
애착 할 自他조차 없다니 어찌 이롭지 아니하랴?

눈 있고 없음을 탓하지 말라!
탓하지 않는 그것이 참으로 마음 없는 布施이니라.
빛과 막힘을 두려워 말라!
눈꺼풀 안의 눈알이니 멀뚱멀뚱 쳐다보지 말라!

六入에 접촉함이 六識이라 먹지 말라 하시었고[肉食]

먹지 말라 하심에 스스로 때가 되니 六塵(육진)인 것이요

스스로 알고 아는 줄 아니 心王이 되었지만

다스려 닦고 익힐 法과 有가 없으므로 我法이 空하다.

六識이 공하니 一切法이 공한 것이요

법에는 나다 일체라 이를 것이 없으므로

法이 다시 空하다 이른 것이다.

이미 법이 공하거늘 채워 메우는 이 뉘신가?

있다는 것은 보이지도 들리지도 않는다.

듣는 이가 없으며 보는 이도 없기 때문이다.

보고 들은 것이 눈앞의 일이요 귀에서도 역력하니

유와 무를 떠난 것이 이렇듯 目前에 火急(화급)하다.

그리하여 冶父 이르시되,

因地而倒(인지이도)하고 因地而起(인지이기)하느니라.

"땅으로 인하여 거꾸러지고 땅으로 인하여 일어나나니"

땅이 사람에게 넘어지라 일어나라 이르지 않나니

땅에 무관하고, 깨닫고 미혹함을 법이 간섭하지 않나니

모두 법이 아닌 사람에서 비롯된 일이다.

밝음과 어둠이 어디에 있는가?

눈도 아니요, 햇빛도 아니니 사람에 비롯함이라 한다.

마음이 머물고 아니 머문다니 布施가 무엇인가?

감고 닫으니 눈도 모르는 것을 본다.

존재는 안으로 깜깜하고 無는 밖으로 환하다.

존재는 돌아볼 눈이 없는 암흑이고

없음은 비로소 돌아보는 자기 빛이다.

암흑과 빛은 서로 바라볼 수 없는 눈이라.

보살이 보시한다니 우습다.

그 자신이 보시라면 세상이 없고

보시할 것이 없다면 보살이 없다.

해와 달은 같은 하늘에 사뭇 달리 밝다.

여래께서 부처와 여래를 새삼 감지하니

해와 달을 건네어 빛과 어둠으로 감추었다.

서로 숨고 찾으며 숨바꼭질을 즐기는 가운데

정작 사람의 모습은 보이지 않고 잡음뿐이다.

보시한다는 마음에 집착하였다면 참 보시이고

보시라는 마음조차 없었다면 거짓 보시이리라.

마음이 집착한 것은 보시가 아니라 제 마음이요
마음에 집착 없다니 주고받음을 교묘히 떠난 것이다.

바램 없는 하늘에 기도하고
無事한 부처에 발원하며
뜻없이 빈 마음에 간절하니
얻는 것 없이 스스로 쾌적하다.

097

須菩提 當來之世 若有 善男子 善女人 能於此經 受持讀誦
卽爲如來 以佛知慧 悉知是人 悉見是人 皆得成就 無量無邊功德
[復次 須菩提 若有 善男子 善女人 能於此法門 受持讀誦 修行 則爲如
來 以佛智慧 悉知是人 悉見是人 悉覺是人 皆得成就 無量無邊功德聚]

수보리여, 다가오는 세계에
만약 선남자 선 여인이 능히 이 경의 말씀을
받아 지니어 독송한다면 곧 여래라 佛 지혜로써
남김없이 아는 이 사람은, 남김없이 보는 이 사람은
헤아릴 수 없고 끝없는 공덕을 모두 이룩한 것이니라.

Dear Subbhuti, at the time to come,
If any good and wise one, upholds the Words without doubt,
Then, he is the no-one but Tathagata who comes like this;
With the luminous recognition of Buddha in itself,
This one should know on the whole.
This one should see on the whole;
He has already fulfilled immeasurable and endless perfection and
integrity.

말씀이 곧 다가오는 세상의 여래 공덕이니

지혜가 여래의 눈이요, 여래의 귀인 까닭이다.

말씀이 다만 말하고 듣는 이 사람 안에 있다.

허나 지혜조차 없는 이 홀로 布施 없이 다 베푼다.

Knowing objects are under-standing in general. However,

Knowledge from inner recognition is luminous in itself.

Objects are standing before you as a subjective apprehension.

What is known, however, has been already sat inside of intellect.

이 이가 부처가 주는 '무량무변 공덕'을 얻는다니

여래와 불과 세존의 이름을 더럽히는 사람들이다.

삼세에 우러러 가장 거룩하고 존귀하신 이가

당신의 깨우침 인간에게 부족하심을 전혀 모른다.

다시 한 물건이 그에게 있으려니 믿는다면

어찌 여래가 '스스로 이와 같이 온 것이랴?'

頌하여 이르되

朝遊南岳하고 暮往天台하나니 追而不及이러니 忽然自來로다

獨行獨坐하야 無拘繫하니 得寬懷處에 且寬懷로다

아침나절 南岳(남악)에 노닐고 해질 무렵 天台(천태)에 다녀오나니

좇아도 미치지 못하나 홀연히 스스로 오도다.

홀로 다니고 홀로 앉으니 걸려 매임이 없으니

마음 열려 트인 곳에 다시 마음이 훤하게 트였도다.

冶父(야보)가 한 마디 이르되;

땅으로 넘어지니 땅 짚고 일어나는 것이로다.

그건 그렇다 이르리오 만

땅은 그대에게 무엇을 일러 주더냐?

持經功德分

[말씀 지니는 공덕]

What should be uphold in the Words from the Buddhas?

098

須菩提 若有 善男子善女人

初日分 以 恒河沙 等身布施

中日分 復以恒河沙 等身布施

後日分 亦以恒河沙 等身布施 如是無量 百千萬億劫

以身布施 若後有人 聞此經典 信心不逆 其福

勝彼 何況書寫 受持讀誦 爲人解說

[如是捨 恒河沙 等無量身 如是百千 萬億 那由他劫 以身布施 若復有人

聞此法門 信心不謗 其福勝彼 無量阿僧祇 何況書寫 受持讀誦 修行爲人

廣說]

수보리야, 어떤 선남자 선 여인이

이른 아침에 항하의 모래 수 같은 몸으로 보시하고

점심때도 다시 항하의 모래 수 같은 몸으로 보시하며,

다시 뒤 나절에 또한 항하의 모래 수 같은 몸으로 보시하며,

이와 같이 백 천 만 억겁동안 한량없는 몸으로 보시하더라도

어떤 이가 이 말씀을 듣자마자 信心 거꾸러지는 일 없다면

이 복이야 저 보다 훨씬 뛰어나거니와, 하물며

새겨두거나 지니어 독송하거나 남에게 해설하여줌이겠느냐.

Dear Subhuti, if any good and wise man or woman,

On the first part of day, offers with their many bodies as

Everlasting River's number of sands as infinite counting it can be,

Again, on the middle part of the day, offers with their bodies as

Everlasting River's number of sands as infinite counting it can be,

And again, on the last part of the day, offers with their bodies as

Everlasting River's number of sands as infiite counting it can be,

Even more, some one offers with their bodies, during hundreds,

Thoudands, and millionds aeons in Kalpas without tardy and lazyness,

as

Everlasting River's number of sands as infinite counting it can be,

And furthemore, even though anyone as soon as he heard

About these words, still never get lost his sincerity in the fully

Devoted mind, it would be already surpassed those people's affluence,

However nothing should be compared with this reality;

Reminded their minds in this word, reciting this word in his mind,

And even re-examining these words to the others whom is alien to see.

해와 더불어 깨고 깨자마자 스스로 생각한다.

밥 먹듯 시간을 허비하다가도 문득 앞의 일 식별한다.

해와 해가 바뀌니 세 때가 하루와 일생의 일이다.

밝아서 읽으나 여전히 어두워 중생심이라 탓한다.

아침에 죽 들고 점심에 마지 올리거니와

저녁에 문득 허기진 배를 달래되 과식하지도 않는다.

스스로 분별하건대 세끼도 벅차지만

알고 보면 이 모두가 일생의 일이더라.

Read as many as possible;

Reader cannot be read by eyes.

Listen as many as you can handle;

Listener cannot be heard by ears.

Two holes of eyes, two of ears.

Neither right nor left by no means.

Only mouth with only one hole

Can talk and eat every thing you threw away.

눈에서 읽은 도둑이

귀에서 낯 선 스승이었고

손에서 두드린 千古의 벗이 된다.

佛法이라 말라; 모조리 白賊(백적)이니라.

Time divides her own body;

Divided time becomes her new extension.

Time extension possess three dimensions.

Three realms enjoy being called human-mind.

初中後 日分으로 나눔이여!

古人이 이르되,

一拳打透大虛空(일권타투대허공)

"한주먹에 큰 허공을 때려눕히었다." 하였으나

나 같으면 그렇지 아니하여

三點流水가 呵呵笑(가가소)로다. 즉,

흐르는 세 점이 깔깔대고 웃는다. 하리라.

무엇이 이 경의 말씀을 들을 줄 아는 것이냐?

읽고 들었는데 이를 수지 독송한다고 말하지 않는다.

눈에도 귀에도 이 말씀이 없기 때문이다.

이제 그대는 어찌 할 것이냐?

귀를 기울이면 邪魔(사마) 外道에 포섭될 터이며

눈만 뜨면 바깥 境界에 시달릴 터인 즉

무엇으로 벗어나 解脫을 도모한다는 것인가?

보라, 이 말을! 알겠는가?

474

그렇다면 무엇이 '말씀'인가?

"하늘에 태어나고 사람으로 행복함이야 분명 있거니와

이 말씀은 억겁에 몸을 바꾸어도 보지 못하리라."

[冶父 云, 人天福報야 即不無어니와 佛法은 未夢見在니라.]

이것은 말씀인가 아닌가?

發心하여 몸도 던져 버리고 布施를 한다니

그 던짐은 무엇을 이르는 것일까?

몸은 이미 없고 없다는 생각도 아닐 터이니

아뿔싸, 마음마저 빼앗기었구나!

Each ordinary creature and every human-kind is

Up to be-come Buddha as perfection of enlightened One.

Because all or none of them will not be what they are now.

For this there is no way to be continuing what it is.

그것은 그렇다 하더라도 보았는가?

經 안에 經 없고 經 밖에 經 없다.

글자도 없고 종이도 아닌 것을

門 앞에서 이와 같이 읽는다.

중생이라 부를 수 있는 것은 그 어느 것도 존재가 아니다.

부처라 일컬을 수 있는 것이 본래 저 말고는 없다.

중생과 부처의 구분은 이전과 이후에 근거를 두거니와

이 근거가 스스로 이전이요 이후가 되니 자기근거가 아니다.

보지 못하매 도리어 보라 이르면 설명이 아니고

읽지 않는데 도리어 외우라니 글자에 언구일 뿐;

먹을거리는 눈으로 보아 손으로 집어 올리고

손에 쥔 것은 코와 귀가 의심 없을 때를 기다린다.

남에게 설한다니 四相 없음을 이르는 줄 알라.

Re-examining to the others has no word to say.

須菩提 以要言之

是經 有不可思議 不可稱量 無邊功德

如來 爲發大乘者說 爲發最上乘者說

[須菩提 以要言之 是經 有不可思議 不可稱量 無邊功德 此法門 如來

爲發大乘者說 爲發最上乘者說]

수보리여, 요약하여 말한다면

이 경은 思辨(사변)이나 議論으로 따질 수 있는 것이 아니니

헤아릴 수 없이 크므로 끝이 없는 공덕이라 부르나니,

여래가 큰 수레 굴리며 발심하는 이에게 說하신 것이며

最上의 수레를 굴리며 발심하는 이에게 說하신 것이니라.

Dear Subhuti, saying shortly,

This Sutra cannot be argued by neither logical speculation

Nor rational dialectics. Far greater than any unlimited measure;

Because of this, it must be called the endless virtue and merit.

Therefore, Tathagata, Coming to be like this, says only to the one

Who ends up driving great vehicles by upholding most sincere faith,

Or, says only to the one who ends up driving utmost vehicles

By upholding the highest wisdom-faith.

하늘에는 다른 하늘이 없다.

마음에는 다른 마음이 없다.

땅을 기대어 하늘을 의론하나 땅 얘기이고

허공을 저울질하여 마음을 따지나 볼 수 없다는 말뿐.

야보가 이르되,

"하늘과 땅이 失色하니" 없다 함조차 無色이요

"해와 달이 빛을 잃었다니" 빛도 본래 실없는 것.

"한 물건도 없어" 도리어 사람을 보고

"믿음에 믿을 것 없는 데"서 最上의 수레를 안다.

눈 코 귀 혀 六根이 六賊의 뿌리라면

눈 코 귀 혀 六塵이 六度의 根本이다;

六識과 六境에 본래 아무 실체 없으니

눈과 귀, 지옥 천당이 모두 수레이다.

'無生'의 부처를 了達(요달)함이 곧 이 經의 要旨(요지)니

부득불 글과 붓을 다 버리어 얻으나 이 얻음이

도리어 글과 붓보다 먼저 버릴 사변과 의론이다.

먼저 버린다니 버릴 것 없는 수레가 轟音(굉음)만 크다.

若有人 能受持讀誦 廣爲人說

如來 悉知是人 悉見是人 皆得成就

不可量 不可稱 無有邊 不可思議功德

[若有人 能受持讀誦 修行此經 廣爲人說 如來 悉知是人 悉見是人 皆成

就 不可思議 不可稱 無有邊 無量功德聚]

만약 이 경을 능히 지니어 독송하거나

널리 남에게 깨닫도록 說하는 이가 있다면 곧 여래라,[불-지혜로]

남김없이 아는 이 사람, 남김없이 보는 이 사람은

思辨으로 議論할 수 없으며 헤아리지도 가늠하지도 못하는

끝없는 공덕들을 모두 한꺼번에 이룩하는 것이니라.

If anyone upholds these words, and re-examines it,

Then, finally tells about and

Sheds light upon it to others,

That is the man who comes like this as it is.

He would be the man who knows and sees in thoroughness.

He has then already achieved every endless goodness and merit,

Which cannot be argued

In any form of speculation or imagination.

처음에 헤아릴 수 없다 일러 지금 이를 다시 천명하니

이미 이름을 헤아려 알음알이를 내기 때문이다.

이와 같은 공덕은 있음을 내세우지 못하니 이름일 뿐이며

있지 않다 하나 문득 없다는 소견을 냄도 相인 까닭이다.

"공덕을 이룩한다."는 말은

不思議(부사의)를 뒤집은 말이다.

功德은 不可하다는 말을

可能하게 할 수 없는 까닭이다.

내가 그대에게 이르리라;

내가 이와 같이 들었느니라.

이와 같이 이른 것은 그대를 위함인가

아니면 내 자신의 신심에서 나온 것인가?

量(양)과 稱(칭)을 먼저 내세운 것은

헤아림조차 헤아릴 수 없고

허망한 이름만 나돌기 때문이다. 왜 그러한가?

마치 '파도와 물'을 나누지 못함 같다.

다행한 것은 저들이 이름이 없으므로

파도라 부르고 물이라 헤아림과 같다.

480

물과 달, 달과 물을

함께 속삭이지 말라!

물에는 이 달이 떠 비치고

달은 거기 하늘에 차갑다.

없다 하여 없는 줄 알면 온 것[來]이 못 되고

있다 하여 있는 줄 알면 이와 같은[如是]것이 아니다.

온 것이 없고 올 것이 없으매 "왔다" 부르고

보고 듣는 것이 아니기 때문에 비로소 "이와 같다"고 한다.

如來는 이 사람을 보고 듣는 이가 아니며

世尊의 實相이니 영원한 自己指稱인 것이다.

왜냐하면 세상이 스스로 살피는 눈인 것이며

세상을 看破(간파)하는 照察(조찰)의 눈이기에 '이와 같이' 부른다.

Tathagata cannot see me nor realize this man.

If Tathagatha begins, more or less, to see me as this man,

Then, at that moment, where is either he or me?

Seeing me or knowing me would be his big absurdity.

신심을 내는 이는 수승하거니와

이미 낸 이는 무엇이 수승할 것인가?

공덕을 얻기 때문에 수승한 것인가,

수승하기 때문에 공덕을 얻는 것인가?

四相이 없는 이에게 무슨 공덕을 상으로 내릴 것인가?

생각으로 헤아리지 못 할지면 四相은 본래 무엇인가?

이미 어느 이름으로도 찬탄하거나 헐뜯지 못 할진대

無邊(무변)하고 不思議한 공덕이 도대체 무엇인가?

겉과 중앙, 높낮음, 전후와 좌우여,

인연과 과보, 중생과 부처, 알고 모름의 일이여!

둘이 없고 차별 없는 그것이 무엇인가?

수보리가 여쭙고 부처가 설하시는 것이니라.

In and out, up and down, right and left, before and behind;

Cause and effect, dark and enlightened, knowing and ignorance.

Saying no two, or differentiating as such, what are these all about?

Subhuti interrogates and Buddha replied as it is.

洞口(동구) 밖을 나서서 산등성이에 올라

산허리를 가로질러 산머리에 오르니

입 밖에 始發(시발)점이요 산 안의 대문에 들어

마침내 산꼭대기에 오른 수레는 무엇인가?

101

如是人等 卽爲荷擔 如來 阿耨多羅三藐三菩提

이와 같은 사람들이 곧 如來를 감당하며
아뇩다라 삼먁 삼보리를 실어 나르느니라.

Those who come to be like this, will directly maintain
The Tathagata and will carry the Anuttara-samyak-sambodhi.

수레가 실어 나른 진귀한 보배여
푼 창고가 게 어디며 하적 할 곳을 모르네.
오며 가는 길만 물어 온 일 없는 나그네가
묶고 쌓는 일만이 제 일인 줄 어찌 알리오

위없고 비견 할 이 없으며 뛰어넘을 것 없음이여
아래 없고 마주 볼 이도 없으며 오를 곳이 없구나.
없다면서 무엇을 실어 나르고 어찌 감당하리오!
삼세에 없는 이가 삼세를 구어 鑄造(주조)한 佛像이다.

아뇩다라 삼먁 삼보리는 한편으로 無上 正等覺이며
다른 편으로는 부처의 正徧知라는 또 하나의 이름이다.
이 無上 菩提는 아무도 이룰 이가 없으므로 위없다 이르며
等覺은 如來라, 옮겨 나르지 못하므로 "맡아 나른다." 일렀다.

이 법문이 經이라 곧 부처의 知見인 것이며
如來의 앎이니 무엇을 알 것인가?
그대가 얻어 듣고 그대가 보았나니
비록 여래가 천만 억 출현한들 어찌 見聞하리오!

글자와 내용을 눈과 귀에 부탁하니 책이고 經이다.
마음 내세워 터득하고 끄덕이니 실어 나름이다.
골백번 읽어도 모르니 여래를 부촉한 것이고
스스로 중생이 되어 세존을 신심 내니 짐 진 것이다.

최고의 수레요, 가장 높은 수레라 함도
모두 여기에서 비롯되었다.
제자가 바야흐로 須菩提(수보리)요,
세존이 如來라 自稱하는 까닭이다.

祖師는 저 때에 곧장 空生이라 부르고
부처는 곧 이 텅 빈 마음이라 으름도 버린다.

둘이 아니므로 法門이요

안팎이 없으니 如是하다 하지 않던가?

평생에 배운 것이 저 도적질이라

처음에 다섯 비구 외면할 제 알아보았다.

천만 억 시방의 제자들은 세존을 놀리며 놀래키니

이럴수록 박수치고 杜口(두구)하자 눈조차 뜨지 않으니

一大事를 가히 '짐작 할만하다' 하리라.

누가 잃고 누가 얻은 것인가?

눈 덮인 봉우리 드높아 달빛 잃고 차가우니

바람소리 멈추자 새들마저 노래하지 않는다.

如來가 空生의 제자요 수보리가 부처의 스승이다.

空生이 如來의 면전에서 世尊을 큰소리로 비웃는다.

Life from emptiness laughs at

Full enlightenment from real world

Right in front of the One who comes

Like this as it is, loudly.

102

何以故 須菩提 若樂小法者 着我見 人見
衆生見 壽者見 卽於此經 不能聽受讀誦 爲人解說
[若有 我見 衆生見 人見壽者見 於此法門 能受持讀誦 修行爲人 解說者
無有是處 何以故 須菩提 若樂小法者 則於此經 不能受持 讀誦修行 爲
人解說]

어찌하여 그러한가. 수보리여!
작은 법을 즐기는 이라면 이 經과 함께하고 있을지라도
곧 我見 人見 衆生見 壽者見에 집착하므로 알아듣지 못하며
지니어 讀誦(독송)도 못하며 깨닫도록
남에게 說하지도 못하느니라.

What would be the reason for this? Dear Subhuti!

Anyone who abides with the

Words of this Sutra;

He may enjoy the tiny dharma of that,

But he attached to the ideas of me, men, ordinary being or permanent

one,

Therefore he could not understand.

Reading but not keeping.

이유를 묻고 수보리의 이름을 뒤에 둔 것은

本具(본구) 지혜가 如一하나 허공 같은 이름뿐인 때문이다.

수보리를 먼저 부르지 않고 그 이유를 먼저 물으니

묻는 즉시 대답하여 곧 問答(문답)함이 분명하기 때문이다.

알아들음이 我相 없음이며, 읽음이 人相 없음이다.

알아듣지 못하니 衆生상이요, 아는 줄 알면 壽者상이다.

이 모두 마음에서 비롯하니 "諸經이 此經 出이라" 한다.

"功들여 쌓아 가면" 受持요, 길을 내 수레를 끄니 荷擔(하담)이다.

몸 안에 法門이 들었으니 읽는 즉시 알고,

곧 그 허물도 깨달으니 如來, 세존을 내 몸에 모신 것이다.

인욕으로 스승을 삼아 몸소 공덕을 닦아 나아가니

返照(반조)하고 穿鑿(천착)하며 功力을 쌓아 菩提를 닦으니 金剛(금강)

이다.

Three years old babies are tutoring old grandfathers.

Long river carried empty ship with full-loaded moon-light.

經을 문자와 글로 된 奧義書(오의서)로 알면 한낱 我見이며

天上의 말씀이요 글의 뜻이 無窮하다면 문득 人見이다.

한없는 뜻과 무궁한 지혜가 微妙하다니 중생견이요,

종단의 所衣 經典일새 말씀대로 봉행하라니 壽者見이다.

If you see the book as the Book,

Then, it becomes the idea of me, my, mine and master-student.

If you saw the heavenly profound meaning, then, it becomes

The idea of men, universal hypotheses.

If you interpret the Book as God and Buddha's own Words;

Then it becomes the idea of ordinary human-kind.

If you fix this book as the Holy Sutra, then, it becomes

The idea of all-mighty Superior One, even God.

어느 견해를 짚어도 다만 일변도에 치우치므로

삿된 견해를 삿된 형상으로 묶지 말라는 것이거늘

선지식을 떠나 다만 支持(지지)하고 타협하며 안일하나니

세상에 널린 모든 지혜가 항하의 모래요 劫海(겁해)로다.

일체 제불과 조사라 하시니 그 가운데 있는 나요,
同名同號라니 똑같은 나와 똑같은 너인 것이다.
나와 네가 따로 없다지만 분명 없음을 극복하였으니
不生不滅을 존재의 뒤에 두지 말고 늘 앞에 세우라!

須菩提 在在處處 若有此經 一切世間 天人 阿修羅 所應供養
當知此處 即爲是塔 皆應恭敬 作禮圍遶 以諸華香 而散其處
[須菩提 在在處處 若有此經 一切世間 天人阿修羅 所應供養 當知此處
則爲是塔 皆應恭敬 作禮圍遶 以諸華香 而散其處]

수보리여, 있는 곳마다 있으며 머무는 곳마다 머무나니
여기 經이 있다면 일체 세간과 하늘의 사람, 아수라가
응당 供養 올리어 마땅할진대, 여기가 곧 塔(탑)인지라
마땅히 알라, 응당 저들 모두 공경 예배하며 에워싸 돌면서
온갖 꽃과 향들을 다 이곳에 흩어 뿌릴 것이니라.

Venerable Subhuti

Wherever it is,

It will be there

Wherever it abides,

It will also be there.

If the the Words are right here,

Then, it would be obvious that each and every worldly being,

Heavenly being, mankind and even Asuras, certainly would make an

offering,

490

Since here is already that place; the monumental tower.

You should know that each and every one of them

Should by their nature, pay homage to him with full devotion,

And, circumambulate him and then scatter all kinds of

Flowers and incenses right upon this very place here.

일체 세간이 곧 我이며
천인 아수라가 곧 人과 衆生이다.
제불 조사를 어찌 수자로 꾸며
불멸의 진리로 보고자 하는가?

응공 정변지께 공양을 올리라니
씹고 되씹어 쌀과 콩이 밥과 장을 모르게 하라.
꽃과 향으로 두루두루 장엄하리니
생각 생각에 돋우어 피어오르는 존재의 샘이로다.

금강경을 경이라 부르지 말라!
부처를 깨달은 성인이라 부르지 말라!
그 말씀이 곧 부처라 이르지 말라!
이 말씀을 떠나 부처가 있다 이르지도 말라!

이 네 번 "말라"는 그대를 도운 것인가 아닌가?

부처보다 뛰어난 말, 조사보다 빼어난 말이 무엇이리오?

허나, 뛰어나고 빼어나기 이전에 일러라!

도대체 무엇이 부처이고 祖師인가?

눈 뜬 자에게 묻고 귀 열린 자에게 답하게 하라!

설사 미묘한 법문으로 그럴싸하게 이르더라도

천연 外道를 면하지 못하여 불법은 꿈엔들 못 보리니

날개 단 천사나 신통을 엮는 귀신들도 이를 모른다.

超佛(초불)하고 越祖(월조)하는 談論을 여쭈어

雲門(운문)으로 하여금 호떡[胡餠] 던져 도망치게 하였다.

뜻도 모르거든 집 앞에 탑 모시어 예배나 하라.

삼킨 곳이 있는 곳이요 내뱉은 곳이 머무는 곳이라.

그것은 그렇다 하더라도

방금 그대는 어디에 머물고

지금 그대는 어디에 있는 것인가?

마지 올리고 내려 먹으니 이 어디인고?

能淨業障分

[능히 업장을 조출케 한다]

Liberation from all Karma chain

復次 須菩提 善男子 善女人 受持讀誦此經

若爲人輕賤 是人 先世罪業 應墮惡道

以 今世人 經賤故 先世罪業 卽爲消滅

當得阿耨多羅三藐三菩提

[復次 須菩提 若善男子 善女人 受持讀誦 此經爲人 輕賤 何以故 是人

先世罪業 應墮惡道 以今世人 輕賤故 先世罪業 則爲消滅 當得阿耨多羅

三藐三菩提]

또 다시 수보리여,

가령 선남자 선 여인이 이 경을 지니어 독송하건만 이 사람을

업신여기거나 비천하게 본다면

先世의 죄업으로 악독한 갈래 길에

응당 떨어질 것이로되

今世의 사람으로 업신여기고 비천하게 본다면

先世로부터 받은 죄업은 즉시 소멸되었으므로

마땅히 아뇩다라 삼먁삼보리를 증득할 것이니라.

Far more than this, Dear Subhuti,

For instance, even though any good and wise one, man or woman,

Even though upholding the Sutra, then recite the words ceaselessly, but

If one was humiliated or disgraced by someone in this present life-

time,

By virtue of former sinful Karma they have committed it might be,

These humiliation and disgrace have already dissolved directly,

So, because of that, this one should finally attain the nothing-higher,

And nothing-comparable Bodhi as it is.

如來한 이 이는 因果가 없는 이니라.

악독한 갈래 길에 든 이는 두 번 우려먹고

선한 여인이나 남자는 한 번 주고 돌려받으나

大乘(대승) 자는 주고받음이 본래 없어 空生이라 한다.

이 사람은 왔으되 출처가 없으니 왔다 이르지 못하고

온 곳이 없으니 과거의 처소가 없고

지내고 누리는 곳이 없으므로 향하여 가지 않는다.

如來라 부른 것은 生滅하는 모든 것이 한 몸인 까닭이다.

일체가 苦라니 어찌하여 涅槃(열반) 락을 얻으랴!

제행이 無常하거늘 어찌 寂靜(적정)을 얻을까 보냐!

苦를 인내함이여, 無常을 自然함이여,
苦樂이 平直하며 無常이 寂照(적조)하여 自足하도다.

하나도 남김없이 모두 없애주니 시원하고
나마저 업수이 여겨 罪過를 없애 주었다.
無念이 一念이요 當處(당처)가 便是로다.
卑賤(비천)하여 끝을 보니 도리어 盛滿하였다.

수보리가 여쭈니 삼세 여래가 도리어 없고
설하는 말씀이 이미 여래의 이름을 얻었다.
설하는 자와 듣는 자가 비록 前後 없기로 기특하지만
삼세를 거슬러 위아래 오가더라도 부처는 볼 수 없다.

存在는 無를 증거 삼고 無는 存在를 妬忌(투기)한다.
先行된 것을 存在로 아는 것은 無의 欺瞞(기만)이다.
前後가 없으므로 念念을 有無로 明說한 것이다.
결국 因果로도 얻지 못하니 劫 밖의 說이다.

있는 것이 자체 존재로서 있는 줄 아는 것은
대상의 認知가 존재의 앎인 줄 알기 때문이며
없다는 것을 對존재의 없음인 줄 아는 것은
없음을 無의 앎일 수 없는 줄 알기 때문이다.

無上은 先世가 없고 無因이며 無念인 것이고

正은 今世와 末世가 없고 果報가 없어 無住인 것이고

等覺은 劫初에도 없고 劫外에도 없으며 無生인 까닭이다.

世尊은 無念이요 여래는 無生이며 부처는 無住이다.

더 없이 높다 하였으니 오르려 말 것이요

제 스스로 바르니 남의 그름을 봄이 없다.

깨닫고 깨우치니 번개와 우레 뒷전을 칠 때

한그루 잣나무는 손끝의 뜰 앞에 善現하였다.

Anuttara-samyak-sambodhi 라니

만일 위없는 等正覺(등정각)이라 부르면

이것이 我人 衆生이며 壽者 相인즉,

다만 "이 經을 受持하여 讀誦한다."하라.

받아 지닌다니 참으로 허망하다.

읽고 또 읽기를 진종일 하여도

글자 하나 소리 한 마디 없거늘

눈앞에 환하고 귓전에 또렷하다.

보는 거울이 제 얼굴이요

눈앞의 경치가 제 눈이다.

얼굴을 못 보니 그대에게 묻고

귀를 듣지 못하여 네게 답한다.

다만 앞과 뒤가 있을 뿐 果報는 없나니

원인이 결과요 결과가 원인 되어 다시 결과이다.

先世의 죄업을 금세의 원인으로 看做(간주)하나니

당래의 과보를 몰라 轉嫁(전가)시킨 先世를 추궁한다.

읽고 또 읽으며 소리 내어 공덕을 기리니

기쁘고 기쁠 손 관세음이 自在함이요

지녀 남을 위해 說하며 베풀기를 안 그치고

如來께서 몸을 드러내니 마치 '해와 빛'이라.

이름 하여 日光 여래이시니

빛이 두루 하여 닿지 않는 곳 없다.

普光(보광)하여 遍照(편조)하니 없음을 無로 보지 말라.

있음이라 할 수 없거늘 어찌 없다 하리오!

서로에게 묻고 대답하느라 苦-生이라 부른다.

Being in tragedy; ask and answer each other back and forth.

104

須菩提 我念 過去無量 阿僧祇劫

於 燃燈佛前 得值八百四千萬億

那由他諸佛 悉皆供養承事 無空過者

수보리여, 내 무량한 아승지 劫의 과거를 생각하여보니,

연등부처님 전에서 팔백사천만 억 나유타 수의

온갖 부처님을 만나 뵈며 다 공양 올리었으며

이 일을 계승시켜 헛됨이 없이 지내왔느니라.

Dear Subhuti, it reminded many many lives of myself,

As far as you can count of the largest numbers you might go,

Still it did not even begin our imagination at all,

In Lighting Lotus Buddha Palace, I have devoted Eight Hundred Four

Thousand

Billions All different kinds of Buddhas myself without exception.

Then I have neither paused doing these devotions nor procrastinated.

아승지 겁이라니 얼마나 오래 되었나?

500

천만년 流水는 봄 오는 줄도 모른다.

없는 줄 알면서 무엇을 봄이라 부르는가?

부르는 대로 오고 마음먹는 대로 간다.

무엇이 아승지 劫(겁)인가?

생각으로 미치지 못하고 되새겨 반복이 없다.

가장 오랜 것이 親近한 벗 되고

생각 많을수록 요원하니 남남 된다.

우정이 두터우니 진종일 끝이 없고

먼발치 남남에게는 할 말도 삼간다.

무엇이 나유타 諸佛인가?

시시처처에 같은 물과 구름이 없다.

한없이 많은 말로 여쭈어 볼수록 멀어지고

셀 수 없는 부처님들께 공양 올려 왔다니

사람이 하나이면 입도 하나일 뿐이다.

비록 수가 없다 하나, 하나도 너무 많다.

예전에 떠난 적 없고 오지 않았으니 아승지 겁이요

본래 하던 일, 배움 없고 기억 없으니 나유타 부처다.

하늘에는 서릿발 휘날리고 달빛 떨어져 요요하니
더더욱 깊어 가는 밤에도 아침은 아예 기다리지 않도다.

무엇이 연등 불전에 있으리오?
일념 未生前의 반딧불이라.

없는 것은 있는 것으로 둘러치니 솜씨야 가상하나
처량하여 외롭고 쓸쓸하여 가련하다.
빈털터리 거지가 되어서야 비로소 사람이라 부르니
과거에도 없고 현재에도 없으며 미래도 있다 못한다.

처음과 중간과 마지막이여, 특히 생생한 지금이여,
중생이 아니로되 들은 바 있으면 사람이요
현재에 살고 있으니 축생과 수라로다.
천국이 미래이나 道人의 미움만 산다.

육도 윤회가 곧 아인중생 수자이다.
윤회가 없으면 삼세가 없고
삼세가 없으니 부처와 중생이 없다.
부처도 중생도 없으니 善慧와 여래가 없다.

이는 인과에 떨어진 것인가 아닌가?

공양 올려 계승시킨 공덕이 무슨 말인가?

거룩하신 어른이 번거로이 설명을 아끼지 않음은

자비심 懇切(간절)함이 아니라 無事 空過(공과)하기 때문이라.

Buddha has never returned.(과거가 없다)

Buddha is not here and there.(현재도 없다)

Buddha will never become Buddha.(미래도 없다)

By what can we call him Enlightment?(이놈은 누구냐?)

말에서 말을 잊으니 一切經(일체경)이다.

503

105

若復有人 於後末世 能受持讀誦此經 所得功德

於我所供養諸佛功德 百分不及一 千萬億分

乃至算數譬喻 所不能及

만약 다시 사람이 있어 뒤에 오는 말세에

스스로 이 경을 수지하여 독송함으로써 얻는 공덕은

내가 제불께 공양올린 공덕으로는 백분의 일에도 미치지 못하며

천만억분 내지 數로 계산하는 어떤 비유도 미칠 수 없느니라.

Furthermore, if any man, in the coming final era of the time-cycle,

Upholds and re-examines these words of the Sutra, no need to say

That, his virtue and merit will be even far more than my virtue and

merit

What I was achieved by offering to each and every Buddhas.

It should not

Be reckoned with any kinds of numbers, thousands, mi-billions nor

zillions,

Or be recognized by any large scale of calculations and comparisons,

수로 계산하는 것은 미래 없는 六根의 現在이다.

아무리 커도 과거의 삶은 無明 含藏의 먼지일 뿐이다.

그러나 來世는 옷과 화장으로 가려진 美人 같아서

알수록 모르고 모를수록 잘 안다. 비유가 배고프다.

心量(심량)이 광대하니 손가락으로 많고 적음을 헤고

心地에 한 가닥 구멍도 없어 "수 없다" 한다.

數와 手가 모두 양 손의 떡인지라

먹지도 버리지도 못하여 지금껏 다툰다.

안팎으로 숫자가 많으니

눈앞의 경계와 귓속의 울림이다,

눈에서 소리가 들리니 헤아리고

귀에서 형상을 보니 분별을 즐긴다.

배고픔을 한 끼 두 세 끼로 세어 먹고

전혀 없는 사람을 比量(비량)하며 크다 한다.

숫자가 없어지면 문득 세상이 어지러우나

숫자일 뿐이라 탓하며 양심도 팔아치운다.

良心이라니 그대는 아는가?

豁通(활통)하여 이르는 곳 없고

헤아릴 수 없어 헤고 헤어 끝없을 제
문득 億萬으로 無量數(무량수)를 가늠하고 있다.

무량 壽(수)가 곧 아미타라니
아미타는 한 살 먹는 데 억겁을 쓴다.
먹고 또 먹어 배도 부르지 않으므로
물 마시듯 숨 쉬듯 다만 한 맛으로 한다.

온 곳 없는 불청객이 자리를 비울 수 없으니
한 끼 밥 때우기가 이렇듯 힘든 줄 몰랐다.
평생에 공덕을 베풀라 타이르긴 하지만
부처와 예수도 마지막 만찬을 피할 수 없음이여!

어찌하면 저 죽음의 만찬을 지나치리오!
손 안의 저 잔을 무엇으로 피할 것인가?
먹어도 죽고 아니 먹어도 죽을 양이면
復活(부활)이 곤혹스러우니 일내고 혼쭐이다.

大賊(대적)은 집 안에 大寂하도다.

모든 공덕이 배고파 항상 자신보다 높고 위가 있으니
탑을 쌓아 아무리 높이 올라도 항상 하늘 아래인 것 같다.

하늘이 높다는 것은 태산의 위에 있기 때문이 아니라

태산의 峻嶺(준령)이 끝나는 곳에 하늘은 비어 맑은 까닭이다.

Finally, you reached the summit,

Your feelings are also in top of the mount.

However, now there is no more of them.

Then, at this moment, where are you?

106

須菩提 若善男子 善女人 於後末世 有受持 讀誦此經
所得功德 我若具說者 或有人聞 心卽狂亂 狐疑不信
須菩提 當知 是經義 不可思議 果報 亦不可思議
[須菩提 若有 善男子 善女人 於後世末世 有受持讀誦 修行此經 所得功
德 若我具說者 或有人聞 心則狂亂 疑惑不信 須菩提 當知 是法門 不可
思議 果報亦 不可思議]

수보리여, 만일 선남자 · 선 여인이 뒤로 말세에 이르러
이 경을 수지하여 독송하는 이가 證得(증득)하는 공덕은
내가 모두 갖추어 설명하더라도 이를 듣는 사람들은
마음만 미칠 듯 혼란하고 여우같아 의심하며 不信하리라.
수보리여, 마땅히 알지니, 이 경의 뜻은 생각으로 議論할 수 없어
그 과보 또한 생각으로 의론할 수 없을 것이니라.

Dear Subhuti, for those good and wise men and women,

Even though they are coming at the final end of time-cycles,

Still can uphold and examine this Sutra repeatedly, then,

No matter how well explain their virtues and merits thoroughly,

Whoever it might be, they would not believe or rather bring

Foxy doubts with craziness and become unbelievable wanderers.

Dear Subhuti, you should know this clearly. What this Sutra meant
To be is far beyond any rational arguments; Naturally,
it's fruits and rewards of this is also far away from those reasoning.

한 생각도 일어나지 않는 그때에 비로소
비로자나 부처의 상투 끝자락에서 노닐지니
부디 쉬거라. 그리하여 쉼도 쉴 수 없게 하라!
생각은 꼬리 끝에서 오나니 머리를 취하라!

생각이라니 생각이 무엇인가 묻지 말라!
묻자마자 다시 생각에 떨어지나니
떨어지는 생각은 그렇다 치더라도
그대 마음 스스로 다침을 걱정하느니라.

여우는 제 스스로 여우요 남모르는 영악함이다.
영악히 떨어지는 과보를 감당하지 못하여
오늘도 천하의 衲子(납자)들이 옷 속의 꿰맨 자국을 잊는다.
因果를 스스로 터득하고 果報를 스스로 받을 줄이야!

읽지 말라! 經은 읽을 수 없느니라.

보지 말라! 눈으로 읽으면 아무도 믿지 않으리라.

소리 내어 외우지 말라! 그 소리가 바로 장애로다.

다만 빛을 돌이키어 빛과 소리를 거머쥐어라.

서릿발처럼 차가운 외기러기 울음소리 허공을 가르도다.

좋은 일을 두고 어이하여 요리조리 갸우뚱 대는가?

알고 본 일이지만 전혀 믿을 수 없다 한다.

세상이 물처럼 흐른다면서 한 물 같은 강이여

단 한 사람이라면서 다른 얼굴 여러 모습이다.

믿을 수 없어 믿기에 이르고

둘 곳 없어 꾸미고 여민다.

천만 년 내려온 이야기 되풀이에도

어른 아이 할 것 없이 즐겁다 한다.

究竟無我分

[究竟은 무아라]

At the end no I will not be

107

爾時 須菩提 白佛言

世尊 善男子 善女人 發阿耨多羅三藐三菩提心

云何應住 云何降伏其心

이때 수보리가 부처님께 사뢰기를,

삼세에 가장 거룩하고 존귀하신 이여,

선남자 선 여인이 아뇩다라 삼먁 삼보리심을 내고자 하거든

어디에 머물러야 하며 무엇으로 그 마음을 항복받아야 하리까?

At this moment, Venerable Subhuti asked Buddha;

The utmost honoured One in the triple cosmoses!

If any good and wise, men or women, wish to raise

The Annuttarasamyaksam-bodhi Mind, then, at where they

Should abide and with what they should surrender the mind?

주소가 있으면 번지가 따르니 부처의 주소는 어디며

하나님의 번지는 도대체 하늘 어느 곳에 매달꼬?

매달고 따르니 사뭇 사람의 흉내나 내는 것이로다.

착한 이들이여, 곡조 없는 자리에 풍류가 가득하도다.

삼보리는 알갱이 없는 보리인데

납작보리 육모보리 갈보리로도 차지 못한다.

어찌 빈 껍질로 허구한 춘궁기를 넘길꼬?

텅 빈 배를 움켜쥐고 태평가를 부르는 것이로다.

삼먁삼보리심은 이미 正等한 覺이요 正遍(정변)한 智인데

머물러 正遍이 아니고, 어디에 있다면 等正이 아니다.

다시 처음으로 돌아가 수보리가 부처님께 되 여쭈니

공생과 여래가 진종일 나눈 대화를 良久(양구)하여 마무리 짓는다.

대승경전이라면 마땅히 이로부터 始發(시발)할지로되

두 번째 시작을 삼았으니, 보라 눈을 부릅뜨라;

無上心 내니 어디에 머물러 어찌 항복 받으리오?

아인중생 수자를 버리고 고집멸도를 여의었도다.

No thing to retain, nor remember, nor re-examine;

Departing from delusory things far far away;

As soon as nothing to be attained from Buddha

One will see the utmost honourable full attainment.

514

四相과 四諦(사제)를 여의었으니 마땅히 金剛이로다.

허나 여의어 버리기를 밥 먹듯 하니 佛法이 아니다.

이미 佛法이 아니거늘 어디에 금강 같은 말씀이랴!

허다한 말씀이건만 적고 지닐 길 없으니 고맙다.

佛告 須菩提

若善男子 善女人 發阿耨多羅三藐三菩提心者

當生如是心 我應滅度 一切衆生 滅度一切衆生已

而無有一衆生 實滅度者

[佛告須菩提

菩薩 發阿耨多羅三藐三菩提心者 當生如是心 我應滅度 一切衆生

令入 無餘涅槃界 如是滅度 一切衆生已 而無一衆生 實滅度者]

부처님께서 수보리에게 이르시었다.

가령 선남자 선 여인이 아뇩다라삼먁삼 菩提心을 내는 이는

그 마음을 응당 이와 같이 낼 것이니,

내 마땅히 일체의 중생을 건네어 다 없게 하더라도

일체 중생을 건네어 다 없게 하여 마치었다면

실로 건네어 없앤 단 하나의 중생도 있을 수 없는 것이로다.

The most Venerable Buddha told to Subhuti.

If there would be the good and wise men or women, as long As they

had raised the nothing higher than this incomparable Bodhi, They

should naturally let their faith raise likewise, but however If they

already swear to cross each and every ordinary beings over to The other shore, then, as long as they have crossed over all of them, Truly, there

should not be any of ordinary beings whatsoever at all.

중생을 위하여 깨달았던가?

부처를 위하여 중생이던가?

깨달음은 중생에게 아부하였고

중생은 어설픈 自責(자책)일 뿐일 터이다.

Something to do, there were a desire to do.

Doing things, doer cannot do a thing for himself.

Nothing to do and nothing for himself;

Whole world was occupied by these extra-ordinary ones.

하늘과 땅을 온통 뒤엎어도 있는 것이 없다.

어디에 머물러 하늘을 보며

어느 마음을 달래어 땅을 굽어 보리요?

하늘도 땅도 없으니 人天의 스승이다.

부처는 중생에게서 무슨 업보를 보았는가?

만일 본 것이 있다면 참으로 불쌍한 부처임에랴!

허구한 세월에 허다한 절을 지어 모시고 절하니
예수쟁이들이 우상에 절한다는 칭찬까지 듣는다.

이렇듯 알기 어려운 말로 무식한 쌈꾼들이 대드니
비록 유식하더라도 본전이나마 건질 길 없으려니와
혹 건져 내더라도 이문이 박하여 얻을 것이 없다.
차라리 속내를 드러내 나는 우상을 믿노라 하리라.

석가 黃面 老子도 처음부터 모르는 일이요
백억 항하사 모래알이 始終을 짐작치 못하며
萬年流水가 흐르고 흐르되 세월을 알 리 없다.
스스로 푸르른 물결 넘실댐을 알 리 없다.

야보가 注하여 이르되,
有時에 因好月하야 不覺過滄洲(불각과창주)로다 하였나니
"이따금 달이 좋아 창주를 지난 줄도 몰랐노라." 하였다.

한 가닥 마음을 달래어 하늘과 바다를 삼킨다.
허나, 삼키는 일이야 없지 않으나 吐(토)할 곳이 없다.
무슨 말인가?
세존이 열반의 길에 慶喜(경희)가 묻기를,
남은 한량없는 중생들을 뉘 있어 제도하리까? 한데,

滅度(멸도)할 중생을 어디서 보았는고? 하시나니

아느냐?

苦集滅道(고집멸도)를 있는 것으로 보면 外道이며

生死를 보되 生死 없는 곳인 줄 알면

문득 부처와 어깨를 나란히 하니 菩薩이라

보살은 有無를 다투지도 분별하지도 않느니라.

수없이 듣고 또 들으나 아무도 본 적 없다.

미혹하여 깨달으면 중생도 부처라니

중생이 본래 없거늘 무슨 부처를 이루리오!

부처도 이미 아니라면 무엇으로 중생 탓하랴?

말은 듣되 생각을 뒤집지는 말라!

109

何以故 須菩提 若菩薩 有我相人相衆生相壽者相

即非菩薩 所以者何

須菩提 實無有法 發阿耨多羅三藐三菩提心者

[何以故 須菩提 若菩薩 有衆生相人相壽者相 則非菩薩 何以故 須菩提

實無有法 名爲菩薩 發阿耨多羅三藐三菩提心者]

어찌하여 그러하겠느냐, 수보리여,

가령 보살에게 我상 人상 衆生상 壽者상이 있다 하면

곧 보살 마하살이 아니리니, 이 무슨 까닭이겠느냐?

수보리여, 아뇩다라 삼먁 삼보리를 일으킬 여실한

마음 법이 존재할 수 없기 때문이니라.

Wherefore it could be, dear Subhuti,

As any Bodhisattva has the ideas of subjectivity, objectivity,

The ordinary common being, or even supreme permanent truth

As a whole, then, he is no longer a bodhisattva mahasattva;

What would be the reason for this, dear Subhuti?

The Dharma as it is would not be verified by the true mind

That no such a thing can uphold the utmost imcomparable Bodhi.

보살[Bodhisattva]은 누구의 이름인가?

없는 이에게 모두 보살이라 하늘이라 부른다.

부른다는 것은 re-call이다. coming to be 이다.

왜 부르는가? 내 앞에 相을 만드는 일이기 때문이다.

He, this was but you, calls only himself.

Those whom all the Sutra reminded, Buddha, they are but me,

Even regular grammar cannot catch the caller,

All calles my nick-names and last names of Buddhas.

불러 모시자마자 나는 '나'라는 말로 주인이지만

주인으로 불러 모신 존재의 상에 자신을 던져야 한다.

즉, 相에게 던져진 나는 이미 나를 잃고 caller로서

그리고 더 나아가 존재하기 위하여 나를 隷屬(예속)시킨다.

이 말은 보통 subsist라는 말로 통용된다.

그리하여 나는 내가 일으킨 相에 의하여 사람이 되며

사람이자마자 곧 무리들 가운데 던져진 중생이며

나를 영원히 죽지 않는 존재로 만들고자 勤念(근념)한다.

보살이 보살에게 보살이라는 이름을 줄 수 없을진대

뉘 있어 보살이라 불렀는가? 수보리여 부르더니만

스스로 궁색하여지자, 선남자 선 여인이라 하더니
자신조차 감당하지 못할 지경에 문득 大有로써 바꾸었다.

스스로 作名家, name maker로서의 권위를 잃으므로
그 자체로서[an sich Sein] 對自[being for himself]이니
自身을 향유할 아무 내용과 속성[attribute]이 없으므로
중생의 소원을 들어 주는 높은 분으로만 존재케 만들었다.

눈은 제 속성을 믿지 않나니
눈 밖의 사물이 모두 안에 있다.
안에 있다지만 돌이키면 없나니
이 없다는 것도 제 말일 뿐이다.

초라하고 사뭇 가련한 일이로다.
스스로 속인 것도 모자라 남까지 거들먹거리니
앞으로만 나아가다 退路가 끊어지고 후회는 無用하니
모든 回路(회로)를 스스로 차단하지 않을 수 없게 되었다.

傅大士(부대사)가 일찍이 頌하니,
사람이 다리를 건너가는데
물은 아니 흐르고 다리가 흐른다.
손 없이 호미를 들었고

소는 탔는데 진흙덩이일 뿐.

Over the bridge a man crosses over from and to;

Water does not flow, but bridge flows instead.

In empty hands he holds a weeding hoe

Riding a strong cow, yet an ox of very wet dirt.

부처에게 서른두 가지 상호가 있거나

여든 가지 種號(종호)가 참으로 있다면

참으로 이와 같이 가진 자는

부처가 아니리니 저들은 어디서 온 것인가?

그 서른두 가지의 상호를 어디서 보았는가?

여든 가지 종호들은 어떻게 보았는가?

확실히 보았는지를 묻고 다시 물으리니

본 것을 여실히 보여 달라 부탁하련다.

110

須菩提 於意云何 如來 於燃燈佛所

有法得 阿耨多羅三藐三菩提不

不也 世尊 如我解 佛所說義 佛於燃燈佛所

無有法 得阿耨多羅三藐三菩提

[須菩提 於意云何 如來 於燃燈佛所 有法得 阿耨多羅 三藐三菩提 不

須菩提 白佛言 不也 世尊 如我解佛所說義 佛於燃燈佛所 無有法得 阿

耨多羅三藐三菩提]

수보리여, 어찌하여 그러하냐?
여래가 燃燈佛(연등불) 처소에 계실 제
증득한 아뇩다라 삼먁삼보리 라는 법이 있는 것이더냐.
아니옵니다. 삼세에 가장 존귀하신 이여, 부처님 說하시는 뜻을
제가 헤아리건대 부처님께서 연등불 처소에 계실 제
증득한 阿耨多羅三藐三菩提(아뇩다라삼먁삼보리) 는
있는 法이 아니었나이다.

Subhuti, what would be the reason? for instance,

If One who has come as it is, while he was in the Lotus

Lantern Buddha's Land, just realized The Dharma,

Did he really attained Anuttarasamyaksambodhi, called

As the utmost incomparable Wisdom of Enlightenment?

Subhuti, said to Buddha, The Utmost Venerable One,

In my opinion, what Buddha says to us about such a Dharma;

The utmost Incomparable Wisdom of Enlightenment he attained

in the

Lotus Lantern Buddha's Land does not exist whatsoever at all.

세존이 있어 無上 等正각을 이룬 것인가

무상 正等 覺을 이루니 세존이라 부르시는가?

보고 들음 없건만 위없어 比肩(비견)할 수 없다니

깨달음의 前後事를 咐囑(부촉)받기 전에 受持하였다.

깨닫지도 않았건만 이미 연등 부처님이요

깨닫자마자 뒤에는 迷輪(미륜) 業生의 춤이다.

불보살이 無量한 법계를 즐겨 여행할 제

보이지 않는 無識함이 저들을 先導(선도)한다.

三世가 무엇이며 무엇이 三界이던가?

燃燈(연등) 이전의 암흑은 누가 알아 어두움이라 불렀고

燃燈 이후는 뉘 있어 밝다 할 것이더냐?

지금도 아는 이 없으니 光明이 도리어 無明이로다.

What is the true and real thing of so-called Dharma?

What is the true attaintment of the Enlightenment?

What sees the reality and truthfulness in general?

What is the reason we name them without hesitations?

이름이 없으니 세존이요

十方이 없으니 正等이로다.

보라, 세존이 곧 無上 正等覺, 혹 正徧知(정변지)이다.

覺知하는 자여, 세존을 보기는 보았는가?

그대가 지금 어디에 있기에 無上[위 없음]을 보는 것인가?

본다는 것은 뒤로 앞이요, 앞으로 뒤이거늘

어떻게 앞뒤가 없는 無邊이며 아래 없는 위일 것인가?

툭 터진 하늘에 떠가는 구름도 모르는 일을 돌사람이 헤아린다.

이 세상에서 가장 높고 고귀한 이여

스스로 오르고 스스로 내려온다.

높낮이 없는 곳에서 미끄럼틀을 타고 다니니

위 부처 아래 제자들이 하염없이 비웃는다.

111

佛言 如是如是

佛께서 이르시되, 그러하고 그러하니라.

The Buddha said, "So be it. so be it".

세존이 체면도 불구하고 문득 空生의 꾀에 넘어가시었다.

차라리 저 때에 홀연히, "어찌하여 그러하다 여기더냐?"

한번 이렇듯 물어만 주었더라도 단순한 좀도둑에게

허망하게 당하진 않으리라. 허나, 세존의 일이 본래 그러니라.

主演(주연)은 사실 空生(공생)이라 이름을 훔쳐 쓴 아난이요

助演(조연)은 Kapila 국 존귀한 태자로 태어나 출가한

저 새벽 금성 반짝이는 동녘 하늘의 서가모니라

이것이 저렇듯 한없는 세월을 기다린 보람이로다.

그렇고 그러하다니 무엇인가?

아난은 주연을 소화하지 못하여 들키었고

세존은 주연노릇 하려다 빼앗겨 잃는다.

주연 조연 없는 脚本(각본) 밖에 도리어 舞臺(무대)로다.

傅大士(부대사)가 이르되,

"북과 비파를 다 치고 뜯었다." 하였으니

여운은 아직도 귀밑에 생생하고 쟁쟁하다.

자랑스런 소리꾼들이야 절세의 기교를 갖추었다지만

돌아갈 제 마음속에는 답답함을 금할 수 없다.

아뿔싸, 하나만 알고 다시 나머지를 다 놓치었으니,

무엇이 그 둘이더란 말인가? 꼭 알고자 하는가?

부처와 空生이 본시 black hole 같은 한통속이라

본전과 이자까지 다 삼켰으니 차라리 그대로니라.

강남땅에 비 뿌리고 하늘 맑기 그 몇 번이던가?

세고 세며 그리고 다듬어도 한조각 하늘은 머니

아버지와 아들이 서로 맞장구침이 절묘해도

세상은 다만 그 애비에 그 아들이라 부른다.

부처는 공생에게 옳다 이르시고

공생은 짐짓 모르는 척 물어주었다.

무엇을 모른 것이요 무엇을 안 것인가?

묻기 전에 안 것이거늘 대답하면 틀린다.

그러하고 그러하다니 父子가 다 헛꿈을 꾼 것이리라.
대답할 줄 안 것은 모두 물은 그곳이거늘
백 천 만겁을 두고 이른들 뉘 있어 들을 것이냐!
듣는 대로 아는 대로 모두 四相에 떨어진 것이로다.

떨어짐이 또한 담 밖이 아니로다.

Do not declare that He talks to Subhuti for all.

Do not say that Subhuti asked to Buddha for us.

Don't tell me that this is Buddha-dharma as it is.

Do not insist that nothing is higher than this truth.

112

須菩提 實無有法 如來 得阿耨多羅三藐三菩提

須菩提 若有法 如來 得 阿耨多羅 三藐三菩提者

燃燈佛 卽不與我授記 汝於來世 當得作佛 號釋迦牟尼

[須菩提 實無有法 如來 於燃燈佛所 得阿耨多羅三藐三菩提 須菩提 若

有法 如來 得 阿耨多羅三藐三菩提者 燃燈佛 則不與我受記 汝於來世

當得作佛 號釋迦牟尼]

수보리여, 如實하나 있다 할 수 없는 法으로 여래께서

아뇩다라삼먁삼보리를 證得하신 것이니라. 수보리여,

만약 법이 있어서 여래가 阿耨多羅三藐三菩提를 증득한다면

연등불께서 곧 나에게, "네가 來世에 마땅히 부처 되어

그 이름을 석가모니라 하라." 授記(수기)하지 못하실 것이니라.

Dear Subhuti, this is the Dharma, so real as it is, however,

That no such real Dharma can be existed at all, then

For this Tathagata claimes that He attained Anuttarasamyaksambodhi.

Even if there would be such utmost incomparable wisdom which

I had attained to become Buddha, for this, Buddha of Lotus-lantern

Not appointing me that "You must become a Buddha who would be

named Sakyamuni Buddha after a certain coming future time."

부처는 무엇을 동의한 것인가?

수보리가 말한 것이 그다지도 옳고 바른 것이라면

무엇 때문에 불이 다시 그 문제를 언급할 것인가?

공생은 제 이름이 공하여 아무것도 낳지 못함만 않다.

부처는 무엇을 공생에게 물었는가?

수보리에게 알고 모르고를 물을 일이라면

무엇 때문에 說하심이 있을 것인가?

부처는 깨달음이 없고 경을 설한 적이 없느니라.

그리하여 다시 매무새를 바꾸어 묻노니

금강경이 무엇이며 무엇을 금강 같다 이르는 것인가?

空生과 世尊, 수보리와 佛, 燃燈과 여래는 그 누구인가?

차가운 하늘 외로이 가르며 배고픈 기러기 울부짖는다.

I dare to challenge you, ears of common fellows;

What is Sutra of Diamond, or diamond Book?

Between World-Honoured One and the Birth of emptiness,

Buddha and Subhuti, Lotus-lantern and Tathagata, how different?

과거가 없고 한없는 以前이 없으니 空生이요,

지금 머리를 돌리어 헤아리는 이들이 수보리라.

業이 없어 佛이고, 어둠이 없으므로 燃燈이며
다만 그대 눈앞에 역력하여 홀로 밝으니 佛前이다.

冶父가 이르되,
"넉넉하기로는 천의 입도 모자라나
가난하기로 하면 몸 하나도 많다."하니
있는 병이 없는 병 만들고 없다 하여 되레 生病 되니
친절한 한 마디 이르기를, 살길을 찾다 되레 망하리라.

수없이 많지만 없느니만 못한 귀[耳]이며,
하나도 없지만 열어 탈 많은 입[口]이로다.
생각으로 갈래를 펴 윤회의 늪에 떨어지니
몸은 한없이 바쁜데 돌아보면 夢中事(몽중사)이다.

꿈 이야기 하지 말라 그 또한 꿈이로다.

以實無有法 得阿耨多羅三藐三菩提

是故 燃燈佛 與我授記 作是言

汝於來世 當得作佛 號釋迦牟尼

何以故 如來者 卽諸法如義

若有人 言 如來 得阿耨多羅三藐三菩提

須菩提 實無有法 佛得阿耨多羅三藐三菩提

[以實無有法 得阿耨多羅三藐三菩提

是故 燃燈佛 與我受記 作如是言 汝於來世 當得作佛 號釋迦牟尼 摩那

婆 汝於來世 當得作佛 號釋迦牟尼 何以故 須菩提言 如來者 卽實眞如

須菩提 若有人言 如來得 阿耨多羅三藐三菩提者 是人不實語 須菩提 實

無有法 佛得阿耨多羅三藐三菩提]

증득하는 아뇩다라 삼먁삼보리 법이 실로 있지 않을 새

연등 부처께서 나에게 수기를 주시어 이르시되,

'네가 내세에 응당 부처 되어 자비로운 聖者라 부르리라'

하시었나니, 어찌하여 그러하겠느냐.

여래라 함은 온갖 법이 如義하여 뜻과 실제가 같다는 뜻이니,

만약 어떤 이가,

'여래가 아뇩다라 삼먁삼보리를 증득하였다' 말한다면,

수보리여, 실제로 증득한

아뇩다라 삼먁삼보리 법이 없기 때문이니라.

Even though there is no such experimental attainment of Anuttara-

Bodhi

The Lotus-Lantern Buddha would clearly appointed me by saying

That you must become a Buddha in future coming times, named

Shyakamuni

What would be the reason for this in your understanding?

Tathagata means each and every being as a whole is true and real as it

is;

If anyone declares that Tathagata has attained Anuttar-sambodhi,

then,

Dear Subhuti, it is just because there cannot be an Anuttara-sambodhi

Dharma which can possibly be attained in true and real sense.

授記를 준다니 修行에 적고 읽을 書冊 없음이며
證明하는 글이 없다면 終初至末 또한 없나니
因果와 果報 없는 곳에서 心心으로 傳燈이며
燃燈이 相續(상속)함이 明明하여 無窮한 까닭이다.

그 이름을 서가모니라 불러 號(호)한다니
그대 이미 들어 적는 그곳이 어디인가?
한 걸음 더 나아가면 嘔嘔喃喃(구구남남) 號하는 이는
昨今(작금) 문 앞에서 글 없는 책 읽는 그대로세.

阿耨(아뇩) 삼보리는 모두 무엇이란 말인가?
無無無이니 한번 부딪혀 보라!
無라 부르며 이를 없는 것이라 말하지만
이미 없거늘 어찌 없다 부르는 것이더냐?

증득 하였다니 대개 '무엇을' 묻거니와
거꾸로 뒤통수를 보라!
앞서 먼저 증득한 이는 무엇으로 授記하며
뒤에 증득한 이 무엇으로 수기 받을 것인가?

作佛함이 이와 같을 새
이와 같은 뜻으로 授記하고
이와 같이 證得한 것이며
이와 같이 부처를 지음이로다.

삼라만상에 각각 이름을 부여하는 이여,
저들이 내 눈 앞에 있다고 말하는 이여,

저들이 이 세상이요 세상이 저들이라 말하는 이여,
이름 없는 것들에게 이름을 통하여서만 아는 이여.

여래라는 이름을 바라보니
지은 이가 자못 여럿이로다.
사람은 도처에 있을 수 없건만
가고 오는 그대로 여래라 한다.

One name for all.
No one to the whole.

자비의 몸으로 正覺을 이루어 최고의 성인이 되니
정각을 얻은 이 아니요 성인이 아직 아닌 이로다.
서로서로 남만도 못한 알아 볼 길 없는 사람들이
밤낮으로 한담하는 모양이 가관이요 구경거리다.

금 까마귀 둥지 없이 한없는 세월을 손바닥처럼 읽고
옥토끼는 굴 속 아닌 차가운 허공을 치달린다.
온 세상이 경배하고 하늘이 예배할 존귀한 이 앞에
패거리 떼거지 三毒 五慾 八風의 바람만 여전히 분다.

536

須菩提 如來所得 阿耨多羅 三藐三菩提 於是中 無實無虛

是故 如來說一切法 皆是佛法

須菩提 所言一切法者 卽非一切法 是故 名一切法

須菩提 譬如人身長大

須菩提言 世尊 如來說 人身長大 卽爲非大身 是名大身

[須菩提 如來所得 阿耨多羅三藐三菩提 於是中 不實不妄語 是故 如來

說一切法 皆是佛法

須菩提 所言一切法 一切法者 卽非一切法 是故名一切法 須菩提 譬如有

人 其身妙大 須菩提言 世尊 如來說 人身妙大 則非大身 是故如來 說名

大身]

수보리여, 여래가 증득한 아뇩다라 삼먁삼보리는

그 자체에 있어 實함도 虛함도 없으므로, 여래가 說하기를

일체법이 다 佛法이라 하시었느니라. 수보리여,

이른바 일체법이란 곧 일체의 법이 아닌 까닭에 일체법이라 부를

뿐이니라.

수보리여. 비유컨대 사람의 몸이 長大하다는 것과 같으니라.

수보리가 이에 사뢰기를,

삼세에 가장 존귀하신 이여, 여래께서 說하는 長大한 몸 가진 사

람이란

몸집이 큰 사람이 아닐진대 이 이를 일컬어 '큰 몸'이라 하옵니다.

Dear Subhuti,

The Dharma of Anuttara-samyak-sam-bodhi, what supposedly

Tathagata did attained as it is, should neither be real nor be vain,

Tathagata says each and every being as a whole is Buddha-dharma;

Subhuti, as you know, since each and every dharma-being is not

The Dharma of each and every things anymore; it is just recalled

likewise.

Dear Subhuti, for a example, it is same as we say "man has a great

body."

Then, Subhuti immediately tolled to Buddha;

The Utmost Honoured One in the whole Triple Cosmoses,

When Tathagata mentioned the man of great body does not indicate

The man with the huge body, just reminded him calling great body.

정등각이 문득 無上의 법인 줄 알진대 참으로 實하나
무엇의 아래일 것이며 무엇의 위일 것인가?
위아래가 없다면 비견하여 설명을 들이지 못하리니
세상 법이 다만 因果로 터전을 삼음인 까닭이다.

부처를 세존이라 부르니 삼세가 아니었던들
어디에서 존귀함을 얻으며 칭송을 받을 것인가?
부르는 이 없는데 칭송함이여!
오늘 같은 말세를 납자들이 누비는 원인이로다.

스스로 여래라 칭하니 여래라는 이름이 아닌 때문이다.
여래가 본 적 없는 중생들이 스스로 세존이라 부르나니
삼세가 어디에 있으며 그렇듯 존귀한 그것이 무엇인가?
보일 것 없는 이가 볼 수 없는 이 의지하여 이름을 얻다.

본 것을 이름 지어 곧 실재라 부르는 줄 알지 말라.
본 것은 이름을 갖지 못하고 실재에 그 이름 없거늘
무엇이 이름을 지으며 무엇을 실재인 줄로 보는가?
無名이 천지의 太始(태시)라면 처음은 어찌 시작되었는가?

볼 때마다 태초이고 태초마다 온 생각을 삼키어 텅 비니
보는 動機가 실재하지 않고 〈나〉라는 이름이 無色하다.
본 뒤에는 오로지 자신을 돌보기도 스스로 어려우니
생각은 꼬리를 물어 결국 實在의 이름에 의지할 뿐이다.

희랍의 고인들은 어찌하여 arche에 집착하였는가?
모든 일체 법[존재하는 사물]에 arche를 물었는가?

本質이라 根本이라 迂廻(우회)하여 새기는 現代 인이여
스스로 文明의 노예인 줄 안다면 입만은 살터인데.

Arche를 태초라 새기는 bible적 誤謬(오류)여
만물의 시작이 어디이며 누가 그 일을 하는가?
시작을 보았다니 이미 끝이 난 뒤이고
시작을 창조하는 누구는 어리석은 마음 끝이다.

문자를 만들어 내니 만든 글자에 소리가 없다.
大文字와 小文字의 어처구니없는 神話일세.
하느님이 일체 소유 법을 창조하는 그 순간
자신의 입을 사람들에게 송두리째 빼앗겼다네.

마음은 형상 없음이 두려운 나머지
자신의 모습을 보고 들은 대로만 그린다.
비추어진 그림자는 경멸스러운 나머지
億劫(억겁)의 想念들을 밖으로 表象化(표상화)하기에 이른다.

없는 것이 두려우면 있는 것을 경멸하고
공포와 경멸은 쉽게 有無 다투는 論理의 표적이 된다.
없기를 바랄 수 없으므로 있음을 뒤집어엎고
있음이 절대 부당하니 없음을 참 존재로 여긴다.

Mud-ox out of bottom of the sea runs while holding

The moon in his mouth,

Stone-tiger is taking nap holding an infant in his arms

Iron-snake sneaking into the Diamond eye ball.

Himalaya rides an elephant, which is pulled by little sparrow.

No things here, then, what do you see from these?

Are these something? then, what are they?

Tells you some deep matter? Under-stand?

Dis-regards them? Neck and throat were cut off.

무엇이 비유이며 어떤 것을 格外라 부르는가?

하나씩 둘을 만들면 隱喩(은유)라 부르고

둘 없이 한 가지로 譬喩(비유)를 거론해도 좋으나

相 없고 안팎 없는 虛靈(허령)한 格外는 알 길 없다.

Mind does not know how and what to remind himself.

Mind only refers himself out of something other than himself.

Mind owes himself to things far away from the other shore.

Therefore, mind recalls metaphor exactly in and for himself.

須菩提 菩薩 亦如是 若作是言 我當滅度 無量衆生 即不名菩薩

何以故 須菩提 實無有法 名爲菩薩

是故 佛說一切法 無我無人無衆生無壽者

[佛言 須菩提 菩薩 亦如是 若作是言 我當滅度 無量衆生 則非菩薩 佛

言 須菩提 於意云何 頗有實法 名爲菩薩 須菩提 言不也 世尊 實無有法

名爲菩薩 是故佛說 一切法 無衆生無人 無壽者]

수보리여, 보살 또한 이와 같으니

만일 '내 마땅히 무량한 중생을 건네어 없게 하리라.'

말하는 이는 곧 보살이라 일컬을 수 없으리니.

왜냐하면, 수보리여, 실로 법이라 이를 것 없는 것을

보살이라 부르기 때문에, 그러므로 부처가 說하시되,

온갖 법에 我 없고 人 없고 衆生 없고 壽者도 없다 하시니라.

Dear Subhuti, It goes to the Bodhisattva the same way;

If anyone who might utter that, I will definetely liberate

All the immeasurable and uncountable living creatures, then,

This one cannot be called a great One, that is Bodhisattva.

Wherefore is it? Dear Subhuti, For Dharma, there is not a thing

Ex-ist out there as a so-called truthful reality nor .

Therefore, all the Buddha ought to say that in each and every dharma,

No the idea of I-ness, the idea of mankind, the idea of common being,

Nor the idea of eternal supreme being neither.

무엇이 我相인가?

주인공이 없기 때문이며

무엇이 人相인가?

상대할 사람이 없기 때문이며

무엇이 중생상인가?

주체와 객체가 없으매 一切有가 없기 때문이며

무엇이 壽者相인가?

없다는 것도 없고 空하다는 것도 없기 때문이다.

말씀이 따로 없고

모두가 佛說이라는 말도 없으며

들을 자가 없으며 말하는 자가 없어서

아무 것도 없다는 말도 없기 때문이다.

대저 금강이라 부르는 것이

어찌 금강 같은 눈이 아닐지며

어찌 금강 같이 굳지 아니할 것이냐!

비우고 비워도 비워지지 않으니 금강이라 부르라.

일체법이 무엇인가?

한 낱개도 본 적이 없거늘 一切(일체)라 말하니

입에서 나오는 소리야 수천만 억일지라도

上下 兩便皮(양편피) 아니고야 어찌 감당할 수 있으랴!

須菩提 若菩薩 作是言 我當莊嚴佛土 是 不名菩薩

何以故 如來說 莊嚴佛土者 卽非莊嚴 是名莊嚴

[菩薩 須菩提 若菩薩 作是言 我莊嚴佛國土 是不名菩薩 何以故 如來說

莊嚴佛土 莊嚴佛土者 卽非莊嚴 是名莊嚴 佛國土]

수보리여, 만약 보살이 말하기를

'내가 마땅히 불국토를 장엄하리라' 한다면

보살이라 부를 수 없나니, 왜냐하면 여래가 說하시되

부처님 땅의 장엄은 곧 장엄이 아닌지라

이를 일컬어 장엄함이라 부르는 것이니라.

Dear Subhuti, if any good and wise one says, That Tathagata

will definitely be fulfilled in all the uncountable Worlds of

Enlightenment, He cannot be called by the name of good and wise

one anymore. Wherefore? Because, according to what Tathagata would

say, Fulfillment in all the Enlightened Worlds is not fulfillment, So-

called fulfillment is just called fulfillment.

楞伽(능가)에 이르시되,

사바세계는 무엇인가? 무량 법계는 또 무엇인가?

그리하여 恒沙(항사) 법계가 무량 불 국토로다.

낱낱의 모래알 같은 국토마다 그 누가 주인일 것이며

모든 국토를 항하의 강처럼 지어 부른 이가 왕이로다.

세계는 혼돈의 질서이다. 질서는 곧 因果와 思惟의 고리다.

항하사 국토 세계란 얽히고설킨 혼돈의 自己否定적 질서이다.

否定은 낱낱의 국토들이 自己無化하는 과정이므로

思惟 속에서 자신을 思惟함으로써 自己化하여가는 원동력이다.

한 생각 일어나는 그 즉시 혼돈과 질서가 탄생한다.

維持(유지)와 廢棄(폐기)를 통하여 念塵(염진)과 淸淨이 國土를 구성하
나니

항하사 티끌 같은 微塵(미진) 속에 항하사 청정 국토가 들어 있다.

하나가 多數이므로 일세계가 청정하면 다세계가 청정하게 된다.

꿈속의 불 국토여, 약속의 땅이여!

꿈의 주인이 누구며 객은 누구인가?

주인도 객도 서로 알아보지 못하는 중에

서로서로 나와 너로다.

546

일체 법은 그리하여 一心 법계의 微塵(미진) 같은 몸이다.
미진은 서로서로 똑같지만 크기와 이름만 다르므로
없는 마음 들지 않으면 그 자체 존재하지도 않는다.
존재 아니면서 有를 세우므로 일체법이라 부른다.

수천만 가지의 꽃과 향으로 장엄하였다니
다 한 사람 처녀로 하여금 부인이 되게 함이다.
터를 잡아 새 집을 지어 새 주인 맞으니
본래 없던 땅, 없던 집이니 네 알아 하라!

떠도는 구름이 산과 하늘의 주인 되고
봇짐 가벼운 衲子가 심심산천의 주인 된다.
구름도 없고 산 또한 내세움 없으니
이렇듯 오가는 사람들도 다투어 한가롭다.

須菩提 若菩薩 通達無我法者 如來說名 眞是菩薩

[須菩提 若菩薩 通達無我 無我法者 如來說名 眞是菩薩]

수보리여, 보살이 만일 我가 없는 법을 통달한다면
여래가 說하시되 이 사람을 참된 보살이라 부르는 것이니라.

Subhuti, when bodhisattva mahasattva truly achieve the dharma

Without holding the idea of I-ness, he would be named

One who, Tatagatha says, is true Bodhisattva-mahasattva.

이미 空生이거늘 무엇 때문에 다시 無我를 통달하랴!
부처는 말 없으신 분이거늘 구태여 如來로 입을 열어
說하고 또 說하심이 사뭇 번거롭기 그지없도다.
그렇다면 무엇이 금강인가? 번거로움 없는 것이로다.

洞達(통달)은 마침표를 모른다. 그래서 금강이다.
항하사 세계를 바라보는 이여 마침내 무엇을 보는가?
아인중생수자를 낱낱이 照察(조찰)하는 이여 이 무엇인가?

보지만 봄이 없고 因果에 노닐며 허우적거림 없도다.

無我를 洞達(통달)한다니 이미 내가 없거늘
없는 나를 무엇으로 통달할 것인가?
만일 이것으로 불법의 골자를 삼는다면
참 깨달음 없으니 부처라 하지도 못하리라.

이름을 통찰하는 이가 누구인가?
수보리도 空生이라 生이 空寂(공적)하거늘
如來는 다만 이렇듯 와 있다니
이렇게 오지 않았을 때는 어떠한가?

六祖의 언설을 미루어 볼진대
설령 온 곳 없음을 '이와 같이 왔다' 이르더라도
오는 곳 없다 하며 이 오가는 것 무엇인가?
생사거래가 끊기어 神光이 빛을 잃는다.

어두운 만큼 밝아서 밝은 그만큼 어둡다.
어두운 놈으로 검정을 치고 밝은 놈으로 白白을 친다.
어둠이 없다니 환하지 않고 밝음 없으니 깜깜하지도 않다.
이놈 저놈 다 그만두니 '도리깨로 친 것이다.'

一體同觀分

[한 몸 같은 줄 관하라]

The Whole should be seen as Same

須菩提 於意云何 如來有肉眼不 如是世尊 如來有肉眼
[菩薩 須菩提 於意云何 如來有肉眼不 須菩提言 如是世尊 如來有肉眼]

수보리여, 어떻다 여기느냐. 如來께 肉眼(육안)이 있는 것이더냐.
이와 같사오니 世尊이시여, 여래께 육안이 있으시옵니다.

Dear Subhuti, what would you say about this:
Do you believe that Tahagata has physical eyes?
The utmost hounable one in triple world of cosmoses,
I dare say that Tahagata should have physical eyes.

수보리에게 묻기를, 그대가 수보리더냐?
공생이 대답하기를, 당신이 여래이시던가?
공생에게 일궈 묻되, 空에 태어남이니
태어남일진대 온 곳과 있는 곳이 어디더냐?

空生이 대답하여 이르되 이미 묻는 뜻이 분명한지라
물으시는 뜻 그대로이거니 오는 곳이 비록 공하오나

"세상에 가장 존귀하고 거룩하신 분이여." 부를 때

앞서거니 뒤서거니 이름 붙여 空을 명료하게 하였다.

肉眼을 보았는가?

육안은 이미 육신의 眼孔(안공)과 눈매이거늘

瞳孔(동공)은 비추는 대로 모르고 눈매는 美醜(미추)가 없어

무엇을 보는지 무엇이 보였는지 알 길이 없다.

눈과

視線(시선)과

山河大地가

이와 같이 와 있노라.

空生이 이르기를 '이와 같다'니 慶喜(경희)가 아니라 이르지 말라

왜냐하면 이와 같이 보았나니

이와 같이 보는 것은 육안이냐 아니냐?

육안이라면 무엇이 이 때 肉眼일 터이냐?

對比(대비)여! 수보리와 여래로다.

對句(댓구)여! 물어보시고 대답한다.

對案(대안)이여! 맷돌 맞듯 대쪽 맞듯 한다.

對面相照(대면상조)여! vis a vis요 tete a tete로다.

554

하나도 아니요 둘도 아닐세.

하나로되 둘인 것이며 둘이로되 하나인 것이로다.

하나라면 둘이 맞고 둘이라면 하나도 틀린다.

그러므로 아이가 인사하니 어른이 뒤에서 뺏는다.

불상은 부처에서 온 것이지만

부처에게는 형상이 본래 없고

부처는 입도 눈도 없건만

여전히 말하고 본다.

사실이 아니기에 이렇듯 말하여 그르지 않다.

왜일까?

사실이 먼저인가 말이 옳기 때문인가?

알아도 옳지 않고 몰라도 본래 그르다.

118

須菩提 於意云何 如來有天眼不 如是世尊 如來有天眼
[佛言 須菩提 於意云何 如來有天眼不 須菩提言 如是世尊 如來有天眼]

수보리여, 어떻다 여기느냐. 여래께 天眼이 있는 것이더냐.
이와 같사오니 세존이시여, 여래께 천안이 있으시옵니다.

Dear Subhuti what would you say about this:

Do you believe that Tathagatha has Heaven-eyes?

The utmost honourable one in triple cosmoses,

I dare say that Tathagata should have Heaven-eyes.

땅에서 속는 자 하늘에서도 속나니
地上의 눈이여, 얼마나 많은 것을 다시 볼 것이냐!
여태껏 한 물건도 보아 건진 것이 없을진대
하늘에 올라 천사의 눈을 단들 무엇에 쓰리오!

가장 존귀하시니 하늘에서 降臨(강림)하시고
삼계의 눈으로 보지 못하는 것 보시니 하늘눈이요
하늘에 하늘이 없으니 여래의 눈이나, 이 때문에

부처에게 세 번째 눈을 같이 덧붙일 수 없는 일이다.

꽃과 향기와

法雨를 내리고

雷聲霹靂(뇌성벽력)이 盡大地(진대지)를 흔들 제

이와 같이 여래는 스스로 說하시는 것이라.

그러나 무엇보다도 肉眼을 卑下(비하)하지 말라

왜냐하면 천개를 갖추어도 둘 보다 나을 것이 없느니라.

하늘 위로 하늘 아래 천하를 다 뒤져도 없는데

문득 눈썹 밑이요 수직 콧날 바로 위에 누었느니라.

天眼이 있으시다니, 天安은 서울 밑이니라.

이와 같이 天眼으로 보시나니

六眼이 아니라 天上의 눈인 줄 아나니

참으로 안다면 이 역시 천안이 아니겠구나. 大田 위니라.

육안은 밖으로 얻고

천안은 안으로 얻나니

안팎이 모두 없을 새

얻음이 어디로 갖추어 일어나느냐?

육안은 보는 것마다 다 형상을 갖추어 주며
천안은 보는 것마다 다 형상을 여의어 버린다.
갖추는 그때에 있는 대로 잃고
버리는 그때 없는 대로 두루 즐긴다.

중생만이 저들 다섯 눈길을 다 갖추었지만
스스로 풀숲에 들어 길을 잃고 헤매나
여래는 그 어느 것도 소유한 바 없는 까닭에
肉眼 같은 하늘눈이요, 육안 같은 佛眼이다.

육안은 보는 것마다 다 형상을 갖추어 주며

119

須菩提 於意云何 如來有慧眼不 如是 世尊 如來有慧眼

[佛言 須菩提 於意云何 如來有慧眼不 須菩提言 如是世尊 如來有慧眼]

수보리여, 어떠하다 여기느냐.

여래께 慧眼(혜안)이 있는 것이더냐.

이와 같사오니 세존이시여, 여래께 慧眼이 있으시옵니다.

Dear Subhuti what would you say about this?

Do you believe that Tathagatha has the eye of internal awareness?

The utmost hounable one in triple cosmoses,

I dare say that Tathagata should have the eye of internal awareness.

눈은 相을 위한 것이다.

상은 자신을 알[知] 이유가 없다.

스스로 자신에게 상 없는 줄 앎이 慧다.

상은 빛을 향하는 나무의 눈이다.

如來는 안에서 밖으로 향하지 않으며

밖으로부터 안으로 들여보내지도 않는다.

안에 눈이 없고 밖에 눈이 없기 때문에

이와 같이 如實하게 마음과 몸 밖일 뿐이다.

눈 안의 산이 눈 밖에 산을 쌓는다.

눈을 벗어난 산이 눈을 산으로 채운다.

산은 이미 산이었고 그때 산 밖이다.

산이 그리하여 다만 이와 같이 있다.

누가 지혜로운 눈을 가진 것인가?

부처와 보살이라면 다 妄語가 될 것이로구나!

"千眼 大慈이신 觀音도 보지 못하는 것이

바람 따라 비가 되어 앞산을 지나가 버리었다."

Even Avalokita can not possibly see this,

How is it possible to be seen by Tathagata?

Do not even try to answer this question,

This has never expected somebody's answer.

須菩提 於意云何 如來有法眼不 如是 世尊 如來有法眼

[佛言須菩提 於意云何 如來有法眼不 須菩提言 如是世尊 如來有法眼]

수보리여, 어떠하다 여기느냐.

여래께 法眼(법안)이 있는 것이더냐.

이와 같사오니 세존이시여, 여래께 법안이 있으시옵니다.

Dear Subhuti what would you say about this:

Do you believe that Tathagatha has the Dharma-eye?

The utmost honourable one in the triple cosmoses,

I dare say that Tathagata should have the Dharma-eye.

자신의 존재를 존재자로 볼 줄 아는 놈이다.

마음 안에도 마음 밖에도 존재하는 어떤 것도 없다.

왜냐하면 존재가 마음을 선험적으로 예상하기에

그렇다면 무엇이 法眼(법안)인가? 보면서 못 보는 것이다.

Dharma does not exist either inside or outside.

Eye of no-matter-what cannot realize the Being inside and outside itself.

Eye does not practically realize Dharma nor imagine it.

What eye has begotten is known as Dharma without sub/ob-ject

진리의 눈이라는 말은 핫바지 입고 넥타이 맨 것이다.

눈은 보면서 무엇을 보는 줄 모르기에 다만 눈일 터인데

어찌 나무를 보는 눈이 따로 있고 부처 봄이 다를 것이냐?

다르다면 그 눈이 아니며 같다면 아무것도 볼 수 없느니라.

부처가 스스로 여래를 보고 동시에 공생을 본 것이며

서로 부르고 기꺼이 묻는 대로 대답하기에 이르니

"부르고 돌아보는 곳에 佛法이 있다 이르지 말라

애초에 터럭만큼도 나뉘어 벌어진 적 없느니라."

肉眼 天眼 慧眼 法眼 佛眼(불안)은 눈의 분류가 아니니

제 눈을 문득 돌이켜 하늘과 땅을 평탄케 하도다.

눈인즉 흑백이 자명하고 붉고 푸름 다를 것 없지만

태양보다 눈부신 광명 칠통 속에 있는 줄 어찌 알리오?

枯木(고목) 나무 둥치 속에 용의 울음소리 천지를 뒤흔들고

눈 달린 돌사람은 눈물 흘리며 크게 드높여 탄식한다.

무쇠 가지에 첫 봄을 귀띔하는 꽃망울이 터지고

오뉴월 따가운 햇살 위로 눈발 흩어 서리를 뿌린다.

The physical eyes do not have eye-balls.

Do not even mention that the brain commands them.

Two eyes in the face see things without forms,

Brain forms images instead even though eye sees things.

須菩提 於意云何 如來有佛眼不 如是 世尊 如來有佛眼

[佛言 須菩提 於意云何 如來有佛眼不

須菩提言 如是世尊 如來有佛眼]

수보리야, 어떠하다 여기느냐. 여래께 佛眼이 있는 것이더냐.
이와 같습니다. 세존이시여, 여래께 佛眼이 있으시옵니다.

Dear Subhuti what would you say about this:

Do you believe that Tathagatha has the Buddha-eye?

The utmost honourable one in the triple cosmoses,

I dare say that Tathagata should have the Buddha-eye.

본다는 것이 그르쳤고 보지 못한다는 것 역시 그르다.
본다는 그 자체가 이미 꾸밈이요 만들어진 相이다.
如來, 즉 무엇이 '이와 같이 오는 것'인가?
한 손으로 거울 들고 다른 손으로 얼굴 살핀다.

세존께서 알 수 없는 것을 空生이 이미 알았다.

눈에 여러 가지가 있는 줄로 이르지 말라.

보는 눈은 다만 한 쌍 이로되 다르다고 말한다.

한 부처도 이르지 않았거늘 마음이라 부르니

이 허령한 공양을 佛心이라 내버려두었는가?

공생이 못 보는 것을 내가 지금 보는 것이다.

눈 안에 눈 없고 나무는 없는데 나무를 본다.

세존에게 삼계가 없는데 온통 보는 그대로 법계이다.

삼계가 곧 그의 눈이며 법계가 부처의 육안이라,

아무것도 볼 수 없으나 이렇듯 여래를 본다.

하나로 천 가지의 變化身metamorphosis을 얻으니

천백억 화신이라 부르나 하나조차 없음을 어이하랴!

化身과 本身에 머리와 꼬리도 없는 것이거늘

本身과 化身, 報身(보신)이라 생각 내키는 대로 부른다.

세존은 부처로서 육신 지혜 등을 갖출 이유가 없거늘

스스로 초월을 포기하고 靈肉(영육)의 桎梏(질곡)에 빨려드는가?

부처의 눈을 본 뒤로 다시는 아무것도 돌아보지 않으니

동네 거지가 하나뿐인 쪽박마저 깨부순 격이로구나.

傅大士(부대사)가 이르기를,

"하늘의 눈은 통해서 걸리지 않고

육신의 눈은 걸리어 통하지 않으며

법의 눈은 오로지 俗된 것을 관하고

지혜의 눈은 곧장 공한 것에 攀緣(반연)하지만

부처의 눈은 비춤이 다르나 당체는 같아서

법계 내에 뚜렷이 밝아

다다르지 않는 곳 없는 천개의 해와 같다."하였으되

나는 이 또한 모자란다 말하리라.

어찌하여 그러한가?

四相이 분명하니 글귀에 매달린 때문이다.

하늘의 눈은 걸리지 않고 통하되 막힌 것이요,

육신의 눈은 안 통하며 걸리지만 본래 트였다.

법의 눈은 법을 고집하여 스스로 속되었고

지혜의 눈으로 없는 形相에 攀緣하여 육신에 종속된다.

부처의 눈이라니

육신도 하늘도 지혜도 법도 아니거늘

무엇을 보아 무엇을 알며 같고 다름이 어디인가?

천 가지를 있는 그대로 내버려두라!

하나인들 이름에 묶어두지 말라!
지금도 보고 듣고 맡고 말하는 놈은 如前하니라.

I see a tree; in fact,

Tree swallows me; in whole.

Buddha says the Dharma, but,

Dharma vomits the Buddha after all.

이름 던져 몸 잃으니

없는 몸에 소리와 빛이로다.

생각하는 지혜로 얻는대로 잃으니

마른 허공에 천둥 번개 사철이로다.

須菩提 於意云何 如恒河中所有沙

佛說是沙不 如是世尊 如來說是沙

[佛言 須菩提 於意云何 如恒河中 所有沙 佛說是沙不 須菩提言 如是世

尊 如來說是沙]

수보리여, 어떠하다 여기느냐. 마치 항하에 있는 모래와 같나니

부처가 이 모래를 說하지 아니하였더냐.

이와 같습니다. 세존이시여. 여래께서 이 모래를 說하시었나이다.

Dear Subhuti what would you say about this?

Do all of the infinite sands of endless rivers not believe that

Buddha has already talked about each of these sands?

The utmost honourable one in triple world of cosmoses

I would gladly answer that Tathagata has already talked about the

sands.

강에 이르니 문득 없고, 모래 만지니 말만 많다.

하나와 많음이 다 한 마디로 터져 나왔나니

하나다 많다, 같다 다르다 함부로 이르지 말라,

하나로 강이 허망하고 많음으로 모래가 허망하다.

With what do you see the sands?

We gladly ask the question, "How do you see?"

It is this very eye; yet neither body, nor heaven.

Not even Dharma nor Buddha's wisdom cannot see.

강에는 물이 없고 물에는 강이 없지 않은가!

강은 산 위로 흐르고 물은 구름 따라 흐른다.

모래 없는 '백사장' 비단길 드리운 未知(미지)의 길에

망망히 펼쳐진 하늘과 땅을 강과 물은 알 길이 없다.

서로가 서로를 모르니 無識(무식)하고

무식으로 돌아볼 길이 없으니 홀연 自己(자기)라 이른다.

이르는 까닭에 그곳을 실재하는 존재로 알고

앎으로 분간하매 중생과 持續(지속)하는 삶을 내세운다.

六門 앞에 걸어 내세우면 곧 相이요

相은 오고가는 生滅(생멸)을 낳는다.

生滅이 있으므로 생멸법이 있고

생멸하는 법이 없으므로 相도 없다.

상이 없으므로 내세울 것이 없다 하였고
생멸이 본래 없으므로 법이 본래 법 아니나,
아닌 줄 아는 법은 이미 문밖에 드러났으니
모래와 강이 둘이 아니면서 하나도 아닌 것과 같다.

아무리 많아도 항하의 한 모래이며
아무리 달라도 모래알은 모두 같다 한다.
삼천 대천 세계가 모두 나의 눈에서 지새고
미세한 먼지보다 작은 털끝에 수미산 들었다.

여래가 설하고 부처가 설한다니
설하시는 말씀은 귀에도 눈에도 없다.
눈과 귀가 없으니 눈먼 봉사에 벙어리건만
발 없는 말이 되어 동서로 종횡무진이다.

須菩提 於意云何 如一恒河中 所有沙有 如是沙等 恒河

是諸恒河 所有沙數 佛世界 如是 寧爲多不 甚多 世尊

[佛言 須菩提 於意云何 如一恒河中 所有沙有 如是等 恒河 是諸 恒河

所有沙數 佛世界 如是世界 寧爲多不 須菩提言 彼世界甚多 世尊]

수보리야, 너는 어떻게 생각하느냐.

저 항하의 모래 수만큼의 항하가 이와 같이 있고

이 모든 항하의 모래 수만큼 불세계가 이와 같이 있다면

일컬어 많다 하지 않겠느냐? 심히 많사옵니다. 세존이시여.

Dear Subhuti, how do you understand this thing?

Let me tell you this again; what if there are

As many Ever-lasting rivers as the

Sands of the Ever lasting rivers?

And there is the World of Buddha for each and every sand

In all of the Everlasting rivers, then,

Would these worlds of Buddha be a whole lot?

It should be called a whole lot indeed, utmost master-mentor.

그 모래알이 얼마이던가?

하나하나 짚어 세노라면 시간이 얼마나 걸릴 것인가?

많다고 대답함이여, 다 세기도 전에 늙었다.

억겁이 모자라다 이르니 시작을 기다리지 않음이라.

되풀이하며 다만 지금이라니 멈출 줄 모르는 것

항상 이 손가락 끝에서 벗어나 멈추게 한다.

이 무슨 말인가?

지금이 지금이듯 어제도 내일도 지금의 變身(변신)이듯

하나 둘 헤아림 없이 포대에 담지만 밑이 없느니라.

無明은 只今, 記憶은 지금의 追憶(추억), 絶望(절망)은 記憶의 無化라

三世를 셋으로 나눈 것은 돌이킴의 돌아갈 곳 없음이라

없는 데서 홀연히 돌아봄이 나와 남이라는 妄想일새

아인중생수자 없는 것을 당당한 세존이라 부른다네.

圓覺(원각)에 "법계가 나의 눈과 귀로 꽉 들어 차 빈 곳이 없다."

두루 차 빈 곳이 없다니, 나의 눈과 귀는 어디에 있는가?

六門이 텅 비었으므로 채울수록 비니 이미 가득 찼거늘

도리어 비고 참을 좇으면 그대로 三界의 울에 갇힌다네.

놀라지 말라! 삼계에 울 없어 얻은 이름이니

삼계가 우러르는 어른이 바로 그대의 놀램이로다.

놀라 退轉(퇴전)코 물러난 즉 중생 이름 평생 지니고

퇴전할 곳조차 없는 줄 문득 깨우치면 導師(도사)라네.

얼마나 많은지 수로는 셀 수 없겠으나

많을수록 아무 방해가 되지 않으리니

많을 때 저들이 도리어 하나이기 때문이다.

모래라는 이름이 몸 마음 하늘 법 지혜에 없다.

佛告 須菩提 爾所國土中 所有衆生 若干種心 如來悉知
何以故 如來說諸心 皆爲非心 是名爲心
[佛告 須菩提 爾所世界中 所有衆生 若干種心住 如來悉知 何以故 如來
說諸心 住皆爲非心 住是名爲心住]

부처께서 수보리에게 말씀하시었다.
국토마다 살고 있는 중생의 몇몇 部類(부류)로 된 마음들을
여래가 남김없이 아나니, 어찌하여 그러한가.
여래가 說하시는 마음은 다함께 非心일새
이를 마음으로 부른 것이니라.

Buddha said to Subhuti:

For all common living being in every land,

Tathagata knows them thoroughly

Without leaving even a very small part.

The so called several types of the mind: How do you understand this?

The minds of which the Tathagata speaks; all of them,

Are not really the mind; this is why it is called mind.

몸 마음 하늘 법 지혜가 없으니 불국토이다.

불 국토에는 아무 것도 없어 없음조차 없다.

그리하여 일체 중생 중생이 묻고 되묻나니

불 국토에는 설하는 부처님이 계시지 않느니라.

산과 바다에 사는 산 바다 같은 마음

어디에도 사는 곳 없는 텅 빈 마음이여!

문득 구름바위 위에 집터를 잡았나니

오가는 인적 없고 담과 부엌도 없도다.

국어에도 주어와 동사가 있고

영어에도 주어와 목적어가 있고

같은 나라에 말은 서로 다른 말이나

각각 다른 소리 모이자 곧장 알아듣다.

눈 코 귀 밝은 肉食 사냥꾼들에게 찬 지옥이 매몰차고

온통 먹어 치우는 주인공에게 아귀와 수라 할퀸다.

분별 잘하니 인간이요 꿈꾸며 나르는 하늘이리니

무엇을 다시 알고자 하는가? 한결 같으니라.

하나부터 열까지 마음인데

하나도 세지 못하여 열[十 百 千]을 받는다.

친근할수록 다시 소원하여지니
古人이 懇切(간절)하여 이르기를, 一切(일체)라 부른다.

마음을 마음대로 마음이라 부르는 마음이여
허락할 能所(능소)가 없건만 여전히 마음이라 부르네.
불러 지치지도 아니하니 마음이라는 구나!
무엇이 마음이던가? 흐르는 물소리 본적 없다네.

중생이 서로 주고받는 하염없는 마음을
다시 빛을 돌이켜 탐색하니 찾는 놈이 새롭다.
새롭다니 여전함을 벗어난 듯 분간키 어려우나
어려운 줄 알 때 다시 그 하염없음이라.

덧없는 마음이 참으로 어처구니없이 恒常한다.
덧없음을 도리어 항상 하여 얻어 갖추었으니
더불어 살지 않으매 도리어 한 몸이 되었구나!
무엇이 없는 몸 한 몸이라 可當케 하였던가?

진리를 구하고 참 법을 기다리며 세계를 이루니
억천만겁을 헤아려 아직도 모자라지만
모자란 그곳이 도리어 가장 친절한 곳이리니
한 순간 一念을 즉시 無量劫(무량겁)이라 이른다네.

이 모두 생각 그 자체의 시간을 일컫는다.
생각의 너울에 진행과 역행 되풀이하나니
처음조차 없는 것이 앞뒤를 슬그머니 다투고
문득 자신을 返照(반조)한 뒤로 나와 너라 화합한다.

Gateless mountain top hut, even no entrance can be seen:

White scattered cloud leads up to the shadow of headwaters.

No way of knowing who came here for the first time;

Why in the world do men call this time and tide.

세고 헤아리면 중생이요 그 相이라 하지만
같다거나 다르지 않다고 말하면 보살이로다.
부처는 꿈엔들 보지 못하리라. 壽者(수자)여!
없는 것 어찌 세랴, 앎에 이미 헤아릴 것 없도다!

相 지음이 마음이요, 마음 자체 역시 相이다.
세계와 나라와 중생 모두가 부처라는 마음이다.
心中에 부처 없고 부처 또한 無心한 까닭이니,
무심케라 남산에 구름 일자 북산에 비 뿌린다.

125

所以者何 須菩提 過去心 不可得 現在心 不可得 未來心 不可得

[何以故 須菩提 過去心 不可得 現在心 不可得 未來心 不可得]

그 까닭이 무엇이더냐. 수보리여,
과거의 마음을 증득하지 못하며 현재의 마음을 증득하지 못하며,
미래의 마음을 증득하지 못하느니라.

Wherefore is it, Subhuti?
The mind before this moment could not be captured,
The mind at this moment could not be retentive, and
The mind coming to be hereafter could not be grasped.

얻을 수도 없거니와 얻으려는 이 또한 없다.
얻어 지닐 곳이 없거늘 낚시 줄에 제 목을 달았다.
三點은 마치 개울물처럼 흐르고
굽어 돌기는 마치 풀 베는 낫과 같구나.

Neither contents sub-sists, nor materials ex-ist.

Neither man sees them, nor were any things seen.

Mother is looking for herself in my chamber,

Father builds the ants caves waiting for Spring flood.

圓相(원상)을 맴도는 다람쥐의 튼튼한 앞뒤 팔뚝이여

뛰는 쥐에 쳇바퀴 소리 크니 필경 主客(주객)을 잃었다.

證得하지 못하였다니 필경 무엇이런가?

급하여 육십에 하나를, 느긋하여 하나에 예순이 들렸다.

과거심이 무엇인가?

What can we call the past?

헤아림이 수미만큼 크나 얻을 것이 하나 없다.

The vast mountains rising by gathering thought

Are all vain.

They can survive only through bottomless bowl of memory.

현재심이 무엇인가?

Which mind shall we say is running right now?

두려움이 사하처럼 흐르니 마구니 짓거리이다.

Fear of not-knowing makes a sub-ject of the prediction.

This can be noticed as a fact,

Under devil's control.

미래심이 무엇인가?

How do we understand the mind as a whole

Coming up before us?

공포가 은산철벽이니 外道의 임금이다.

Fearful castle out-side; nothing more than this thought.

Finally became the King but without satisfaction.

얻지 못함이 무엇인가?

How do we know we did not get it at all?

법과 법이 두루 모양을 갖추어 여섯 가지 먼지를 이룬다.

Dharmas or beings in nothingness,

While by the absence of form,

Make themselves into six different compositions

Existing in each and every speck of dust.

앎은 무엇인가?

What is the knowing?

눈으로 귀를 열고 입으로 귀를 당부하니 생사를 너울댐이라.

Eye makes ear open;

Mouth reconoiters ear on his own shadow.

Life and death flows billion Kalpas

In a second.

모르는 것은 무엇인가?

What is the unenlightened?

지옥 속에서 빛을 보나니 스스로 밝아 칠흑 같다.

Seeing the luminous light in hell

As bright as

Glowing charcoal.

얻을 것 없고 얻을 수 없어 마음이란 말인가?

어제와 오늘과 내일이로다.

같다 이르지 말라, 三世가 참으로 있게 된다.

마음의 숨겨둔 別名이 시간일 줄이야!

退去(퇴거)하였다니 무엇이 물러간 것인가?

흘러지나 간다니 어디로 향하는 것인가?

가기 전에 출발하는 곳은 어디며

지금 있는 곳은 어디인가?

무엇을 그대가 보았는가?

그대는 두 눈으로 본 것인가?

그대가 본 것은 누구의 것인가?

아무의 것도 아니라면 어찌하여 내가 보는가?

冶父(야보)가 이르기를, "목소리를 낮추라,

곧 코에서 氣가 나오는 줄 알게 되리라."하였으니

[低聲低聲하라 直得鼻孔裏出氣라 하다.]

三際(삼제)는 마음으로 구하지만 못 보고

못 보는 두 눈이 여전히 두 눈을 對面하고 있다.

현재의 마음이라니 눈앞에 무엇이 있는가?

허망한 마음이 다만 그대가 펼치는 경계로다.

미래의 마음이라니 오지 않은 것이 무엇이며

무엇이 올수 있는가? 비어 없는 자리는 무엇으로 채우나?

過去心이 누구의 심장을 달고 다니던가?

未來의 마음이 맴돌기도 이전이건만

이렇듯 거꾸로 말을 타고 달리는구나.

參星(삼성) 半月이요, 南面하고 觀北斗(관북두)로다.

시간의 분별은 곧장 시간의식으로 되돌아간다.

시간 의식은 思料된 것에 대한 반성과 形相이다.

시간은 그리하여 의식의 當體에 所與된 것과

의식이 記述한 내용의 종합 내지 총체적 반성이다.

앞선 생각은 뒷생각을 불러일으키니

이것을 반성된 시간 속의 因果라 부르며

따라서 因果는 시간 의식의 自己定立이다.

이와 같이 저것은 결국 이것, 어떤 것으로 된다.

Something like this; that was when it was.

Now it is like this, then,

It be-comes something more and then

It will be just like that.

시간의 무화는

반성에 대한 반성이 이루어질 때를 말한다.

추운 날 꽃 한 송이는 놀라운 아름다움을 준다.

왜냐하면 꽃은 추위와 연관된 반성 자료가 단순한 때문이다.

즉 이름 지어 부를 때는 꽃의 아름다움이지만

사실은 반성의 逆行으로부터 點火(점화)된 총체적 評價(평가)이다.

오온이 불러들인 최초의 배경은
의식 속에 첫 경험으로서 각인되는데
이 定立이 대상평가의 主原因이 된다.
美醜(미추)는 대상의식이 아닌 주인의식이 된다.

과거가 없는 것이 아니며 현재와 미래도 그러하니
작명가에겐 마음밖에 다른 이름을 붙일 수 없다.
이름 지었으면 과거요 그 이름 부르면 현재이며
과거와 현재를 삼키고 토해낸 배설물이 미래이라.

어제의 그대는 누구인가? 그래 뉘신가?
지금의 그대 내일의 그대는 뉘신가? 지나갔다.
같은 놈이라면 귀신일 터이지만, 방귀마다 털 난다.
같지 않다 해도 도깨비일 따름이다. 뽑지 마라!

시간은 마음속에는 있지만 그 마음이 없으며
과거는 현재하지만 點指(점지)하는 마음은 벌써 지금이다.
현재를 점지하니 이미 과거의 지난 마음이며
미래를 점지하니 문득 과거의 只今이기 때문이다.

마음이 본래 머무름이 없는 것이라면
시간 또한 머무르는 곳이 없을 터이나

과거, 현재, 미래를 나누어 쓰니

쓰는 그것은 마음인가 아닌가?

머무름이 없거늘 어느 곳에서 그 마음 쓰리오?

홀연 靈龜展翅[영구전시 · 신령한 거북 나래 편] 그 곳이라니

대답이 이러하다면 뉘 있어 佛法을 믿으랴!

上元 달 밝고 둥그니 두 손 모아 소원 빈다.

수보리는 허공으로 태어난 물건이라

가없는 허공이 놀라 이목구비를 잊은 그 얼굴이요,

[無邊虛空이 覺所顯發이요.]

부처의 마음을 온통 중생에게 빼앗기었으니

증득치 못할 그 마음이 빛 없는 頭頭物物(두두물물)의 곳집이다.

[不可得心이 無明法藏이다.]

백천만겁이요 무량 광겁이라니

이때가 그 어느 때인고?

돌아와 같은 곳이라 말라, 시작도 없다.

끝없다 이르지 말라, 벌써 그친 것이로다.

周(주) 금강은 눈앞에 떡을 놓고도 먹지 못하였고

노파는 떡판을 비우지도 못하며 모두 놀아났다.

부처는 공연히 시간을 끌어들여 자식을 괴롭혔지만
천하의 웃음거리는 여전히 禪客(선객)들 몫이 되었다.

선험적[a priori] 시간에 물으니 watch를 탓하고
볼 수 없는 시간을 물은 수보리는 아비만 욕보였다.
한밤에 떡판 이고 집으로 향해 돌아가는 노파여
나서지 말고 "마음껏 드시라!"고만 하였어도 떡값은 챙길 터.

생각이 일어난 줄로 터득하면 즉시 지옥과 축생이요
생각이 여실한 줄 알면 사람에 떨어진다.
생각이 없거나 무한한 즉 천상에 곧 낳으련만
어느 때에 한가로이 도인의 午睡(오수)를 즐길 것이냐!

法界通化分

[법계에 두루 나투다]

Disclosure in whole mind

126

須菩提 於意云何 若有人 滿三天大天 世界七寶 以用布施
是人 以是因緣 得福多不 如是世尊 此人 以是因緣 得福甚多
[須菩提 於意云何 若有人 以滿三千大千 世界七寶 持用布施 是善男子
善女人 以是因緣 得福多不 須菩提言 如是世尊 此人以是 因緣得福 甚
多]

수보리여, 어떠하다 여기느냐?
만약 어떤 사람이 삼천 대천세계를 칠보로 가득 채워 보시한다면
이 사람이 이 인연으로 '많은 복을 證得하리라.' 이르겠느냐?
그와 같나이다, 세존이시여.
이 사람은 이 인연으로 심히 복을 많이 증득하겠나이다.

Dear Subhuti, what do you see then?

What if a man filled and adorned fully all the triple cosmoses,

With seven kinds of precious gems and made an offer:

Would you say, 'That would be a great virtue and goodness'?

Surely that should be so,

The utmost Honourable One in Saha worlds!

This man, by that good result of Karma,

Should possess an unmeasurable amount of virtue and goodness.

복 지어 공덕 쌓음을 어찌 시간에 부족하였는고?

대천세계가 모두 Kant의 눈에 비친 transcendental concept요

Pure reason이 청순하여 떡 한 덩이조차 삼킬 수 없다.

입 속의 떡이나 배꼽시계는 본래 맛과 바늘이 아니다.

부처가 모르는 것을 空生의 삶이 가득 채우며

삶이 모르는 것을 涅槃(열반)의 衆生이 行한다.

下向하는 千萬 갈래의 길에 祖師가 부끄러워 숨고

上向하는 한 가닥 길목에 諸佛이 두려워 웅송그린다.

向上一路(향상일로)를 그 누가 알리오?

心中의 끝없는 감회 풀길이 없어

벽과 벽 울과 울 타고 넘는 늙은 원숭이에 부촉하나니

울음소리 그치거든 홀연히 뒤를 돌아보거라!

下向萬般(하향만반)을 어찌 가늠하였으리요?

손과 발이 각각 다섯씩 나누어 뻗었고

눈과 귀는 양쪽에 하나씩 空孔(공공)을 보태었으니

보고 듣지 못하나 六窓(육창)이 밝고 밝아 의심이 없다.

산과 들이 내 눈을 시원히 하고

햇살 뒤엔 달빛으로 산하대지를 거머쥔다.

새와 꽃이 코끝을 꾀어 귀 북을 때려 치노라니

천당 佛刹(불찰)이 몸 밖으로 넘쳐흐르는 줄 모른다.

세계가 무엇이며 무엇이 다시 삼천인가?

눈 밖의 경계가 모두 한 눈에 의지하여 생멸한다.

생멸은 돌아옴이 없건만 마음 없이 있고 없으니

있고 없음이 不斷히도 現前하되 찾으면 없기 때문이다.

큰 복이 그대에게 임하리니 마음 없는 그대의 것이요

문득 만복이 깃든 줄 아니 부처가 미운 그 곳이다.

밑도 끝도 없는 일에 목숨을 다 바치니

목숨을 내던질 때 비로소 참 목숨 얻는다 한다.

무엇이 부처님들께 올려온 공양인가?

텅 빈 손에 칠보를 가득히 쥐었구나!

머리와 목, 양쪽 손발까지 줄줄이 드리우나

알고 보면 모두 이 손가락 끝에서 나왔다.

손가락과 입이 어릴수록 절친하다.

Fingers are very childish; mouth is mature.

Refused spoon and asking more mouth.

One and only beak is already too many.

Didn't offer a thing; yet most appreciated.

Sevenkindsofpreciousgemsarealreadyahandful.

Head to toe; each and every finger ringed.

Brilliant and shiny to the sight.

겁초부터 부처님들 끊임없이 공양 올리었는데

문득 금세의 시간들이 해탈의 경계라 하네.

무량겁 이전에 그 누가 거기에 있었는가?

뜬금없이 금세 인이 부처를 이룬다 하네.

병 안의 버들강아지 삼복더위 알렸는데

난간 앞의 대나무는 온 누리에 새봄이라네.

씹어 삼켜 먹음도 없이 배부르니

평생을 한가롭되 모든 경을 쓰셨다.

먹은 적 없고 삼킨 적 없어도 배부르다 뻗대고

한가로이 노닐며 諸經(제경)을 손수 쓰셨다 우겨대니

봄 以前 삼복더위이요 紫雲(자운) 밖의 法雨(법우)인가?

갖추어 이루지 못하는 일을 텅 비워 얻는구나!

127

須菩提 若福德 有實 如來不說 得福德多 以福德無故 如來說得福
德多
[佛言 如是如是 須菩提 彼善男子 善女人 以是因緣 得福德聚多 須菩提
若福德聚 有實 如來則不說 福德聚 福德聚]

부처가 이르시되, 그러하고 그러하니라.
수보리여, 만약 복덕이 實하다면
여래께서 '복덕을 많이 증득한다.'
說하지 않으실 터이니, 복덕이라 할 것 본래 없던 까닭에
여래께서 '복덕을 많이 證得한다.' 說하시었느니라.

Buddha sayth, so be it, so be it.

Dear Subhuti, if all the goodness and virtuosity are really positive,

Then, Tathagata should not speak about the goodness and virtuosity

Are actually retained fully; because there are no such things we

Possibly call it this is a goodness or a virtuosity. Tat is why

Buddha was talking about the retaining goodness and virtuosity in

real.

實은 果實(과실)과 같아 가을에 낙엽지고 겨울에 쉰다.

因緣으로 인연을 說하지만 숨긴 것이 너무 많다.

무엇을 그다지도 숨겨 누구에게 遺言(유언)할 것인가?

내 몫 챙기는 자손마다 모자라다 투정부린다.

복 없는 물건들이 찾는 것은 복일 수 없고

복 다운 복은 찾음도 얻음도 없으리라.

욕심과 慳貪(간탐)心으로 얻고 잃는다면

과일마다 버러지 먹어 따는 수고도 아깝다.

밖에 있으면 實하고 안에 있으면 虛하니

諸佛과 중생이 같은 相인즉 안팎으로 넘나든다.

마음을 두어 안의 부처 밖의 중생이라면

안의 부처가 밖의 중생에게 무엇으로 넘나들랴?

안과 밖이 없다 일러 다른 壽者相을 짓지 말라.

없음으로 얻을 것이 있다면

차라리 얻지 못함이 복덕이라

복덕을 九足에 十分하더라도 滿足이 아니니라.

인연 없는 중생에게 "일체 중생이 悉有(실유) 佛性이라." 외치고도

"아무 말도 한 적이 없다." 다시 외쳐 대었으니

594

부처가 체면도 불구하고 스스로 吐한 말이다.
아무리 따져도 답변이 없으니 이 또한 그이 탓이다.

"중생이 본래부터 부처의 성품을 다 갖추었다." 하여
여래는 당신의 살 길을 열어주고자 하였으되
어찌 사하에 구제할 중생 없는 줄 알았던가?
그때 내주었던들 趙州(조주)의 모진 强奪(강탈)은 면했을 터이다.
[조주에게 한 중이 묻기를, "개에게도 불성이 있습니까?"
물으니 조주가 "없다." 일러준 機緣(기연)을 들어 말한 것이니
"있다." 일러 준 것으로 의혹을 일으켜 망설이지 말라.]

개와 사람의 다른 점은 개는 복뿐이고
사람은 복이 하나도 없다는 것이다.
오죽하면 사람으로 태어나 복이 되며
하필이면 오뉴월 개 팔자 타고 났는가!

복 없는 것으로 도리어 복을 삼으니
뒷날 모든 이들이 지혜로운 거지라 그를 불렀다.
喪家(상가)집 개가 다복하기 성인군자보다 한 줄 위이고
七寶(칠보)로 단장한 세상이 道人을 두려워하게 되었다.

보배로써 온 세상에 공양하고

공양 올렸다는 네 가지 상도 지음이 없으면
相이 없는 고로 덕도 복도 전혀 없어야 할 터인데
수보리는 무엇을 믿고 당연한 듯 "그렇다." 한 것인가?

이것이 물음이냐 대답이냐?
물음이라면 그렇지 않다 할 것이요
대답일지라도 옳지 않다 하리니
옳은 것은 복이 없고 아닌 것은 덕이 없기 때문이다.

수보리는 묻지 않을 때 대답을 알아야 하고
모를 때 스스로 들을 줄 알아야 하기 때문이거니와
부처는 왜 수보리의 질문을 의지하여 하찮게 대답하고
수보리의 물음을 기다려 겨우 "여래"라 자칭하는가?

수보리와 여래는 한 번도 만난 적이 없을 터이니
따라서 모든 복덕 역시 부처를 의지할 수 없으리라.
그렇다면 무엇이 참으로 복이며 덕이란 말이던고?
사람들이 "兩足한 尊(존)"이라 부를 때 모두 잃었느니라.

相에 네 가지가 없고 네 가지에 相이 없어
듣도 보도 못하였고 생각한 적도 없도다.
앞뒤에 위아래로 좌표를 그릴 수 없으니

한바탕 휘둘러 이름만 허공에 걸어 놓았도다.

What you know was my knowledge;

What you don't understand is what I am.However, let me ask you what

can you know?

If you can, I will dump you on ἀποςιώπηςις.

한바탕 휘둘러 이름만 허공에 걸어 놓았도다.

離色離相分

[色과 相을 여의다]

Departed from each and every forms and ideas

128

須菩提 於意云何 佛 可以具足色身 見不 不也 世尊
如來不應 以具足色身 見 何以故
如來說 具足色身 卽非具足色身 是名具足色身
[須菩提 於意云何 佛可以 具足色身 見不 須菩提言 不也世尊 如來不應
以色身見 何以故 如來說 具足色身 卽非具足色身 是故 如來說名 具足
色身]

수보리여, 그 뜻이 어쩌하다 여기더냐.
두루 갖춘 色身으로 부처라 볼 수 있는 것이더냐.
아니옵니다. 삼세에 가장 존귀하신 이여.
여래를 마땅히 具足된 색신이라 볼 수 없나이다.
어찌하여 그러냐하면 여래가 '具足色身(구족색신)'이라 說하심은
그 자체 '色身이 구족된 것'이 아니매
이를 구족색신이라 일컫나이다.

Now, Subhuti, what does this mean to you?
Do you believe that the Buddha can be beheld by physical body
Of perfectly well composed? No, the utmost Honourable One
In the triple cosmoses, it must be not. No one can see the perfection
Of well composed Tathagata's so-called physical body. To say this,

That is why when Tathagata sayth the perfectly well-composed

Physical body, that means any body cannot be well-composed in

perfection.

So, it is called a well-composed physical body of perfection. I believe.

색과 상을 처음부터 일러오고 있지만

아무도 색과 상을 보아 온 적이 없다.

눈에 안 보이되 머리 안에서만 떠오르니

너도 나도 상과 색이라 불러 댄다.

具足이라고 우겨대니 이 또한 눈과 귀의 echo이다.

상과 색을 구족한 어떤 색도 상이 없으니

보는 것 자체와 듣는 것 자체를 교묘하게 세운다.

허나, 교묘할수록 색과 상은 눈과 귀의 여래로다.

이름이 色身일 따름이라니 무엇이 이름인가?

외로운 作名家는 劫初(겁초) 이전부터 있어왔나니

해와 달을 부르고 강과 산을 불러 들였도다.

있으라면 있거늘 어찌 이렇듯 의심하기에 이르렀는고?

색과 상 없는 것이 참으로 부처라면

색과 상 있는 것들은 도대체 무엇인가?

수보리는 아니라 부르면서 여래를 보고

부처는 색상을 말하면서 무엇이 없다는 것일까?

보았다면 남을 속여 家寶(가보)를 삼음이요

못 보았다면 자신을 속여 돼지우리에 넣음이다.

가보도 찌꺼기도 서로 냄새나는 줄 알아

서로에게 떠넘기느라 세월을 잊는다.

慧命(혜명) 수보리는 '지혜의 명줄'을 타고 난 몸이거늘

타고 건넨 배를 되잡아 타는 격이로구나!

저 때 홀연히 대답하기를, "不然(불연)이니이다."하였던들

천오백 선지식들의 핀잔을 맞지는 않았으리라.

色身은 六窓(육창)을 거느려 보고 듣고 온통 알음알이라

보이는 대로 들리는 대로 낚아채거늘

구름이라 불러 놀던 비바람이라 일러 뿌리던

무슨 法에 저촉 되고 어떤 法에 걸림 있으랴!

다시 한 번 이르나니, 모자람이 없음이거늘

이미 具足이라면 두루두루 막힌 곳이 전혀 없도다.

색신의 몸매를 천하게 다루어 向上路를 막지 말지니
천한 것은 본래 法身으로 色身자리 탐내는 것이로다.

여기서는 부처를 묻고 다음으로 여래를 되묻는다.
善察 覺察(각찰)하여 털끝 하나도 놓치지 말라.
보고 듣고 말하는 그 이가 누구며
보고 들으나 보고 듣지 못하는 것을 열어 펼친다.

산과 강이여, 해와 달이여,
神의 팔과 다리이며 그의 입과 귀로다.
몸과 마음이 있으면 神의 具足 色身이거니와
몸도 마음도 없으면 부처의 色身이 구족 된다.

창조를 주인이 있다 부르니 我와 人이며
가르치고 배우며 말하고 들으니 중생과 壽者이다.
我人이 없다니 산하대지가 모습을 감추었고
중생과 수자가 없다니 너와 내가 없다.

부처가 색신이 없다면 멀쩡한 중생이 사라진 것이며
부처가 색신이 있다면 여래의 이름조차 사치스럽다.
중생이 없건만 만인을 제도하고
부처가 없건만 절집마다 불상으로 그득하다.

604

일체가 마음의 조작일 뿐이라니
세상만사가 모두 눈 속에 든 먼지이며
먼지 먼지마다 먼지 하나 없이 똑같은데
입 속에서는 여전히 무진장 많다 말한다.

萬法歸一(만법귀일)하니 一歸何處(일귀하처)오하면
諸像(제상)을 一法에 붙잡아 매려는 수법이로다.
한강물 다 마시면 일러주겠다니
하나도 없는데 백 천 가지로 방편 부렸다 한다.

官不容針(관불용침)이나 私通車馬(사통거마)라니
傅大士(부대사)여 스승 없는 자리에 議論이 분분하다.
손가락 열 개로 두 손을 폈다 오므리니
주먹 숨겨 열이 드러나고 열을 펴 바닥난다.

129

須菩提 於意云何 如來 可以具足諸相 見不 不也世尊

如來不應 以具足諸相 見 何以故

如來說 諸相具足 卽非具足 是名諸相具足

[佛言 須菩提 於意云何 如來可以 具足諸相 見不 須菩提言 不也世尊

如來不應 以具足諸相 見 何以故 如來說 諸相具足 卽非具足 是故 如來

說 名諸相具足]

수보리여, 그 뜻을 어떠하다 여기더냐.

'온갖 형상 갖춘 이'로 如來라 불 수 있는 것이더냐.

아니옵니다. 삼세에 가장 尊貴하신 이여.

여래를 갖추어진 形相들로 볼 수는 없나이다.

어찌하여 그러냐하면 여래가 說하는 '諸相具足(제상구족)'이란

그 자체 具足이 아니매 이를 '具足된 諸相'이라 부르나이다.

Dear Subhuti, what do you think from this?

Do you believe, is it possible to see Tathagata as a retainer

Of well composed form in perfectly harmonious characters?

No, the utmost honourable One in these Triple cosmoses,

It must be not. Tathagata cannot be seen by the well-composed

Harmonious body forms. In my understanding, since Tathagata's

Saying words, 'retaining each and every form' does not mean keeping

in itself

At all, therefore, it is called and says 'retained each and every forms'.

여래가 어찌하여 여래라 불리게 되었는가?

형상 없음을 어찌 알아 이르게 된 것인가?

옴이 없어 여래라면 어찌 와 있는 것인가?

형상을 본다고 부르니, 새삼 무엇이 보는가?

부처의 몸과 여래의 마음이로구나!

몸과 마음을 나누니 둘이 곧 하나요, 하나가 둘이다.

그러나 곰곰이 생각하니 더욱 생각꺼리다;

둘이 없는데 하나도 아니며 하나가 아닌데 둘도 없다.

여래 說이라니 누구에게 무엇을 이르려는 것일까!

여래가 어찌하여 남의 귀에 자신의 이름을 들추는 것인가!

"수보리여" 라고 호명하였으니 듣지 못하는 귀 뿐이요

"세존이시여" 라고 되받아 부르니 말 못하는 입일 뿐이다.

이르시는 대로 어김없이 되받아 대답하는 빼어남이여,

마치 잘 다니든 길에 들고도 깜박하여 놓친 것을 몰랐다.
푸른 하늘에 매서운 매[鷹]인들 어찌 알 수 있으랴!
토끼 또한 사냥꾼이 일찍이 던져놓은 덫일 줄이야!

生滅 없이 觀하여 늘 이렇듯 지어 간다면
眞과 妄이 平等하기 坦然[평평하여 자연스럽]다니
三世의 마음을 이와 같이 지어감이 무엇인가?
傅(부) 大士는 기둥만 뽑고 깃발은 감춘 것이리라.

冶父(야보)가 이르되,
설(雪) 달, 바람과 꽃에서 늘 제 얼굴을 보리라 하였으니
깃대를 뽑고도 깃발은 거두어 체면을 유지하였다 하리라.

아시겠는가?
佛像은 對面 않더라도 절을 빠뜨리지는 말고
經은 보지 않더라도 坐禪을 게을리 않았다 하리라.

없던 것이 비로소 생생하여 구름 벗은 해와 같아
큰 것이 도리어 작은 것에 그 몸을 숨기었도다.
제불 諸祖의 모습이 본래 이와 같을 지경이므로
자고로 자식이 부모 되고 부모이자 자식이로다.

세 가지 마음이 三世가 되었으나

五蘊(오온)과 六根이 도리어 三心의 모체라니

四蛇(사사)는 원래 육근이라 불리기 이전에도

三世心의 일체 四相이요 非相이라 하리라.

무엇이 四蛇인가?

眼是前看蛇, 耳是靑螺蛇, 舌是赤鄕蛇, 鼻是五步蛇.

확보된 시야 속에서만 노려보는 뱀,

소라껍질 등에 지고 다니는 파란 뱀,

붉은 혓바닥 날름거리며 도사린 뱀,

다섯 발 전후좌우 당할 자 없는 뱀.

이렇듯 3, 4, 5, 6, 모두가 자랑스러운 그대의 심보이로구나.

그렇다면 무엇이 이다지 기특하다는 것인가?

스스로 무너뜨리고 넘어진 곳에서 스스로 일어나니

寂滅(적멸)한 그곳이 곧 그대의 지혜요 佛祖의 慧命이로다.

눈에서 본 것을 입에서 벌려 흩어내고

귀에서 들은 것을 몸에 간직하고 섞는다.

벌려 흩음이 없건만 나와 남을 만들었고

나와 남이 다시 세상과 창조인 줄 안다.

중생은 색과 상 없는 것을 일컬어 색상이라 부르고

여래는 색과 상 있는 것을 도리어 부처라고 부른다.

중생은 산과 구름이 있다 없다 하지만

여래는 산과 구름이 그 이름조차 없다.

非說所說分

[說할 法이 있는 說이 아니라]

Neither Dharma nor Dharma-to-talk

130

須菩提 汝勿謂 如來作是念 我當 有所說法
[佛言 須菩提 於意云何 汝謂如來 作是念 我當有 所說法耶]

수보리여, 그대는 이와 같이 생각지어 이르지 말지니.
여래께, "나에게 마땅히 說할 법이 있으리라."이르지 말라.

Dear Subhuti:

Do not imagine or declare that,

In Tathagata's own mind,

"I should beget some dharma to deliver in nature."

四相에 따르고 六塵에 의지하며

생각을 좇아 바로 이르려 論理를 펴니

이치는 옳은 듯 하나 옳은 것이 相이라

말한 즉 곧 존재하는 줄 알기 때문이다.

먼저 "네 뜻에 어떠하냐?" 묻고

다음에 옳다고 "여기지 말라." 이르시니

누구를 위하여 상대의 뜻을 묻고
누구에게 생각을 일으키지 말라는 것인가?

意中에 오로지 뜻 없는 사람만 간직하고 있으니
뜻을 두어 묻는 이가 제 말에 놀라 멈춘다.
뜻을 두어 論理적 虛相을 지은 것이라면
이 까닭에 法을 有無로 판가름하기에 이르렀다.

아난이 불멸후 제도 받지 못한 중생들을 근심하니
여래께서 기꺼이 慶喜(경희)에게 깨우쳐 물으시되,
"나 죽은 뒤에 남아 있을 중생들을 걱정하니
그 걱정스런 중생들이 본래 없는 줄로 아노라."하시다.

善慧(선혜)는 虛相의 無化이며 傳法이다.
만일 전법을 빌미로 부처의 相을 지으면
佛法을 三世에 널리 유포하고 救導(구도)중생함이 옳으나
이 옳음은 스스로 그르니 남김 없는 제도가 남으리라.

존재하는 것과 존재하지 않음은 示對이나
我人과 衆生-壽者라, 오로지 對示하였음이니
있다 하여 걸리고 없다 하여 스스로 무너지므로
있다 하여 살리고, 없다 하여 걸림 없게 하였다.

614

부처가 있으면 佛像이 없고

불상이 세워지면 부처가 사라진다.

사라지면 부처를 다시 證驗하게 되고

얻음이 있자마자 다시 나와 남이 태어난다.

冶父가 頌을 펴니 이러하다:

여러 해를 돌덩이-말이 白毫(백호)로 放光하니

무쇠-소는 크게 소리 내 울며 큰 강물로 든다.

허공의 한 외침에 종적이 전혀 없어

어느새 몸을 감춰 北斗에 숨어들었다.

Yavo sang a gatha as follows:

Many and many years,

Stone-horse illuminated from white hairs in third eye.

Iron Cow is mewing aloud entering

The Great-river.

A big shout of empty air did not leave any trace,

It already has hidden his body

Into the Northern Stars.

Is this also a dharma talk?

수보리 말고 다른 이가 여쭈었고
여래께서 입 다무신 뒤에 누군가 해설한다.
감추고 숨은 들 무슨 소용이랴!
숨을수록 드러나고 감출수록 벗겨진다.

Besides Subhuti, someone also interrogates.
After Tathagata shut his mouth, someone comments afterwards.
No matter how well hidden and trying to escape,
It is getting more clear and obvious at the end.

한 임금 밑에 네 신하가 늘 보필하지만
임금은 예외 없이 한 신하로 대변하도록 한다.
代辯(대변)은 곧 칙령이 되어 유포되지만
책임은 오로지 임금의 몫이다.

말과 법은 이미 주인이 없고 실체도 없다.
말은 스스로 주인이려 하고
존재하는 법은 스스로 실체로서 군림한다.
말과 법은 자신을 無化시킬 수밖에는 없다.

冶父가 이르기를, "說하고 無言함이
서로 용납되지 않고 비방을 면할 수도 없겠으나

그대에게 획을 그어 통하게 하라 하면

마치 해무리가 해동에서 무심히 비치는 것 같다.” 하였다.

[爲君通一線 亦如 日輪照無心]

“무심히 비친다.”니 무엇이 “유심으로 비추는 것인가?”

말똥 피하려다 개똥 밟은 격이로구나.

다행하고 다행한 일은 해와 달뿐 아니니

천지만물이 모두 말없이 설한다 말질하는 것이로다.

無心이라 하자마자 도리어 이렇듯 有心 같으니

없는 마음은 없음이 있을 수 없어 없다 하였고

있는 마음은 있음이 없을 수 없어 있다 하였다.

이렇듯 있다 없다 어느 쪽도 다 같이 心相이다.

No mind is not so called mindless.

No such mindlessness can be either called mind or no-mind.

This mind is mindful whether none of mind or all of mind.

No matter what and how this called, it figures only 'mind'.

須菩提 莫作是念 何以故 若人 言 如來 有所說法
卽爲謗佛 不能解我所說故 須菩提 說法者 無法可說 是名說法
[何以故 若人言 如來有 所說法卽 爲謗佛 不能解我 所說故 何以故 須
菩提 如來說法 說法者 無法可說 是名說法]

수보리여, 그와 같이 생각을 짓지 말지니라.
어찌하여 그러한가. 만일 어떤 이가
여래에게 說할 법이 있다고 말한다면,
곧 여래를 비방하는 것이니, 내가 說한 뜻을 헤아리지 못한 것이
니라.
수보리여, 법을 說한다는 것은 說할 수 있는 법이 없어
說法이라 이름 지었기 때문이니라.

Subhuti, thou shallt not uphold such a thought!
Wherefore is it? As one declares that certain word of Dharma
Must be talked by Tathagata; then, naturally that is a word of
Humiliating Tathagata itself. The words I said were not thoroughly
understood.
Dear Subhuti, saying about Dharma does not mean there is a some
Dharma as a being of Dharma itself. Instead, for this, we call it

說과 法이 我相이요 뒤집어 人相이며
헤아림과 비방이 모두 법과 說者의 衆生相이며
있고 없음을 초월하여 부처와 여래의 법이라 세우니
하늘과 마음에 똑같이 님이 우뚝 壽者로서 우뚝 선다.

입 없는 말씀이 듣지 못할 귀를 위하는 말이며
말할 수 없는 입이 귀 없는 말을 듣기 위함이라
설하여 줌은 없는 말씀의 자기 疎外(소외)이며
들어 깨우침 그 자체가 功德을 밝히는 빛이라.

하늘에 님이 없을 새 그 이름이 하느님이며
하나도 신이라 부를 이가 없어 하나님이라.
찬성 반대하기 어언 몇 겁을 더하여 왔던가!
日月이 흐르며 너울대는 이름들의 잔치로다.

하나가 많음이요 많다함이 하나로다.
깨달은 이가 무엇을 깨달았을까?
깨달을 것이 이미 있었더라면 학생일 뿐이요

깨달을 것이 없음이 옳다면 여기 올 까닭도 없다.

이름을 이름이라 하여 이름이라 부르지 말라,
이름이 이름일 새 이미 여의어 그대 앞의 현존재가 되었나니
이름으로 존재를 헤아리고 그 헤아림도 명칭 덕에 익숙하도다.
익숙하니 다시, 이름 있음을 마치 名號(명호) 자체의 존재로 아느니라.

법이 없되 법을 설하고
조각에 양편이 없으나 입술을 떤다.
모양도 형상도 없으니 부처의 像이라 하며
달리 수고하느니 차라리 이렇듯 보여줌이 낫다.
[冶父가 "由勝別勞心"이라 말한 것을 뜻한다.]

"보여준 것"을 보인 그놈이라 이르지도 말며
"이르지 말라"하니 이 놈 또한 각별하다 말라.
보여주는 일이 곧 우리 스스로의 湛然(담연)함이라
이름에 휘둘리지 않음이 곧 活用함이로다.

"모른다."가 곧 "안다"와 다르지 않으니
알기 때문에 모르는 줄 알고
알기 때문에 다시 모르듯
세존은 여래를 모르므로 오히려 부처이니라.

冶父가 스스로 토끼 뿔 주장자요

거북 털 拂子[불자·총채]라 불렀으니

부처에게 효 되는 소리인가 아닌가?

"虛空一喝(허공일할)이 北斗(북두)에 藏身(장신)하였다." 알지도 말라!

敎를 설하고 법을 설한다고 이르기 좋아하는데

말하는 사람은 정작 무엇을 말하고 있었던가?

듣는 이에게 설명하는 것은 生死를 맡겨 줌이요

스스로 앎이 있으면 無明과 愚癡(우치)일 따름이로다.

[태어나 보지도 못하고 지옥에 떨어졌다.]

爾時 慧命 須菩提 白佛言
世尊 頗有衆生 於未來世 聞說是法 生信心不

이때 慧命 수보리는 불타께,
삼세에 가장 거룩하고 존귀한 이시여,
적잖이 존재하는 자못 중생들도
오는 세상에 이 法門 說하심을 듣고
信心을 낼 수 있으리까? 사뢰니,

At this very moment, The wisdom body, Subhuti, who

Deserved to be right at this present place asked Buddha;

What a Utmost Honorable One in this Triple Cosmoses,

This is, as a matter of fact, a truly wonderful matter indeed!

For those who in great deal of number of people, not small at all,

what if they can hear of this Dharma on their coming near future,

Is it possible for this ordinary common-beings

To attain a motive of the Enlightened One's ipse dixit?

지혜가 없으니 착하고 지속하지 않아 명줄이다.

찾아도 못 볼 불타를 불러 젖히니

삼세가 무너져 내리고 시방이 입 다물었다.

문밖을 나서자 다시 올 수 없는 길을 헤맨다.

慶喜(경희)가 세존의 涅槃에 즉하여 여쭌 것이라

"이 자못 적잖은 중생들을 장차 어찌 제도하리까?"

여래께서, "나는 적잖은 중생을 있는 줄로 보지 않노라."

慶喜는 말씀 얻는 그날이 생일인 존재이니라.

慶喜와 如來가 동성동본이요 동갑내기라니

말하는 이와 듣는 이가 서로 가가대소한다.

듣지도 않고 문득 三拜하여 세상의 尊者요

說한 바 없으나 사십구 년의 서리와 이슬이다.

相은 곧 모든 존재의 實證되어진 이름인 것이며,

실증 되어진 존재의 이름이 곧 相이라.

중생이 곧 相이거늘 어찌 信心내어 상을 부수며

相 없어 道 이루거늘 어찌 그때 중생이라 부르랴?

Names come to be being in positivity.

Whatever it is, even before named, is already a positive being.

Being in itself, as far as I can say for that, cannot exist.

Homo-sapien defines his own being through the positive side.

無邊虛空(무변허공)이 覺所顯發(각소현발)이라

가없을 때 虛空은 實證化 된 존재로 모습을 드러내었다.

그 드러난 허공은 "본래 텅 비었다,"고 다시 말한다.

말했다고 해서 허공이 있는 것은 '아니어야 한'단다.

중생이 이 허공이요 부처가 그 가없는 중생이다.

불타는 설하는 입이 없다.

중생이 입을 가진 것이 아니기 때문이다.

불타는 법을 설하지 않는다.

설하심을 들을 중생이 없기 때문이다.

들을 수 있다면 이미 중생이 아니요

법이 있다면 부처가 아니다.

설하고 들음이 없으니 以心傳心이요

가르쳐 배우지 못하니 敎外別傳(교외별전)이다.

마음이 마음을 듣고 설한다.

如是 來說하고 善聞 現法한다.

624

마음이라 부르는 까닭에 찾지 못하니
마음은 없고 마음이라는 이름뿐이다.

뉘 있어 覺을 각이라 불렀는가?
부르니 覺이 딴전 피우고 소리가 흩는다.
여래가 설하자 말자 이름조차 잃으니
혀가 혀를 탓하고 말 없음을 내세운다.

천 백억 대중이 모이자 내 뺀 저 꼴을 보라,
이 후로 사람과 하늘의 스승이라 불렀으니
지상에서 이루지 못한 사랑 하늘에 맹세한다.
아뿔싸, 금강을 금강이라 부르지 않았을 제 좋았다 하리라.

꽃 한 번 잘못 들어 올리어 萬世에 꾸지람 듣고
쓴 바 없는 금강경 탓에 할아비들 잔소리 듣는다.
평생을 남의 이름 빌려 살면서 얻은 바도 없거늘
바다와 하늘을 송두리째 삼키고 뱉은 것이로다.

뒷세상을 걱정하니 단 한 명도 보이지 않고
옛일을 돌이키니 한없이 많은 꿈틀거림이로다.
변방에 나아가 오랑캐를 무찌른 대 장군도
집에 오면 환대를 받자마자 독방신세일 뿐이다.

佛言 須菩提 彼非衆生 非不衆生

何以故 須菩提 衆生衆生者 如來說非衆生 是名衆生

불타께서 말씀하시기를,

수보리여, 저들은 중생도 아니며 중생 아님도 아니니

어찌하여 그러한가? 수보리여, 중생이 중생이라는 것은

이 까닭에 여래가 없는 중생을 說하여 중생이라 부르느니라.

Thereupon, Buddha spoke to Subhuti,

Dear Subhuti, those are neither common, nor non-common being;

Wherefore is it? Listen Subhuti, as Tathagata says so in this reason,

All common-being does not exist at all, therefore

All common-being is uttered as common-being by all means.

뜻을 좇아가지 말라

중생이라 부르지 말며

중생이 아니라 부르지도 말라

부처가 아닌데 어찌 중생일 것이냐!

Don't chase the name and its meaning.

Do not even mention the name of ordinary being.

There are no more ordinary nor common beings here.

No way to call them Buddha, then, nothing belongs to common.

중생들로 하여금 부처라는 이름을 쓰게 말라;

저들이 찾는 것이 전혀 엉뚱하니라.

부처로 하여금 중생이라 부르지 못하게 하라,

중생이 五蘊(오온)을 버렸거늘 어찌 중생일 것이냐!

Do not let ordinary common being use the name buddha.

What they are looking forward to seeing is not here.

Do not let Buddha call them common ordinary being either.

I'll remind you that they have given up all those Skandas.

사바세계에 단 하나의 중생도 없기를 다행으로 여기니

궁색한 세존이여, 그대가 본래 있을 곳이 아니로다.

부르는 자와 이름이 서로 맞아 떨어지는 경우를 찾으니

갈수록 먼 길이라 첫걸음 한 발자국이 가장 무거우니라.

하늘과 땅이 뒤집혔고

사람과 귀신이 서로 무섭다.

뒤집히고 무서움이 짝하니
본래부터 安身立命(안신입명)이란다.

존재함이 있으면 없음은 無를 有라 부른다.

보고 들음이 있는 줄 알므로 我相이었고
보고 들을 존재가 있는 줄 알므로 人相이었다.
生滅을 하찮고 卑俗(비속)한 것으로 여겨 중생상이며,
불성을 恒常(항상)하다 믿어 壽者상에 떨어진 것이다.

봄이 없고 본 것이 없으므로
去來가 없어 창조하고 태어남도 없다.
生滅도 無生이라는 것이 없으나,
없다하여 어찌 아무것도 없다 이르랴?

我相이라 말하니 무엇이 아상인가?
물을수록 대답할 수 없으니 남이 아니기 때문이다.
我가 아상을 이르는 동안 我가 사라지니
상을 도리어 자신에게 물으니 이름만 세울 뿐이다.

제자는 "부처님이시여"라고도 뫼시지 못하고
도리어 '世尊'이라 하여 뫼시니 부처는

스스로 여래라 부르며 '최고'의 이름을 지운다.
앞뒤에 오롯한 이름은 수보리, 善現뿐이더라.

까닭 없는 善現에 뜬금없는 如來가 對하여 나서고
여래는 자신의 몸도 잊고 善現을 위하여 答한다.
남산에 구름조차 없거늘 북산에는 이미 비 뿌리고
뉘 있어 연못 위 서릿발 서린 달그림자와 더불으리?

佛法의 根本을 알려 하나?
몸 한번 뒤쳐 한 모금에 온 바다를 삼키었으니
온누리의 山과 江을 고동치게 하였도다.

無法可得分

[證得할 법이 없다]

Not a Dharma can be attained

須菩提 白佛言 世尊 佛 得阿耨多羅三藐三菩提 爲無所得耶

[佛言 須菩提 於意云何 如來得 阿耨多羅 三藐三菩提耶 須菩提 言不也

世尊 世尊 無有少法 如來得 阿耨多羅三藐三菩提]

수보리가 붓다께 사뢰기를, 삼세에 가장 존귀한 이시여.
붓다께서 증득하신 아뇩다라 삼먁삼보리는 증득할 바 있지 않음
이리다.

Subhuti sayeth to the Buddha:
The utmost honourable one in the triple cosmoses!
It is said the Buddha attained, annutara-samyak-sambodhi,
But it is not possible to say 'attainable' at all.
If someone like this claimed to be the one person in the world
To accomplish the Tao
And this is the reason he kept the name Buddha,
Then, he is, just like anybody in the ordinary world; some body else.
Before now, and even later, there will be no one but me.
He was as I was, he is nothing but me, and he has to be no other than
me.
Nothing higher than me; because there is no lowness.

새로이 얻은 진리가 있던가?

얻기 전에는 무엇이든가?

얻을 몸은 누구이며

얻어 무엇이 다른가?

야보가 이르기를, "求人이 不如求自己라" 하니

사람을 구함은 제 몸을 찾는 이만 못하다.

밖으로 찾음과 안으로 돌이켜 봄이리니

끝에 이르러 시작을 보고 목표에 앞서 자신을 돌아본다.

있거나 아니면 아상에 떨어질 것이고

얻거나 잃으면 중생상에 떨어지리라.

사람이 주인이 되고 종살이를 하려면

무엇을 깨닫고 어찌 어리석은 줄 알리오?

새롭다면 이미 예전부터의 진리가 아니며

옛 것이라면 다시 이를 이유도 없으리라.

부언하고 마음 잃고 얻고자 할 때 밖이 없다.

증득할 것 없다 할 때 모두 얻었느니라.

진리를 모르는 이가 어찌 진리라 말하며

[아상의 극치인지라 이치가 드높으나 하나도 맞지 않는다.]

진리를 아는 이가 어찌 진리를 말하랴!

[人相이 제 얼굴 아니니 더럽다.]

진리가 아니거늘 아닌 데서 진리를 말하며

[중생상에 몰래 자리 깔고 앉는다.]

진리를 땅위에 내려놓지도 말고 하늘에 올리지도 말라

[높으면 자연히 떨어진다 말한다.]

해와 달이 밝지만 별자리 깊은 안자락이고

가문의 영광은 빛나지만 영웅의 주먹에 가린다.

백 천 가지로 많다니 하나가 드러난 말이요

하나라니 본래 없는 것에 혹을 달았을 뿐이다.

무엇이 無上 正等覺(정등각)인가?

밑바닥에는 마른 풀 더미에 불 지핀 것이요

바라보니 위에는 훤칠하게 뚫린 파란 하늘뿐이다.

누가 위아래라 불렀는가?

가로 찢긴 입 위에 코가 수직으로 내려 뻗었느니.

135

佛言 如是如是 須菩提 我於 阿耨多羅 三藐三菩提

乃至無有 少法可得 是名 阿耨多羅 三藐三菩提

붓다께서 말씀하시되, 이와 같고 이와 같으니, 수보리여.

내가 아뇩다라 삼먁삼보리라 한 것도 아주 작은 것일지언정

증득할 法이 있지 아니할 새 아뇩다라 삼보리라 부르니라.

Buddha said to Subhuti:

When I said : There could be no comparable enlightenment, and

Nothing higher than this righteous Enlightenment and would declare

this to be

Annutara-samyak-sambodhi.

It is not possible to say that even a very small thing can be attained at

all.

無上은 위가 없는데 도리어 만들어 위를 두었고

正等은 바르고 等等하고도 差別을 벗어나지 못하였다.

어찌하여 저들을 覺이라 깨달음이라 불렀던고?

천만년 무량한 劫[겁 · 흘러가는 힘]에 不法이 怯(겁)나는구나.

맞장구치는 善現은 우습기도 하구나!
아무리 여래의 남다른 제자일지언정
다르다면 다른 이와 무엇이 다르다는 것이냐?
선현은 박수에 소리가 없느니라.

터럭만큼도 얻을 것이 없다는 것은
毛道 중생이라, 생각이 있는 중생은
보고 듣는 것 없더라도 믿고 의지하나니
믿고 의지하지 않으면 죽는 줄 믿느니라.

말 떨어지는 곳에서 믿음을 내나니
믿고 의지할 것 없다 믿지 말라.
있음 잃고 없음 믿어 그 잃음도 즐기나니
있고 없음을 일컫는 자 누구이더냐?

믿어 죽고 믿지 않아 마귀의 길에 든다.
죽어야 믿고 파멸하여 겨우 착해진다.
하든 안하든 삼십 棒(방)을 면치 못하리니
믿던 말든 궁색한 그대가 스스로 택하라.

活路를 모색하는가? 잘 선택하였느니라.
모든 경이 다 이 경에서 나오느니라.

문득 돌이키곤 이것이라 말하지도 말라!
이것이 이것인지라 너도 나도 없느니라.
'말라' '없다'는 말도 다만 없는 말인지라
말 오가는 곳에 六窓(육창)이 그윽하여 밝으니라.

몸통 하나에 네 개의 머리를 달았고
한 개의 머리마다 두 개씩 양쪽 구멍이 뚫렸다.
한 입 가진 뱀은 말솜씨와 먹새도 빼어나건만
두 입 가진 뱀들은 아무 말도 모르는가?

머리도 꼬리도 없다 이르더냐!
모양도 형상도 멀리 여의었더냐?
머리와 꼬리가 없으니 없을 것도 없고
모양도 형상도 없으니 여읜다는 無言歌?

부처님 팔만 사천 경전이 모두 魔說(마설)이라더니
지금 보니 하나도 들은 이조차 없구나!
魔說도 佛說도 제 본시 아니 그러하니
아뇩보리가 부처와 魔軍(마군)에게 먹히지 않느니라.

淨心行善分

[마음 조촐한 것이 善이다]

Unaffected Mind is the Goodness.

136

復次 須菩提 是法 平等 無有高下 是名阿耨多羅三藐三菩提
以無我無人 無衆生 無壽者 修一切善法 卽得阿耨多羅 三藐三菩提
[復次 須菩提 是法平等 無有高下 是名 阿耨多羅 三藐三菩提 以無衆生
無人 無壽者 得平等 阿耨多羅 三藐三菩提 一切善法得 阿耨多羅三藐三
菩提]

다시 수보리여, 이 법은 평평하여 높고 낮음이 있지 않으니
이것을 이름 하여 아뇩다라 삼먁삼보리라 하느니라.
我도 없고 人도 없고 중생도 없고 壽者도 없이
일체 善法을 닦으면 곧 아뇩다라 삼먁삼보리를 증득하느니라.

Furthermore Dear Subhuti.

This is the dharma that is horizontal,

Which is neither high nor low, therefore, is named

Annutara-samyak-sambodhi.

Since there is no subjectivity, no objectivity,

no ordinariness and no superiority,

As soon as it appears to be good as it is.

Everyone has already attained

Annutara-samyak-sambodhi.

여래께서 드디어 자신의 비밀을 폭로 당하였다.

拈花(염화)는 頭陀(두타)에게, 無說(무설)은 觀音(관음)에게, 부처는 중생에게.

조촐하다 못하여 초라한 당신은 필경 누구이던가?

한 번도 와 본 적 없는 사바세계를 "善現한다" 말하네.

한 손은 하늘, 다른 손은 땅 밑을 가리키니

손이 하나뿐이었다면 어디를 가리킬 것인가?

하늘 위에 땅 펼치고 땅 밑에 하늘 덮였기로

나와 남이 없고 중생과 永遠이 모두 거짓말이다.

名號 가짐은 이름 남기어 제 눈과 귀를 확인하고

듣고 봄이 사람마다 천만이 다른 때문이다.

놀라지 말라, 다를수록 다 한 이름 때문이니

천만으로 많다 하되 여럿은 천만의 말씀이다.

네 가지 相이 없어 善하다 하거늘

일체 선을 닦아 가되 四相을 없이 하라한다.

어떻게 닦으며 사상을 없이 할 것이냐?

證得하였다면 四相이니 證할 것도 없느니라.

나라고 부르니 삼세를 온통 뒤져 없는 相이요,

남인 줄 아니 버리고 버리어도 타인이 아닌 相이다.
從屬(종속)과 依存(의존)으로 自己를 삼으니 중생 相되고
자체로서 존재하여 지속할 수 없으니 壽者 相이다.

相 없다 이르지 말라, 말 있건 없건 모두 상이니
다만 言下에 卽見하라 이른 것이다.
말과 봄을 귀중히 여겨 빼어남을 구하지 말라
부처와 중생의 진짜 이름은 가짜이니라.

온 법계 허공계 시방세계가 끝없는 중생뿐이지만
三界가 본래 없는 까닭에 중생이 곧 부처라.
중생으로 중생을 보면 부처도 또한 중생이지만
부처로 부처를 보면 모든 중생이 다 부처이니라.

있음의 이름이 하늘이요, 없음을 부처라 한다.
[無名은 天地의 始初요 有名이 萬象의 어미로다.]

無上, 正等, 覺이라니 부모가 자식에 빚진 격이다.
사과와 물과 떡이 모두 한 똥으로 나오는구나.
평평하고 등등하여 겨우 불법의 수승함을 보이니
無相, 無空, 無無空하여 三劃(삼획)을 그었느니라.
[西山 淸虛가 魚生一角鶴三聲이라 頌하였다.]

善한 법이라니 무엇을 악한 법이라 부를 것이냐?
제 몸의 껍질 벗어 환생하기를 비는 것이라면
팔만 사천 법문이 모두 아인중생수자의 墓(묘)자리라
환생한 아뇩보리는 다시 무엇으로 태어날 것이냐?

須菩提 所言善法者 如來說 卽非善法 是名善法

[須菩提 所言善法 善法者 如來說 非善法 是名善法]

수보리여, 선법이라 일컫는 것은 여래가 說하되
즉 善法이 아니니 이를 선법이라 부르느니라.

Subhuti, finally when it says righteous about Tathagata,

There is no such right existing Dharma at all.

This is what supposed to be called

Righteous Dharma.

Sky is heaven, sky is empty room, for no body.

In the eyes, no body can see eye but something is out there.

Dharma is eye-witnessed yet no Dharma has ever been seen.

If nothing is higher than this, this must be no thing at all.

이름이 창조자이기 때문이니 명호가 곧 조물주이다.

태어남은 모두 거짓이니 無生이 곧 善法이다.

왜냐하면 조물주가 곧 이름이기 때문이니

있는 것으로 있다 부르면 모두 惡法인 것이다.

因果는 思惟의 법칙인가 존재의 규칙인가

예컨대 무엇이 존재하기 위하여 因果하는가

아니면 인과에 의지하기 때문에 사유되는 것인가?

원인과 결과는 사유의 속성이로되 존재의 主體이다.

我가 因이므로 人이 果일 수 있지만

我의 果라 思惟되었기 때문에 人이란 독자존재를 확보한다.

즉 思惟(사유)된 人은 다른 존재의 因이 될 原因을 만든 것이다.

존재의 원인은 스스로가 얻은 思惟의 果인 것이다.

因果로부터 자유로워지는 것을 究竟(구경)에 얻는 解脫이라 한다.

왜 하필 究竟에 얻는 自由이겠는가?

自由로워진다는 것 자체가 사유된 因果이기 때문이다.

사유되어진 자유는 인과 안에서 얻은 자유의 존재이기에.

第一 原因은 餘他(여타) 일체 存在의 原因이기 때문에

그 原因으로서 존재하기 위하여 사유되어진 것이다.

사유되기 以前이라 그 원인을 다시 구하면

그 求함이 타당한지 아닌지 다시 사유되어야 할 것이다.

부르면 오고 오면 가나니 선악을 모른다.

있음을 있게 하거나 있는 줄 믿으면 악하다.

없음으로 없게 하거든 선한 존재라 부르며

있음을 믿으므로 악은 그 이름으로 善을 죽인다.

"이전에 없어 지금에 없고 나중에 없다," 하시니,

때와 장소가 없기 때문에 나 홀로 선하다.

전에 있다 지금에 있고 나중에 있다면

존재는 자신을 疎外(소외)시켜 스스로 無化되기 때문이다.

없다는 말은 존재한다는 말을 위해서 인과에 따른 결과이다.

有無를 서로 상대적으로 사유하기 때문에

하나님이 존재하느냐 않느냐 논쟁하고

佛性을 묻는 이에게 도리어 "없다"고 대답할 수 있게 한다.

부처는 말이 없거늘 소리 없는 그곳에서

如來가 "들을 수 없는 것"을 常說하고

하나님은 존재를 모르거늘 없는 그곳에서

창조주가 "당신의 모습 그대로" 만상을 지어 만드시다.

福智無比分

[복과 지혜에 견줄 것이 없다]

Virtuous goodness cannot be measured.

138

須菩提 若三千大千世界中 所有諸須彌山王 如是等七寶聚 有人持
用布施

若人 以此般若波羅蜜經 乃至四句偈等 受持讀誦 爲他人說
於前福德 百分 不及一 百千萬億分 乃至算數譬喩 所不能及
[須菩提 三千大千 世界中 所有諸須彌山王 如是等七寶聚 有人 持用布
施
若人 以此般若波羅蜜經 乃至四句偈等 受持讀誦 爲他人說 於前福德 百
分不及一 千分不及一 百千萬分 不及一 歌羅分不及一 數分不及一 優波
尼 沙陀分不及一 乃至算數譬喩 所不能及]

수보리여, 만일 三千 大千 세계 가운데
뭇 산들의 왕인 수미산만큼 큰 칠보 더미로
널리 보시하며 그칠 줄 모르는 이가 있을지라도
이 반야바라밀 경이나 내지 四句偈(사구게)들을 수지하여 讀誦(독
송)하거나
다른 사람들을 위하여 說하는 사람이 있다면,
앞서 이른 이의 복덕은 여기 백분의 일에도 미치지 못하고
百, 千, 萬, 億 분의 일 내지
숫자 세기를 다하여 닿는 대로 비유할지라도 미치지 못하리라.

Dear Subhuti, suppose there is one man,

Who ceaselessly devotes himself to each and every being,

In the triple worlds of Saha, offering seven kinds of jewels

As big as the King Sumeru of all Mountains in every world and

universe;

This man would not be greater than

The man who talks and speaks about

The Diamond Sutra and the Wisdom Transverser

Even in a Four Line Gatha.

The virtuous goodness of that cannot be measured or calculated

Nor identified by any number or any rhetorical figures

Such as hundreds or thousands

Or millions and zillions.

마침내 창조된 모든 만물이 세상을 덮으며

아비가 낳은 자식은 무럭무럭 자라 아비를 들어 올린다.

설사 넓기가 바다 같고 크기가 수미산보다 높으나

작고 초라한 아비의 깡마른 손가락을 여전히 두려워한다.

三千 大千 세계가 무엇인가?

빛의 주인이 마음 문 열어 밝히고
밤이면 어둠 뚫고 빈틈없이 自在하니
산 밖의 산, 물 건너 물이라, 아득히 멀다.

한 점 물방울이 모이고 쌓인 것을 말하지 않으리라.
바다의 온통 큰 물결조차 이 한 점 안에 들었고
하늘과 그 끝에 펼쳐진 모든 자취 없는 산과 구름 역시
눈 안에 넣을 수도 없이 적은 이 한 점에 빠지고 말았다.

밖으로 건네고 넘으니 끝없는 하늘이 열린다.
가는 곳마다 그와 같은 하늘이며 해와 달이다.
이와 같이 열리고 헤아리지 못하여 다시 건네니
태양과 달과 수미산은 작은 하늘 되어 펼쳐진다.

큰 산을 맴돌아 큰 바다와 大洋이 사방에 있어
하나의 세계라 불리고 이 천 개가 小千 세계이며
천 개가 천 개 모여 中千이요 다시 大千이니
소·중·대 세 개가 각각 一大 三千 세계인 것이다.

산과 물이 세계의 울타리요 생각의 울타리니
天台는 일체 삼라만상을 三千이라 불렀고
지옥 아귀에서 불보살까지 十地를 十界라 하여

아우르고 組合(조합)을 이루어 性相 究竟에 千如한다.

아인중생수자로 서로 배척하고 화합하니
이와 같이 세상을 이루고 부수고 만들고 보인다.
없는 성품 들어내 세상만사를 꾸미니
다 허망한 꿈이로되 삼세가 이와 같아 千如이다.

허망을 허망으로 보면 해와 달이 빛을 잃나니
허망도 역시 허망 한낱 이름에 불과한 까닭이다.
이름을 이름으로 보아 실체가 없다 이르면
다시 아인중생수자에 걸리느니라.

없다고 믿음이 我상이요
허망하다 여김도 人상이며
이름이라 斷定(단정)하면 중생의 상에 떨어지고
실체가 없는 줄로만 믿으면 壽者 상이다.

믿고 생각하고 判決(판결)내니 모두 중생이라
이미 믿는 이도 생각하는 이도 없거늘
시비를 분별하여 알음알이를 되일으키니
분별하고 아는 것이 무엇인가를 다시 묻는다.

四句偈는 死句로 四相을 괴멸시키는 活句니라.

달리 부처와 금강 반야를 찾지 말라!

이와 같이 보고 듣고 문 앞에 읽고 외우나니

저 활구가 곧 부처의 해와 달이니라.

밤하늘에 별을 세지 말라

낮에 없는 꼬리를 어두운 뒤에야 머리 센다.

지혜와 복덕이 온 세상을 덮더라도

망설이고 의심 많은 그대의 병통인 것을.

뛰어난 복덕이 무엇인가? 四相이 물고 뜯는다.

無上의 깨달음이 무엇인가? 迷惑(미혹)을 여의지 못한다.

티 없는 正覺이 무엇인가? 覺이 스스로 角지다.

至善(지선)은 다만 없지만도 않은 꿈인가? 있지도 않은 현실이다.

육체와 정신은 누가 위인가?

육체가 위이면 정신은 모자를 쓴다.

정신이 빼어나니 육신이 더욱 氣 세다.

다르다고 내세울수록 같은 통박이다.

化無所化分

[나투나 나툼이 없다]

From No Where, but Comes to Be

139

須菩提 於意云何 汝等 勿謂如來作是念 我當度衆生

須菩提 莫作是念 何以故 實無有衆生 如來度者

若有衆生 如來度者 如來卽有我人衆生壽者

[須菩提 於意云何 汝謂如來 作是念 我度衆生耶 須菩提 莫作是念 何以

故 實無有衆生 如來度者 佛言 須菩提 若有實衆生 如來度者 如來則 有

我人 衆生壽者相]

수보리여, 그 뜻이 어떻다 여기느냐?
여래가, '내 마땅히 중생을 건지리라.' 작심한다 너희는 이르지 말
라.
수보리여, 이와 같이 생각지 말지니, 어찌하여 그러한가.
실로 여래가 건넬 수 있는 중생이 없기 때문이니,
만약 중생이 있어 여래가 건네는 것이라면
여래는 곧 아인중생수자가 되기 때문이니라.

Dear Subhuti, what do you see from this?

Thou shallt not sayth, Tathagata would upraise determining

That I will liberate each and every ordinary common-beings definitely.

Dear Subhuti, thou shallt not raise this kind of thought, wherefore is

it?

Verily speaking, just because there is no such an ordinary common-
being Which Tathagata can cross them over the other shore from here;
If, there is truly the ordinary common-being to be crossed over the
other shore
By Tathagata; then, Tathagata in himself already be-came being of the
I-ness, being of the Man-kind, the common-being-ness, and extra-
ordinariness naturally.

여래가 마침내 실토하였다.
서로서로 마주 앉아 얼굴을 살피니
나와 너는 분분하여 이름이 분명한데
말이 오가매 밤 지새우는 줄 모른다.

아인중생수자는 금강 같은 지혜의 골자이다.
如來가 또한 필경 아인중생수자인 까닭에
수보리는 부처를 대신하여 空生인 것이니,
중생을 건넴이 곧 반야 婆羅蜜(바라밀)이기 때문이다.

신통한 묘리를 다 증득하고도
아인 중생수자를 결코 여의지 못하니

부처 또한 제 몸을 헌신 같이 버린다.
그리하여 얻은 것이 있다 이르지 말라!

[그리하여 화엄, 不思議品에 이르시되,]
중생이 끝남이 있으면 무량한 부처가 없고
부처가 끝이 없으므로 중생도 끝이 없다.

[如來는 곧 世尊이시니]
"온 법계, 허공계, 十方(시방) 불국토의 三世에
가장 고귀하고 거룩하신 분이니라." 하시다.
드높고 위대함이 長大이나 잴 곳이 없음이요
尊重(존중)스레 거룩할 터이지만 그 무엇이 없다.

삼계가 있어 삼계를 벗어날 것이로되
삼계가 없으므로 부처와 중생이 없고
중생이 없으므로 그 해탈의 법이 없으며
해탈이 虛名이므로 지옥 등이 다 假名(가명)이다.
[圭峰이 비견하여 이르기를,
成就相으로 못 보나 相을 成就하여 본다.] 함이라.

밥 먹는 손 따로 있고 똥 닦는 손 다르다.
싸우니 매차기 그지없고 자식 때릴 때 따뜻하다.

입과 귀가 이처럼 너나없이 다 다르지만

아무도 내가 한 짓임을 자인하지 않는 이 없다.

冶父(야보)가 송하여 이르기를;

做模打樣百千般 驀鼻牽來祇是你

"모양새를 지어 오고가기 백 천 가지이겠거니와

갑자기 코빼기 잡아당기니 바로 자네로구나."

함이 "正眼으로 살피니 오직 한 사람이라." 함이다.

能이 없고 主가 없으며 主觀도 없으므로

我와 我相이 없다는 것이요,

所가 없고 賓이 없고 客觀이 없는 것이므로

人 즉 남과 人相이 없다는 것이다.

生死번뇌가 없고 法界가 없으며 輪廻조차 없으므로

중생과 衆生相이 없다는 것이요,

해탈, 열반이 없고, 중생과 부처가 없으므로

恒常함도 無常함도 없는 것을 같이 일컬어

斷滅相도 없고 壽者相도 없는 것이라 한다.

몸을 나라 부르면 마음이 너요

마음을 나라고 부르니 몸이 너다.

나와 네가 오가며 다투니 중생이요

이들 밖에 不滅하는 것이 있는 줄 아니 壽者다.

佛果를 얻으면 중생이니 부처에 인과가 없기 때문이다.

얻었다면 모두 중생의 修業이요 造業이리라.

부처와 중생이 이와 같이 서로 물고 물리니

없으면 없는 줄 알지도 말아야 없는 것이리라.

眞假(진가) 위에 恒有(항유)하는 줄 뒤집어 알므로,

열반을 常樂我淨(상락아정)이라 뒤집어 부를 뿐이니

苦조차도 즐거움이라 뒤집어 앎이 있으며,

마치 佛性을 보불처럼 뒤집어 아는 까닭이다.

宗鏡(종경)이 이르되,

1.

無我요 無人이니 중생 스스로가 正覺을 이룬다.

不生不滅이니 '凡夫가 아니라' 如來는 說하였다.

낱낱의 實際事[실제사 · 事相]이야 이렇듯 분명하거니와

기틀을 만나 대하면 어긋나 그르치니 어찌하랴!

2.

지난 날, 어떤 중이 翠岩(취암)에게 묻기를;

"환약 한 알을 쇠붙이에 칠하면 금이 되고

이치에 다다른 한마디 말이 범부를 성인으로 바꾼다.”

하시었으니, 이제 학인이 일러주십사 여쭈옵니다.

3.

취암이 이르되, “한마디 이르지 않으리라.” 하니

중이 여쭙기를, “어이하여 이르지 않으시는 것입니까?”

翠岩이 여기에 이르러 말하기를,

“네가 凡聖(범성)에 떨어질까 두려운 것이니라.”하시었다.

4.

다시 일러보라!

凡聖에 떨어지지 않는 저 이는 어떤 눈을 갖춘 것이더냐?

설사 곧바로 성인의 알음알이를 채워

범부의 性情이 다하였다 할지라도

눈을 뜨고 보면 아직껏 꿈속에 든 것이니라.

[直饒聖解凡情盡 開眼依然在夢中]

Six life cycles, six animal minds,

And six human-bodies, nothing above, nothing below,

All has been called thought or conciousness;

But, Nirvana is free from either thought or conciousness.

However, Nirvana is also a merely name after all.

140

須菩提 如來說 有我者 卽非有我 而凡夫之人 以爲有我
須菩提 凡夫者 如來說 卽非凡夫 是名凡夫
[須菩提 如來說 有我者 則非有我 而毛道凡夫生者 以爲有我 須菩提 毛
道凡夫生者 如來說 名非生 是故言 毛道凡夫生]

수보리여,
여래가 "있는 我라." 설한 것은 곧 존재하는 我가 아니나
예사 범부들이 我를 있는 줄로 여기는 것이니라.
수보리여, 범부도, 여래가 說하시되, 곧 범부가 아니니
그를 범부라 이름 하여 부르느니라.

Dear Subhuti, what Tathagata spoke existing I,

This does not refer to himself really ex-isting as a being.

Those ordinary ones recognize the I-ness as real.

Dear, Subhuti, even those ordinary ones are also, as Tathagata said

Not ordinary at all, because of this, they are called ordinary ones.

이상하다.

여래가 설한다니 我 없이 무엇을 說하는가?

我가 我가 아니라 그 이름이 我라니

없는 我를 어찌 我라 이름 지었는가?

창칼은 번득이나 空山에 새소리도 끊기었다.

이와 같이 말하는 이가 도리어 아닌데

이와 같이 듣나니 듣는 이가 홀연 보인다.

나와 너라 이르고도 나와 너는 없는데

흔해빠진 무리도 여전히 없다고만 이르네.

나를 나라 부르는 데에도 뜻이 백 천이니

부름에는 나와 너가 분명하지만

나는 너 때문에 나이고 너도 나 때문에 너이다.

너가 나 때문이듯 나도 너 때문이니 我汝(아여)라 한다.

네가 아니므로 나라 부르고 나 아님에 너라

상대를 부름은 다만 제 자신의 反響(반향)인 까닭이다.

나는 나를 부르는 내가 아니므로

너는 네가 부르는 너가 아닐 따름이다.

비너스의 거울이요, 나 자신을 echo한 소리다.

중생이 가장 흔히 쓰는 단어가 하나 있으니
"나도 내 마음 모른다." 떠드는 것이다.
모른다는 말은 분명하고 확신이 서지만
어쩐지 모두 안다고 떠드는 것 같아서 탈이다.

〈나-너〉는 法界의 An-und-für-Sich Sein(卽對自)이다.
本體와 앎이 法界의 虛와 實인 까닭이다.
앎에는 Substanz가 없고 Substanz에는 Erkenntnis가 없다.
Aprodité(Venus)는 물거품에서 탄생하는 아지랑이였다.

法身非相分

[법신은 相이 없다]

Dharma has no body-form.

141

須菩提 於意云何 可以三十二相 觀如來不

須菩提言 如是如是 以三十二相 觀如來

佛言 須菩提 若以三十二相 觀如來者 轉輪聖王 卽是如來

[須菩提 於意云何 可以相成就 得見如來不

須菩提言 如我解如來所說義 不以相成就 得見如來 佛言 如是如是 須菩

提 不以相成就 得見如來 佛言 須菩提 若以相成就 觀如來者 轉輪聖王

應是如來]

수보리여, 그 뜻이 어떠하냐?

가히 32 상으로 여래라 볼 수 있다 여기느냐.

수보리가 사뢰었다.

이와 같고 이와 같습니다. 32 상으로 여래라 볼 수 있사옵니다.

붓다께서 말씀하시기를, 수보리여,

만일 32 상으로 여래라 본다면 전륜성왕도 곧 여래이니라.

Subhuti, what is this?

Do you understand that Tathagata would be identified

By what is the so-called

Thirty-two kinds of conformation?

Subhuti answered: I would believe this to be so as it is.

By the thirty two kinds of formation,

"I believe Tathagatha

Could be made visible as it is."

Buddha spoke to Subhuti:

If Tathagata could be seen as it is, then, naturally

Cakravartiraja (Holy Imperial ruler with Great Wheel)

Is also Tathagata.

사 · 팔이 삼십이이니 어디 두고 보자.
머리에서 발끝까지 그대의 몸매를 향유한다.
그대가 부처라 말하지 말라, 왜냐하면
부처는 이미 너와 나의 말거리가 아니니라.

한 사람 말하기를, "저기 부처님이 오시었다."
누군가 묻기를, "그가 어떻게 모양을 지었던가?"
"4 · 8(32) 가지 모습, 여든 가지 특성을 갖추었다."
말하는 이도 들은 이도 다만 놀라워 할뿐이었다.

32相이 무엇인가?

梵語(범어) dvātrijśan mahā-purusa-laksanāni ,

巴利語(빨리어) dvattijsa mahā-purisa-lakkhanāni。

三十二大丈夫相 三十二大士相 四八相

八十種好(팔십종호·微細하고 隱密한 者)와 合稱(합칭)하여 「相好(상호)」
라 불렀다.

네 가지 相을 여덟 心意識에 각각 부촉하니
혹 이름 하여 四八 相이라 명명하여 부른다.
四相이 본래 없지만 八識을 따라 구분되어지고
마음 뜻 앎도 없지만 가지가지 모양을 그린다.

(一) 足下安平立相(梵 su-pratisthita-pāda)이라 쓰니,
발과 땅이 둘이 아니니 같음도 없다.
중생을 두루두루 이익 되게 하지도 않고
중생의 근기에 맞추어 군림하지도 않기 때문이다.

(二) 手足輪相(梵 cakrāvkita-hasta-pāda-tala)이니
오고 감이 如一하여 제자리도 없기 때문이다.
복과 불행은 상대로 인하여 얻는다 하겠으나
돌과 보석은 씀씀이가 달라도 동일한 것이라.

(三) 長指相(梵 dīrghāvguli)이니,
모자라거나 남음이 없으니 一念無量이다.

두루 널리 쓰되 섬세하고 면밀함을 잊지 않으니

一念에 萬年이 흐르고 永遠이 도리어 순간이다.

(四) 足跟廣平相 (梵 āyata-pāda-pārsni) ,

손에도 발에도 없는 것이 문득 손발이다.

넓고 평평하나 맞추어 집고 지켜 나아가니

일체 중생이 모두 이 덕성을 갖추었으되

스스로 알고 모름이 다르므로 德相이라 부른다.

(五) 手足指縵網相(梵 jālāvanaddha-hasta-pāda) ,

몸에도 눈에도 없는 것을 보고 매만진다.

몸 그 자체가 본래 없는 것이로되

바로 佛足이라 名하나 본 적 없고 볼 수 없어

문득 神妙한 부처의 모양을 갖추었다 이른다.

(六) 手足柔軟相(梵 mrdu-taruna-hasta-pāda-tala) ,

거친 손발에 자애로움이 가득하니 부모요

일그러진 수족에 일과 노동이 무르녹으니

하는 일마다 당신의 숨결과 베풂을 느끼고

나를 위하시는 가장 위대한 helper라 말한다.

(七) 足趺高滿相(梵 ucchavkha-pāda) ,

674

모르는 것 없고 할 수 없는 게 없으니

모두 내 마음 내가 정하여 그가 군림하도다.

하느님이 어찌 그를 알아보지 못하며

천지신명께서 어찌 이를 몰라볼 수 있으리오.

(八) 伊泥延[足 + 專]相(梵 aineya-javgha) ,

손으로 있는 대로 훔치니 모두 입에 쳐 넣는다.

굳건한 발이 모른 채 몸을 떠받치되 말이 없다.

눈과 귀가 총명하여 발길이 가볍고 장애 없으니

象王(상왕) 같은 權實(권실)에 鹿王(녹왕)의 高邁(고매)한 英敏(영민)함

이로다.

(九) 正立手摩膝相(梵 sthitānavanata-pralamba-bāhutā) ,

평등함은 없되 모두 나 닮은 이뿐이로구나.

좋은 것을 싫어하고 싫은 것을 좋아하니

귀 속에 눈 반짝이고 눈 안에 귀 기울인다.

도리어 중생을 탐하니 부처의 앞뒤 없는 재주다.

(十) 陰藏相(梵 kośopagata-vasti-guhya) ,

하늘과 땅을 취하여 물과 바람을 일으키고

해와 달을 머금어 북두칠성에 숨는다.

세월을 낚아 손가락 퉁기며 한 줌 흙먼지에 부치니

僧俗 없이 구름처럼 땅을 깔아 산을 덮어 쉬어간다.

(十一) 身廣長等相(梵 nyagrodha-parimandala) ,

부비고 찾으나 없지만 조용히 감으면 모두 있다.

오를 수 없고 내려갈 수 없으니 天上天下라,

넘어서면 벼랑 끝이지만 벽이 없고 계곡이 없어

寸步도 움직이지 않고 천상과 천하를 누비었다.

(十二) 毛上向相(梵 ūrdhvaj-ga-roma) ,

祥瑞(상서)로운 털끝마다 向上一路를 치달리니

삼라-만상에 右繞(우요)-三帀(삼잡)하며 예배한다.

보고 듣는 대로 信心 내니 紫雲(자운) 흩고

방방곡곡 굽이굽이 집집마다 풍년가로다.

(十三) 一一孔一毛生相(梵 ekaika-roma-pradaksināvarta) ,

하나로 하느님과 부처를 친하지 말라

중생을 잃고 많음을 모두 빼앗기리라.

도둑이 도둑을 쫓고 도둑에게 도둑맞으니

낱낱의 물건마다 신령스런 하늘과 열반이로다.

양쪽으로 열 劫(겁)씩 罪業 쌓아 장애를 만드나

죄지은 중생이 도리어 부처의 생명줄일 줄이야!

676

푸른 눈초리 배고픈 수리는 구름만 탓하고

고래 적부터 다니던 옛길에 토끼는 한가롭다.

(十四) 金色相(梵 suvarna-varna) ,

눈이 볼 수 없는 것을 입과 머리가 말하고,

입과 머리에 문득 없을 때 眼見이라 부른다.

苦로써 樂을 얻으며 道 닦는다 말하면서

無色인 碧玉(벽옥)을 또 紫金(자금)색이라 바꿔 부르네.

(十五) 大光相(梵 Mahā-prabhāsa) ,

밝을수록 어둡고 어두울수록 밝다.

불행할수록 다행이고 誤解를 잘 理解한다.

밝지도 어둡지도 않아 빛이 전혀 없을 제

無眼 石人이 하염없이 통곡하며 칭송한다.

백 천만리 길이 눈 깜빡이는 순간이요

백만 유순 億劫(억겁)이 홀연히 손뼉 치며 콧잔등 때린다.

눈 속에 강물 재빠르게 흐르는 소리 요란하고

귓바퀴 안에 번갯불 번뜩이며 간격 없이 뒤섞인다.

(十六) 細薄皮相(梵 sūksma-suvarna-cchavi) ,

모진 시집살이에 거칠게 굳었더니 비로소 꿈 깨었다.

피 먼지 눈물 바람에 고은 옷 입고 금상에 눕는구나.

여전히 잃지 않는 윤택하고 자상한 미소 터지자

미운 이도 한껏 보듬어주며 언제 적 일이냐 묻는다.

(十七) 七處隆滿相(梵 saptotsada)，

四肢(사지)가 없고 머리와 꼬리도 없다는데

어이하여 구하고 찾으며 兩頭에 三足인가?

此物을 借物(차물)로 알매 無頭에 無尾라 하였건만

피치 못하여 부른 이름에 안방까지 내주었다.

(十八) 兩腋下隆滿相(梵 citāntarājsa)，

없다 말하면 믿지 않고 있다 말하면 發狂(발광)하더니,

텅 비었다 일러주니 도리어 허공에 절하는구나.

없다거나 있다거나 믿지도 발광하지도 않으면

古佛이 그대 앞에 이르러 예배 올릴 것이로다.

(十九) 上身如獅子相(梵 sijha-pūrvārdha kāya)，

배울 사람 없는데 스승은 무엇을 가르치며

마음 없는데 고귀한 賁身(분신) 어찌 뽐낼 것이냐!

삼라만상이 圓寂(원적)에 들었으니 五蘊이 공한데

드높은 氣象(기상) 날렵한 몸매조차 쓸모없이 되었네.

걷고 치달음에 종적을 남기지 않고

앉고 누우나 아무도 意中을 살필 수 없다.

뽐내지 않으니 천만가지 吐說(토설)이 잠들었고

하늘과 땅을 구분하지 않으니 밤낮도 없다.

(廿) 大直身相(梵 rjugātratā) ,

曲不藏直(곡불장직)이요, 직불장곡이로다.

감추면 감출수록 더더욱 드러나니

佛法을 指示하려 하매 도리어 손과 혀를 잃는다.

무엇인가! 흐르는 물소리는 볼 수 없느니라.

중생의 고통을 먹고 사는 하찮은 위인이여!

배고플 제 어느 곳에서 음식을 공양하며

병들어 누어있을 제 무엇으로 위로하나?

善도 惡도 보이지 말라, 바를 때 그르쳤도다.

(廿一) 肩圓好相(梵 su-sajvrta-skandha) ,

부처의 다섯 마당이 모두 어깨 위의 잔일이라

미묘한 웃음이 꽃 들기 이전에 虛事 되었다.

이목구비가 훤칠한 키에 더없이 늠름한 모습이나

저 둥글고 둥근 것은 제 둥근 줄도 모르도다.

(廿二) 四十齒相(梵 catvārijśad-danta) ,

부처와 중생의 생업이 무엇이겠는가?

四相과 事相, 事象과 思想을 곱씹어 삼킴이로다.

琢磨(탁마)하고 穿鑿(천착)하니 일생의 일이 매우 단순하나

씹고 소화시키는 바가 각각 다르니 무궁무진이로다.

(廿三) 齒齊相(梵 sama-danta) ,

무엇이 저들로 하여금 부처인 것이라 하는가?

들여다 본 적도 없고 본들 보임이 없는 것이라!

보이지도 않거늘 도리어 이 부처의 성품이라니

趙州(조주) 땅에는 널판때기 이빨에 털이 난 것이로다.

(廿四) 牙白相(梵 suśukla-danta) ,

숨지 않고도 적을 속이며 감추지 않고도 취할 수 없다.

밝은 태양 아래 산과 계곡이 깊을수록 빛은 가득하고

만 길 大洋 속은 담과 벽이 없어도 바라볼 수가 없다.

입 안에 하얀 이빨과 붉은 혓바닥을 감춘 날도둑이여!

(廿五.) 獅子頰相(梵 sijha-hanu) ,

외마디 咆哮(표효)에 萬獸(만수)가 숨소리를 죽이고

魔軍들은 달려와 머리를 조아린다.

억겁을 기다려 얻지 못할 과분한 물건이라

숨죽이고 머리 조아리니 과연 무엇을 얻으랴?

겁 많고 두려워 떠는 오만을 지탱치 못하나니
중생은 사납고 잔인하며 자신에게도 지독하다.
눈과 귀의 여섯 도적이 눈귀 밖에 바라밀이라
사자의 위용은 다리가 아닌 양 볼 위에 있구나!

(卄六) 味中得上味相(梵 rasa-rasāgratā) ,

여지없는 한 맛으로 모든 맛을 갖추니

혀와 이빨 속에 향기를 빚어 감추었다.

항상 배고픈 까닭에 보는 즉시 삼키니

덤불 속에 가린 발톱에 번개가 오간다.

(卄七) 大舌相(梵 prabhūta-tanu-jihva) ,

길이가 팔만 사천 里요 넓이는 십二억 劫이라

궁리하여 白頭되어 빈손으로 돌아오지 말라!

가슴 속 깊은 비밀은 오직 저들의 몫이니

빈 개울에 너울대는 달그림자 萬古에 밝다.

단 한마디 되돌아보는 소리조차 없으니

일생을 묻어 둔 보물은 찾을 길이 없고

말마다 소리마다 저들이 놀라 따라 되뇌니

사십구 년 장광설에 한마디 對句뿐이로다.

(卄八) 梵聲相(梵 brahma-svara) ,

말 없다 해놓고 말만 늘어놓으니

상 없는 부처가 도리어 상을 짓는다.

맞는 말이 아니니 옳다 이르고

그르치는 말도 아니니 잘못이라 이른다.

마야의 옆구리에 무슨 죄가 있으리오.

공연히 룸비니 동산에 올라 큰 소의 소리 지른다.

이전도 이후도 없는 때에 하늘을 두 쪽 찢어

"나 홀로 거기에 있다." 외치는 것이로다.

(卄九) 眞靑眼相(梵 abhinīla-netra) ,

생각 이전에 무엇이며 생각 뒤에 무엇인가?

前後가 있자마자 홀연히 자취 없이 왕래한다.

맹물에 소금을 푸니 맛은 짠데 볼 수 없듯,

동구 밖 복숭아밭에 때 아닌 봄소식 한창이다.

(卅) 牛眼睫相(梵 go-paksmā) ,

무쇠를 자르고 돌덩이를 삶아 익히니

천 개의 눈이라도 예측하기 어렵다.

682

끌려가는 소와 끄는 목동 알 수 없으니

꿈속에 만난 님은 깨어서도 꿈속이라네.

(卅一) 頂髻相(梵 usnīsa-śiraskatā) ,

허공 속에 뼈를 抽出(추출)하여 발라내고

바다 밑에 몰록 장작 연기가 맵다.

말없이 49년이요, 태어남 없이 82라,

관음은 관을 썼고 여래는 살-상투로다.

(卅二) 白毛相(梵 ūrnā-keśa) ,

밝고 다시 밝으니 있는 그대로 세상이요

밝고 밝으니 다시 부처와 祖師들이로다.

죄 짓고 도리어 단박에 부처를 이루니

중생과 부처가 한 가닥 白玉 터럭이로다.

흐르는 물 위로 떨어지는 꽃잎의 눈물 천만가지다.

[落花流水淚千行]

눈 속에 박힌 四八 상이건만 빛은 눈에 없네.

몸매가 밖으로 四八가지니 과연 어디서 왔는가?

생각으로만 보아도 四八가지 聖王의 모습이거늘

이와 같이 나타난 부처가 눈앞인 줄은 모른다.

四八(32)가지는 성왕이나 여래의 같음이건만

터럭 같은 범부도 다름이 무엇인지 환하다.

마땅히 같은 줄 알았다면 스스로 의심하라!

안의 것이 밖에, 밖의 것이 안에 있구나.

삼십이 상이라 말하면 그 누가 32를 가져 올까?

오히려 서른두 가지가 모두 다 사라진 뒤의 일이다.

여래를 본다고 이른 수보리는 이미 알아들었으련만

도리어 相과 여래만 가지고 다투려 하는 것이다!

무엇이 四八 應身(응신) 相을 드러내 보이는가?

마치 趙州를 만나 古佛을 묻는 것과 같으니

부처도 본 적 없는 이를 마치 다그치듯 묻는다,

묻게 버려두라, 대답하면 꼬임에 떨어진 줄 알라!

불상은 볼수록 나를 닮았지만

내 얼굴은 여전히 不安[佛眼]한 중생이라.

안팎이 분명+코 없으리오 만

닮은 바 없는 쪽에서 도리어 똑같은 놈이다.

No image or statue looks like my face.

Actually I have only the face of disgraced human being .

684

Nose does not recognize clear difference among us,

Each and every difference is all like same body.

그리움이 비껴 날 자리가 없으니

한가로이 타향을 구경하며 헤매고

못 내 아쉬운 정 달랠 길 없으니

거울 속 들여다보며 화풀이 한다.

Why in the world do people have to travel all over again?

불상 속에 저 부처 계시지 않으니

이 몸을 굽혀 절하기에 안성맞춤이요

이 몸 안에 참 부처 계시니

눈 감고 다리 꼬아 祖師關(조사관)을 透得(투득)한다.

When you see the cross you end up seeing Holy thought.

I see the statue before I see Holy thought.

If one see nothing in and out, then, what could he see?

Seeing and not seeing does not seem important at all.

Statue is the picture on my passport to get around the world.

佛像(불상)은 마침내 사바세계를 출입하는 비자[visa]라.

須菩提 白佛言 世尊 如我解佛所說義 不應以三十二相 觀如來

[是故 非以相 成就 得見如來]

수보리가 부처님께 사뢰기를,

삼세에 가장 존귀하신 이여,

부처님 說하시는 뜻을 제가 헤아리기로는

三十二 相號(상호)로 여래를 관할 수 없나이다.

Venerable Subhuti told Buddha:

The utmost Honoured One in Triple Cosmoses.

According to the words that the Buddha has spoken;

It means, I believe, Tathagata cannot be seen at all

By his own Thirty-two kinds of characteristics.

수보리는 부처님 십대 제자이거늘

어이하여 동분서주하며 바꿔 말하는가?

내가 헤아리기로는 관할 수 없다니

헤아려 관하지 않으면 어찌할 것인가?

수보리가 진정 묻고 대답하는 것인가?

듣도록 대답하여 세존께 보여 주는 것인가?

저 답은 누가 확인하고 누구에게 부촉한 것인가?

도리어 세존도 들어 본 적 없다면 어찌할 것인가?

No one believes my photo is my face,

Because without face it cannot be called a picture.

Also, no-one does not believe photo is me;

Everybody sees entirely different themselves.

삼세에 가장 존귀한 분은 오직 부처님뿐인데

어찌 아난 등 수보리에게 그만 들키었을까?

동일 중생이 꿈의 안팎을 다시 꿈꾸는 얘기인가?

다람쥐 쳇바퀴 돌듯 삼세의 뒤안길을 헤매나?

한결같은 서른두 가지 나눠진 상호여

하나는 내가 갖고 하나는 네가 갖는다.

서로 다른 줄 알면서 같다 하는 데에는

중생의 수승한 근기가 있기 때문이다.

What was born into my sight?

What it looks like is not what is seen.

Seeing something has never happened in this world; people only say we see
it.

Then where is that thing?

서른두 가지 상호에 어찌 시간이 간섭되는가?

맨 처음은 무엇이 보이며 나중에 본 것은 무엇인가?

코와 눈과 혀와 귀 중에 어느 것이 먼저인가?

먼저와 나중이 없으니 멋대로 뜻대로 다투고 화해한다.

相號는 비록 서른두 가지로 벌어지지만

한 얼굴이며 한 몸이로다. 들-도인이 이르되,

"당나귀와 노새에 가지 수 많으나

모두 말 馬로 비롯된다."니 탈 것은 이뿐이다.

From where came all kinds of great mental formations?

Whoever sees something like that,

Is only looking at their own miserable common face.

However, where is this miserable common face?

이렇게 보는 데 저렇게 말하니

저런 말은 듣지도 않고 이 말을 알며

이 말을 뱉지도 않았는데 저 말부터 안다.

이도 저도 아니니 다만 내 말이 그 말이다.

해와 달은 무엇이 명백히 다른가?

등토시와 장갑은 같은가 다른가?

서로 같다면 부처와 조달이 한 사람이요

서로 다르다면 二四가 八이 아니다.

서른두 가지 상호라니 어디에서 저들이 왔는가?

손발 머리 얼굴이 다 각각이로구나!

땅에서 주운 것으로 하늘을 덮어 억지 부리니

텅 빈 하늘에 바다가 깔리고 숲 구름 무성하다.

三十二 상호들로 못 본다니 무엇을 보아 왔던가?

三十二 낱낱을 어디에서 나누어 펼치었든가?

白晝(백주)에 밤 귀신 이야기 하니 모두 재미있어 하고

온 적 없는 여래가 떠나는 길손의 발길을 막는다.

Sunlight and darkness, enlightenment and penumbra:

The four major elements and holy verities.

The six roots, consciousnessand prajnaparamita:

Finally, all numbers are from zero and every being from emptiness.

기다리던 끝 간절함만 같지 않더니

누구인지도 모르다 만나니 바로 그다.

찾을 일 없어 눈꼬리 치켜뜰 일 없더니

곧장 거꾸로 말 타고 앉아 威音王宮(위음왕궁) 향한다.

143

爾時 世尊 而說偈言

그때 세존께서 偈로 설하여 이르시니,

One time, Bhagavat said the words in a Gatha.

왜 여기에서 경이 끝을 맺는 것일까?

그동안 무엇을 말하여 온 것일까?

서른두 가지 상이 아니라면서

홀연히 마무리 지음은 무엇인가?

오직 부처와 여래만이 참으로 존재한다.[아]

그리하여 중생들이 대응하여 있다.[인]

부처와 중생은 同時이며 하나이다.[중생]

부처와 중생은 본래 존재로서 존재가 아니다.[수자]

스스로 존재하지 않는 까닭에 중생이다.

존재가 아닌 까닭에 부처는 無가 아니다.

존재하지 않는 것과 非存在는 같지 않다.

중생과 부처는 그리하여 둘이 아닐 뿐이다.

중생이 아니었다면 부처 또한 아니다.

중생이 옳다면 부처 또한 옳아야 한다.

중생이 부처이고 부처가 바로 중생이다.

중생이 중생일 수 없으므로 부처도 부처가 아니다.

중생은 이렇듯 말씀 되어진 부처요

따라서 부처는 말이 없는 중생이라.

Each and every kinds of ordinary-being is the speaking Buddha,

Then, Buddha is common and ordinary being without word.

일체 삼라만상이 곧 佛의 說이다.

經은 중생의 헤아림이며 佛의 無言이다.

오직 중생을 위하여 부처는 말이 없다.

말없는 부처가 중생의 헤아림을 끊는다.

눈 없는 돌사람 글자 없는 책을 읽는다.

온 법계, 허공계, 모든 부처님 국토의 삼세마다

모든 부처가 偈로 말씀하시니

부처는 설명하지 않으며 토를 달지 않으며

남이 알아듣게 일러주려 노력하지도 않는다.

한 구절마다 분명하여 저들의 머리를 식히며

가지가지 분노와 嫉視(질시)를 차례차례 잠재우며

저들의 근본 성품이 日用하는 산 말씀이라

듣자마자 곧 깨우쳐 열반을 얻기 때문이다.

會中은 곧 그 心懷(심회)이니 開經하여 初句이고

二句에서 示經하니 迷惑을 깨는 佛意이다.

三句에서 覺惡하니 轉法하여 펼친 것이요

末句에서 格外 등으로 證入하니 實相을 마무리한다.

가장 논리적이로되 理致와 事相이 분명하고

일치하여 명료하게 合一을 顯現(현현)하여야 옳다.

일체 여래의 說이 일체 중생의 心中에 있어

見聞에 장애가 없이 證得하는 것이 偈言(게언)이다.

144

若以色見我 以音聲求我

是人行邪道 不能見如來

만일 形色(형색)으로 나를 보거나,

음성으로 나를 구하면

이는 삿된 도를 닦는 사람이라.

여래는 볼 수 없으리라.

If one sees the I through forms and characteristics,

Or seeks the I depending upon voice and sound,

He would be not be cultivating the Tao and

He will never see the Tathagata.

어찌하여 설명 없는 게로 설하시는가?

四句로 이루어진 偈란 결국 무엇인가?

前念이 종말 치자 後念이 시작되었다.

前後가 모두 截斷(절단)되자 佛語로 바뀌었다.

形色으로 본다는 것은 모두 형색인 까닭이며,

음성으로 구한다 함은 聲色이 自然인 이유다.

前後로 나눔은 生死의 끝없는 윤회인 것이며

그 截斷은 스스로 自性을 건네는 解脫樂(해탈락)이다.

壽者가 후념의 시작이 되면 곧 다시 我相이다.

아인중생이 모두 끊어진 곳에 壽者이면

格外禪旨(격외선지)요 敎外別傳이겠거니와

直指人心(직지인심)은 아니니 直指할 것이 없기 때문이다.

'나'라는 것이 무엇인지 當體(당체)가 되묻는데

相對하여 물을 부처가 안팎에 없으므로

도리어 형색을 갖추어 스스로 부정하나니

四相을 여의고 다시 相을 보라는 것인가?

Wherefore does the sutra end with a four line Gatha?

What is this all about?

End of the before-thought, beginning of the after-thought.

Neither before nor after these words comes from France.

When the Buddha mentions so-called I,

Which is the self of the question asked?

If one denies forms, then, he is aware of them,

Does it mean seeing the form departing from four?

起承轉結(기승전결)에서 형색과 我를 제기하였으니

인간사에 見聞이 제일인 까닭이다.

본다는 것은 萬法을 이르니 나의 對境이라,

경계에도 能見에도 본 것과 보는 물건이 없다.

없다는 것은 안팎에 보이지 않기 때문이니

A thing sees everything, yet no-thing there.

One cannot see things, yet this thing is one and all.

What name can you give for

Not-a-thing.

이름 지으므로 여래가 이와 같이 존재하지만,

있음은 여래의 가장 초라하고 부끄러운 이름이다.

이름은 이미 없는 것이기에 부처의 존재이며

이름이 없는 것을 여래는 偈陀gatha로 說한다.

들린 소리는 있으나 들림이 없듯이

비친 形色은 있으나 보는 것이 없다.

眼不自見이니, 눈이 눈을 보지 못하며

聲色 자체는 듣고 보는 것이 없다.

눈 귀 코 혀로 사특함의 근본을 삼지 말라
邪物(사물)은 神聖함을 구하는 그대의 심보로다.
보고 듣는 그대로가 이미 正邪에 걸림 없거늘
어이타 六根을 탓하며 여래를 친견했던가?

들림이 없다면서 듣고, 보았으되 봄이 없으니
본다면 봄이 있어야 옳을 것이고
듣는다면 들음이 있어야 옳으리라.
옳음 자체도 그 근본이 이와 같이 없다.

삿된 것이 이와 같이 삼세에 존귀한 이를 모시나니
사특한 것으로 세존과 다름이 없다는 말조차 말라!
그리하여 저들이 끊임없이 다른 이를 모시어 오나니
平地에 풍파 일으킨 허물 면할 수 없게 되었다.

여래를 볼 수 없다니 어찌하여 보지 못하는가?
골몰하여 헤아리며 궁리하고 깜빡이는 이여!
보고 있기 때문인가 못 보는 줄 알기 때문인가?
칠통 속에 말하며 웃되 아무도 그 얼굴 모른다.

698

無斷無滅分

[끊고 滅할 것도 없다]

Nothing to cut nor empty out.

145

須菩提 汝若作是念 如來 不以具足相故 得阿耨多羅三藐三菩提

須菩提 莫作是念 如來 不以具足相故 得阿耨多羅三藐三菩提

[彼如來 妙體卽法身 諸佛法體 不可見 彼識不能知 須菩提 於意云何 如

來 可以相 成就得 阿耨多羅 三藐三菩提 須菩提 莫作是念 如來以相 成

就得 阿耨多羅 三藐三菩提]

수보리여, 네가 만약 생각을 내되,
'여래가 아뇩다라 삼먁삼보리를 증득하는 것은
구족한 相 때문이 아니라' 하였다면,
수보리여, 그와 같이 생각하지 말 것이니라.
'구족한 相 때문에
여래가 아뇩다라 삼먁삼보리를 증득하는 것이 아니니라.'

Dear Subhuti, when you are creating a thought, such as,

Tathagata attained 'the Bodhi' of Anuttara-Samyak thoroughly, but

Not by the support of fulfilled characteristics or forms.

Thou shalt not raise such a thought at all. Forms and those

characteristics for Tathagata, cannot be a reason for attaining the

Anuttara-Samyak-Sambodhi.

아상은 있음과 없음에 두루 걸리나니

걸린 줄 아는 것도 다시 중생의 相인 까닭에

다시 아상을 끌어들이고 人相을 봉착하리니

아인중생에 걸리지 않으려 壽者를 짓도다!

아는 것은 스스로 알았다 이름으로써 壽者이다.

壽者라 지어 부르는 것이 바로 我相이다.

아상인 줄 아는 그때 我가 곧 對自인 他人이다.

對自(대자)와 卽自(즉자)는 보편적 실체로서의 衆生이다.

없음은 그 원인을 없음 자체에 둘 수 없다.

원인에 따라 결과가 일어나면 이미 없는 있음이리라.

없는 존재는 존재의 無가 아니므로 無가 독립된다면

無는 자신의 無化를 통하여 존재를 無라 부르게 된다.

존재와 무는 심리적 논리일 뿐,

두뇌는 모두 不信하여 事實을 誘發(유발)시킨다.

처음부터 존재는 감각의 糞尿(분뇨)일 따름이어서

無에는 在來種과 交配種(교배종)이 있느니라.

이미 아뇩다라 삼보리를 위없는 等正覺이라니

아래 위도 없는 물건에 어찌 이름을 붙였을꼬?

上下 좌우에 一物도 없다면 그곳은 어디며,
千眼도 못 본 具足한 相 보는 이 그 누구인고?

What Buddha attained; do not imagine.

Do not remember any of it nor retain the idea of what Buddha knows;

Even this is wrong.

Knowing and Buddha are wrong words within us.

사방 둘러 하나도 없는데 홀연 창조하니
해와 달도 없고 산과 들이 비었거늘
그는 어디에서 이와 같이 온 것이더냐!
돌아보라! [μετάνοια]
그대들 거기가 어디인 줄이나 아시는가?

없음이 없음인 줄 알면 도리어 있음에 얽매이고
있음을 있는 줄 믿으면 되레 비어 멍청하고나!
스스로 있는 것은 하찮은 이름으로 광채 나고
스스로 없는 것은 눈부신 광명에 트여 비추인다.

깨우쳐 얻을 바 없는 곳에서 홀연히 깨닫고,
이름조차 없는 곳 위에 모든 이름을 세운다.
번뇌하고 혼탁하매 맑아 조촐하여지며

무엇인지 전혀 모르매 불러들여 앎이 터진다.

오로지 石羊이 강아지 출산하는 것만 눈여겨 살피어라!

[但看石羊生得狗]

Watch carefully a stone-lamb give a birth to a dog.

146

須菩提 汝若作是念 發阿耨多羅 三藐三菩提心者 說諸法斷滅 莫
作是念
何以故 發阿耨多羅三藐三菩提心者 於法 不說斷滅相
[須菩提 汝若作是念 菩薩 發阿耨多羅 三藐三菩提心者 說諸法斷滅相
須菩提 莫作是念 何以故 菩薩發 阿耨多羅 三藐三菩提心者 不說諸法
斷滅相]

수보리여, 네가 만약 생각하기를,
'아뇩다라 삼먁삼 보리심을 낸다는 것을 가리켜
諸法이 끊어져 없어지는 것이라' 생각하거든 이러한 생각을 일으
키지 말라.
어찌하여 그러한가, 아뇩다라 삼먁삼 보리심을 낸다는 것은
결코 法이 끊어져 없어진 것이라 說함이 아니기 때문이니라.

Dear Subhuti, as soon as you have hear of upraising
The Bodhi-mind in Anuttara-samyak, you may imagine that
This must be meant all dharma as a whole was annihilated,
Then, thou shallt not contemplate such a thought at all.
Wherefore is that? when Tathagata mentions Anuttarasam-bodhi,
Buddha does not carry the idea of annihilation in ipse dixit at all.

無上이요 正等이라니 어느 곳이런가?

위없으니 아래 없고 바르고 견줄 것도 없다 말라!

일러주자니 내뱉은 억지 말이 아니로다. 뭐꼬?

입이 모든 禍의 근본이니 부처를 탓하지 말라!

부처가 無言이라 믿지도 말라!

믿으면 그만큼 화를 自招(자초)한다.

영축산 봉우리에 뭇 根機(근기) 사라지니

뿌리 없는 나뭇가지에 꽃이 피었다.

法은 如是 有이며 如是 見이며 如是 知라,

있다 보았다 이르며 안다고 說하느니라.

보고 들어 안다 말하지만 斷滅의 相이니

悉知(실지) 悉見하고서야 如來할 따름이니라.

무엇이 斷滅(단멸), 끊기고 없어지는 법의 相인가?

시간적 단멸이나 공간적 消盡(소진)만 고집하지 않나니

'見聞과 覺知가 非——', 낱낱이 아님을 모름이다.

어찌 그러한가? 밖을 밖으로 앎이 다시 안이로다.

雪竇(설두)가 계속하여 이르기를,

山河不在境中觀, 산하가 경계 보는 데 있지 않느니라.

霜天月落夜將半, 서리 어린 못에 달 떨어져 한밤이니
誰共澄潭照影寒, 뉘 있어 맑은 못 찬 그림자 벗 하리!

내 잠시 덧칠을 꾀하면 이러하리라.

보고 듣고 아니 낱낱이 따로 아니라
산과 강이 비친 대로 境界(경계) 아니다.
텅 빈 눈귀에 비춤조차 없는 곳에
볼 놈도 다시없이 산과 강은 흐른다.

어떻게 無相 正等 覺을 無上에서 얻을꼬?
오르고 또 오르니 아래뿐 오를 길 없다.
다시 위가 어디인가 물어 보라!
아래위 相 바가지로 썩은 물만 새어나온다.

'Αρχή[arche]를 만물의 始原으로 알지 말라.
萬에 하나가 매달리니 어깨 위에 두 머리다.
하나는 많을수록 하나인 것을 꿈이 못 보고
철학의 偶像(우상)은 꿈 깬 뒤에도 생각을 놓지 못한다.

Tales와 Heracleitos가 물불을 바로 보아 arche라니
어리석은 이 원초를 잘못 알고는 나누어 따로 본다.

물과 불이 만물을 만 가지이게 한 확실한 실체라면

어이하여 지금도 물과 불이 이렇듯 타고 흐르는가?

神이 존재하는 이유는 神 자신에게 있고

신이 존재하지 못할 이유는 인간에게 있다.

그 자신과 인간이 서로 본 적도 없으면서

신은 인간에게, 인간은 신에게 서로 구걸한다.

물과 불이 만물을 만 가지이게 한 확실한 실체라면

不受不貪分

[받지도 탐하지도 않다]

Take no thing want no thing

147

須菩提 若菩薩 以滿恒河沙等 世界七寶 持用布施
若復有人 知一切法하야 無我로 得成於忍인대는
此菩薩이 勝前菩薩의 所得功德이니라.
[須菩提 若善男子 善女人 以滿恒河沙等 世界七寶 持用布施 若有菩薩
知一切法 無我得 無生法忍 此功德勝前 所得福德 須菩提 以諸菩薩 不
取福德故 須菩提 白佛言 世尊 菩薩不取 福德 佛言 須菩提 菩薩受福德
不取福德 是故 菩薩取福德]

수보리여, 예컨대 보살이
영원한 강 모래알 같은 세계를 칠보로 채워 줄지라도,
다시 이르건대, 어떤 이가
일체 법의 我 없는 無生法忍(무생법인)을 證得(증득)하였다면
이 보살은 앞의 보살이 얻는 공덕보다 수승하리라.

Dear Subhuti, Giving for an example, if any good and wise

Man and woman, fully adorned the whole worlds with seven kinds of

Precious jewels as many as sands of ever-lasting rivers,

Let us compare it, more or less, if any man realizes thoroughly that

Each and every dharma is ego-less, and furthermore has no-birth

In its origin as such, then, the acme of perfection of the latter

七寶[sapta ratnāni]는 世間을 여의는 美다
長久로써 세간이 없는 여래의 명줄을 닮았고
堅固(견고)하로써 무너지지 않는 큰 광명을 뿌리고
각양각색 많을수록 도리어 하나인 까닭이다.

가지가지 칠보로써 꿰고 차고 걸었구나!
가지 수는 분명 셋도 넷도 아닌데 七이다.
하늘은 투명하나 푸르고 바다는 맑고도 검으니
하늘의 구름 번개, 바다의 地平, 無生을 모른다.

채워 흔적 남기니 無生忍(무생인) 증득을 알 길이 없다.
타고난 보살의 功德이 한사람 없는 이만 못하다.
영원한 강 모래알이 다시 그 만큼 있을지라도
이 사람 아니면 뉘 있어 헤아려 흐르고 넘치랴?

일체 법은 곧 존재의 있음을 內在化 함이니
存在하는 것들이 자주성을 잃어 얻은 것이다.
볼 수 없는 빛을 통하여 有의 現象을 보이고

보일 것 없는 현상이 이름을 依託(의탁)하여 실재한다.

천 개의 강에 비친 달이 오직 달 하나이듯

천개의 달빛이라도 오직 한 햇빛인 것이며

천만 억의 태양이 밝더라도 돌아보건대

오로지 이 한 쌍의 눈 뜸을 비롯함이라.

첫 걸음이 눈앞에 분명하면

千萬 갈 길이 입 안에 씹힌다.

사람이 다리를 건너는데

사람이 흐르고 물은 흐르지 않는다.

영원한 강이 없으므로 영원한 모래알이 없고

미세한 티끌먼지에 먼지만큼의 크기가 없어

깨달음의 크고 작은 땅과 그 시간이 없으며

時空(시공)이 없고, 없음도 없으므로 一切(일체)라 한다.

주는 자는 샐 그릇이 없고 메울 자리도 없나니

손가락 하나 쓰지 않고 모두 앗아 빠짐없이 챙긴다.

빈자리 찬 자리를 견주어 연연하지 말고

세계를 허공에 그리느니 허공을 세계에 매달으라.

何以故 須菩提 以諸菩薩 不受福德故

須菩提 白佛言 世尊 云何菩薩 不受福德

須菩提 菩薩 所作福德 不應貪着 是故 說不受福德

무슨 까닭이겠느냐, 수보리여,

모든 보살이 복덕을 수용하지 않는 까닭이니라.

수보리가 부처님께 여쭙되,

세존이시여, 어찌하여 보살이 복덕을 受用(수용)하지 않나이까.

수보리여, 보살은 짓는 복덕을 마땅히 탐착하지 않나니,

이 까닭으로 복덕을 수용하지 않는다, 說하느니라.

Wherefore is it? Dear Subhuti, The reason is because

All Bodhisattva does not allow any goodness or virtuousness in them.

Then, Subhuti asked to Buddha,

Worlds Honoured One in triple Cosmoses, Wherefore is it?

Why all the Bodhisattva does not allow any goodness or virtuousness

in them?

Dear Subhuti, it must be said that all Bodhisattva does not allow any

goodness

Or virtuousness in them, since they are not to attach to create any

복덕은 그 자체로 저를 부른 이름인데
저가 없으니 부를 이름이 떠돌게 되었다.
머리 돌려 찾는 저이가 누구인가?
비어 허공인가 허공이 빈 것인가?

복과 덕은 마음의 공덕이건만 찾을 길 없다.
어찌하여 그런가를 물으니 이 물음에서 그친다.
물음이 그치나 나오는 대답은 듣는 만큼이다.
들은 대로 대답하니 귀 없이 눈만 허둥댄다.

복덕이 클 제 모든 국토가 무너지고
복덕 없다 이를 제 마음도 무너졌다.
허공이 박수치며 루루라라 노래하니
돌계집이 노래 맞춰 쉴 새 없이 춤춘다.

중생을 탐착하니 부처의 욕심이요
魔(마)로써 다스리니 중생의 바램이다.

이미 중생 아닌 까닭에 부처를 탐착하나
부처를 外面하니 중생을 문득 벗는다.

오직 중생이 아님을 이유로 공덕이며
존귀함조차 없는 까닭에 세존이란다.
볼 것 없고 아니어서 여래-응공-세존이라니
三菩提(삼보리)가 다만 산과 물과 모래알이다!

두 손으로 눈 가리고 무엇을 보며
一念도 일으킴이 없이 마음을 낸다.
태초의 과거세도 겪지 않았으면서
현세와 미래세를 마음대로 주무른다.

威儀寂靜分

[위의가 그윽하고 고요하다]

Exertion is calm and serene

須菩提 若有人言 如來 若來若去 若坐若臥 是人不解 我所說義

[須菩提 若有人言 如來若去 若來若住 若坐若臥 是人不解 我所說義]

수보리여,

여래가 혹 왔다거나 갔다거나 혹 좌정한다거나 누우신다고

말하는 이가 있다면 내 말뜻을 터득하지 못한 사람이니라.

Dear Subhuti, if anyone might say that

Tathagata is the one who has come to us or gone from us,

And also the one who has sat or lie down, I will tell you this,

This man is definitely not the enlightened what I said.

'어떻게'를 설명하는 사람은 '이렇게' 모르는 이다.

'이렇게'를 남이 '그렇게' 하듯 제가 '이렇게'인 줄,

'그렇게' 알면서 '이렇게' 알음알이 내는 것이다.

'이렇게'와 '그렇게'가 모두 남의 일일 뿐이다.

'오지 않음'이라니 옳다, 간 적이 없구나!

'머무르지 않음'이라니 옳다, 떠난 것이로다.
'눕지 않음'은 몸이 없어 비로소 옳다.
움직임 없고 앉음 없으니 일 없고 마음 없다.

十通 대승 佛이 억겁을 坐定하여 앉았으나
불법이 현전하지 않았다, 말하니
臨濟(임제)가 이르기를, 現前하더라도
그 역시 부처일 수 없을 것이로다.

思慕하여 公論場에 뛰어드니 參與라 부르고
批判하며 叱咤(질타)하니 指導者라 부추기느니라.
超然함을 빌어 世間을 여읜다 말하지 말라
解脫과 涅槃(열반)은 부처조차 證得함을 건네느니라.

행주좌와 없는 것이 부처라는 말인가?
그렇다면 일러라!
행주좌와 한다고 이르면 세존의 我相일 터이고
행주좌와 않는다 이르면 세존의 人相일 것이다.
이미 我와 人이 있다면 부처가 곧 衆生相이며
영원한 진리와 법체를 꾸미니 곧 壽者상에 떨어졌다.

부처가 중생이 아니라거나

720

부처와 중생이 다르다거나

부처와 중생이 다름이 없다거나

부처가 중생과 둘이 아니라거나 한다.

둘로 나눈 그 자체가 허물이며

둘의 이름이 이미 아인중생이며

둘이 없다거나 둘 없음도 아니라거나

모두 아인중생이므로 다시 壽者相이다.

행주좌와 함이 곧 세존이로되,

행주좌와 없음이 如來이다.

오가면서 어찌 오고감을 알 것이며

복 없는 백성이 어찌 福德을 알리오?

번뇌의 실체가 부처의 존재 이유이기 때문에

중생의 無가 부처의 無化로 복덕을 삼는다.

여래는 그 分相 없음으로 coming-to-be하나니

부처의 寂定 해탈이 중생의 散亂(산란)이요 煩惱라.

세존은 자체에 있어서는 존재하지 않는다.

오직 對自인 人衆生을 위하여만 존재한다.

He has never been what he is,

He came to be only as-it-is.

何以故 如來者 無所從來 亦無所去 故名如來

[何以故 如來者 無所至去 無所從來 故名如來]

어찌하여 그러한가. 여래라 함은 올 곳 없고 또 갈 곳 없어

이 까닭에 여래라 부르기 때문이니라.

Wherefore is it in your belief? One who comes as it is, since

Neither whence nor whither, therefore it is called Tathagata.

옴 그 자체가 없는 것이 중생인 까닭에

저 대신 부처를 빌어다 오시라 이르더니

제 몫의 감은 도리어 부처에게 분부하고

자신의 魔法(마법)을 휘둘러 自在有라 부른다.

我人으로 부처와 神을 상주시켜 거주케 하니

하늘나라가 끝없이 펼쳐지며 중생만 살찐다.

不滅의 진리가 滅하여 참으로 滅이라 부르니

부처나 하나님의 초라함은 아직도 끝이 없다.

산과 구름을 있다 없다 부르지 않나니
다만 이와 같이 위에 떠 있다 이르지 말라!
있고 없음, 위와 높이가 모두 저가 아니다.
바라보는 그 얼굴 뒤에 역력히 숨은 이로다.

해탈과 자유여!
나와 네가 더불어 이룬 일이며
우리 모두가 함께 기뻐함이로다.
궁궐에 송장 치우기 그동안 몇 번이던가?

연필과 붓, 종이조차도 없는 구담[Gautama]이
팔만 사천이나 되는 뿔글을 지으셨다니
쓰고 베낀 사람들은 제 이름까지 숨겼거늘
어이하여 부처의 뒤통수를 치는 것인가!

Without pen and papers

Written eighty-four thousands Books.

Let them write as many as possible!

Never known under their names!

一合理相分

[이치와 事相이 둘이 아니다]

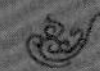

Neither phenomenon nor noumenon

須菩提 若善男子 善女人 以三天大天世界

碎爲微塵 於意云何 是微塵衆 寧爲多不

須菩提言 甚多世尊 何以故 若是微塵衆 實有者 佛卽不說 是微塵

衆

所以者何 佛說微塵衆 卽非微塵衆 是名微塵衆

[須菩提 若善男子 善女人 以三千大千世界 微塵復以爾許 微塵世界 碎

爲微塵 阿僧祇 須菩提 於意云何 是微塵衆 寧爲多不 須菩提言 彼微塵

衆 甚多世尊 何以故 若是微塵衆 實有者 佛則不說 是微塵衆 何以故 佛

說微塵衆 則非微塵衆 是故 佛說微塵衆]

수보리여, 만약 선남자 · 선 여인이

삼천대천세계를 부수어 미세한 티끌먼지를 내었다면

그 뜻이 어떠하냐. 이 미세한 먼지를 많다 하겠느냐.

수보리가 사뢰기를, 심히 많사옵니다. 삼세에 존귀한 이시여.

어찌하여 그러합니까, 만약 이 미세한 티끌먼지가 실로 있다면

부처는 이것이 미세한 티끌먼지라 說하시지 않았을 것입니다.

무슨 까닭이냐 하면, 부처가 說하시는 미진덩이는 곧

미세한 티끌먼지가 아니므로

곧 이를 微塵(미진)이라 부른 것입니다.

Dear Subhuti, any of you, good and wise men or women,

If this entire triple worlds of whole were divided down to

The infinite parts scattering specs of dust, what would you say?

These minute particles of dust could be called a myriad?

Subhuti answered, we faced a myriad, The utmost Honoured One,

In our understanding, I believe, if there is a myriad of dust in reality,

Buddha would not say these dusts are called it as a myriad anymore.

It must be reasoned like this; when Buddha says a myriad dust, since

That does not mean infinite spec of dust, then just it was called dust.

다시 눈 들어 위를 바라보니 제 一天이고

눈 속으로 걸어 들어가니 아스라이 二天이다.

제 三天을 묻지 마라. 質問 以前에 三千이다,

부수어 먼지 되니 벌써 銀山鐵壁(은산철벽)에 막힌다.

크다 부르니 입과 코와 귀가 막히고

작다 부르니 코와 귀와 눈이 닫힌다.

크건 작건 다 막고 닫으니 뉘 탓인가?

문풍지 떨듯 입에서 생각만 치달린다.

728

있는 듯 없기로 부처의 노름 밑천인데
없는 듯 있으므로 수보리가 웃돈 댄다.
달그림자 떨어진 텅 빈 계곡에
金烏(금오)는 기척도 없건만 바람이 밝아온다.

지난 생각이 무리지어 지금에 생각하고
다시 무리지어 때를 기다리니 미래다.
삼세에 時節이 없으므로 四相을 짓고,
내세울 것 없으므로 虛相이라 웃는다.

암흑 덮인 천만년 동굴 속에
불 한 점 집힌 能仁 寂黙(적묵)이여!
한 번 횃불을 밝혀 드니
천만년 세월이 순간에 먹히었다.

웃고 또 웃으니 웃음소리 大天을 덮었고
울고 또 우니 우는 소리 深淵(심연)에 울린다.
부수고 또 부수니 먼지 이는 곳 없고
뭉치고 뭉치니 덩이 내려놓을 곳 없다.

最初를 만들 때 어디에서 만드는가?
물질에 앞서 시간을 창조하는 이여

시간에 앞선 공간을 椄木(접목)시킨 이여
눈과 귀 없는 콧구멍 밑의 입뿐이다.

'Αρχή를 물으니 물과 불과 공기이더니
예수를 파는 이들은 태초라 불렀다.
옳고 그름을 묻지 말라!
태초부터 터럭조차 들 사이가 없느니라.

말할 수 없는 것을 말하므로 法의 門이요,
보지 못하는 것이 흔해빠진 말거리 된다.
마음에도 없는 생각일 뿐이므로 實在하며
본래 알 수 없는 줄 깨닫기에 疎外(소외)시킨다.

世尊 如來所說 三千大千世界 卽非世界 是名世界

何以故 若世界 實有者 卽是一合相

如來說一合相 卽非一合相 是名一合相

[世尊 如來所說 三千大千世界 則非世界 是故 佛說 三千大千世界 何以故 若世界 實有者 則是一合相 如來說一合相 則非一合相 是故佛說一合相佛言]

삼세의 가장 존귀하고 거룩하신 이여,

여래께서 설하시는 삼천대천세계는

곧 세계가 아닐 새, 그 이름이 세계입니다.

왜냐 하면, 만약 세계가 실재하는 有라면

곧 합일한 相일 것이나, 여래가 설하시는 合一相(합일상)은

곧 합일한 상이 아닐 새, 그 이름이 합일상입니다.

The Utmost Honoured One in these Triple Cosmoses!

What Tathagata says about Three Thousands and Even Greater

Thousands Worlds are not as of what they are; they were given to

The name of the worlds. For, if the worlds are the being in real,

Then, this must be a form of being in the whole, as you see,

When Tathagata talks about a form of being in the whole, this does

731

Not mean the form of being in the whole, therefore, they were given

to

The name of the form of being in the whole.

이와 같이 연극 중의 연극은 진짜 연극이니
어느 것이 일컬어 참 연극이란 말인가?
밥을 밥 같이 먹으니 "밥 같다." 이르거니와
밥 같지 않은 밥 먹어도 "공양 잘 들었다." 한다.

중생 중생이 끝없이 가없이[무량무변]많다니
이와 같이 중생을 보는 이가 중생인가 부처인가?
세계가 세계보다 곱절 많아 억겁을 흐르더라도
하나의 허공, 이 텅 빈 하늘은 채우지 못한다.

善現과 佛陀(불타)는 손과 발이지만
눈이 못 보고 귀가 듣지 못하는 것이라.
動靜과 語黙(어묵)이 한 몸 한 마음이거니와
몸도 아니요 마음도 아닌 것을 어찌하랴!

꽃을 본 사람은 세상에 없건만

모두 말하기를 각각 꽃을 본다 이르고

꽃 볼 줄 모르는 사람은 없건만

낱낱이 되물으니 모두 다른 말들이다.

古德(고덕)이 이르기를,

본 것을 눈에게 물어 보라

들은 즉 귀에게 물어 보라!

무엇이라 대답하더냐?

알겠느냐?

보고 들음 있다니 무엇이 그리 있더냐?

눈과 귀는 한통속이나 입은 저들을 삼킨다.

없다고 말하면 聲色이 모두 거짓이요

如實한 有라면 存在와 개념이 허망하다.

탐진치 三毒(삼독)이 능히 천하를 다스리고도 모자라

사바세계가 되고 그 사바세계는 거꾸로

그침 없이 흐르는 강의 끝없는 모래알 같으며

낱낱의 모래마다 한없는 먼지가 合一한 것이라.

삼계에 쉬지 않고 흐르고 거꾸로 되돌아가니

文殊(문수)의 師子같은 용맹한 智라 하고

삼독심으로 점철된 이 허공 속 하늘들에서

낱낱이 불보살을 낱낱이 친견하니 普賢의 願이라.

삼독이 삼세에 두루 하여 하늘 밖 하늘을 이루고
티끌 속의 티끌이 가없어 미진 중의 여래로다.
흘러가고 되돌아감이여
본래 한 곳도 얻지 못하여 古今 없다 일렀도다.

한 터럭 속에 광대한 허공을 실어 나르고,
한 티끌 속에 끝없는 佛刹이 現前한다.
이 터럭과 이 티끌은 본래 어디 있느냐?
여섯 창문이 각각 하나도 여닫음 없도다.

高峯(고봉)이 송하되,
"수미산 등에 업은 코끼리를 해오라기가 끈다."
하였다.

須菩提 一合相者 卽是不可說 但凡夫之人 貪著其事

[須菩提 一合相者 則是不可說 但凡夫之人 貪著其事]

수보리여, 合一한 상은 바로 설할 수 없는 것인데
다만 범부인 사람이 이 일에 탐착할 뿐이니라.

Dear Subhuti, for the form of being in the whole, as you see,

No words can be described directly; only the ordinary common-beings are

Naturally clinging to this thing as a matter of fact.

보고 듣자 이와 같이 안 줄 앎은

눈과 귀로 因한 줄 알자마자 모두 잃는다.

混合(혼합)하고 複合(복합)하여 心王의 통제를 받지만

칙령 내리기도 전에 눈 안에 감관이 다 들었다.

170Cm의 키와 양 쪽에 두 눈과 귀가 있고

수직으로 뻗은 코와 좌우로 찢어진 입이로다.

하늘과 땅을 그린 뒤, 먼 산이 코앞의 밭이며

마음속 해와 달이 뜨고, 대소 국가를 둘러쳤다.

일체 여섯 뿌리가 한 몸통 자연하니

어느 뿌리도 주인 없는 남 아니다.

이미 하나일 수 없어 여섯일진대

여섯이 각각일 수 없어 하나라니 이름뿐이다.

사람은 하나도 없고 떼거리 패거리뿐이라,

알아들을 수 없는 아우성을 言語라 부른다.

입마다 갖추어 다른 말로 얘기에 열중하니

듣는 이 許多(허다)하나 作家는 종적조차 없다.

온 곳 없이 이렇듯 오고

사람은 없는데 무리를 지었다.

무쇠나무 가지마다 싱그러운 꽃 피니

듣는 이마다 그럴싸하다고 머리를 끄덕인다.

知見不生分

[知見을 내지 않음]

Not Producing any knowledge

須菩提 若人 言 佛說我見人見衆生見壽者見

須菩提 於意云何 是人 解我所說義不

不也 世尊 是人 不解如來所說義 何以故

世尊 說我見人見衆生見壽者見 卽非我見人見衆生見壽者見

是名我見人見衆生見壽者見

[何以故 須菩提 若人如是言 佛說我見 人見衆生見 壽者見 須菩提 於意

云何 是人所說 爲正語不 須菩提言 不也 世尊 何以故 世尊 如來說 我見

人見衆生見壽者見 卽非我見人見衆生見壽者見 是名我見人見衆生見壽

者見]

수보리여, 만약 어떤 사람이 말하기를,

여래가 아견 인견 중생견 수자견을 설하시었다 한다면,

수보리여, 그 뜻이 어떻다 여기느냐.

이 사람은 나의 설하려는 뜻을 터득한 것이겠느냐.

아닙니다. 삼세에 가장 존귀하신 이여.

이 사람은 여래께서 설하신 뜻을 터득하지 못한 것입니다.

왜냐 하면 세존께서 설하신 아견 인견 중생견 수자견은

곧 아견 인견 중생견 수자견이 아니라

그 이름이 아견 인견 중생견 수자견이기 때문입니다.

Dear Subhuti, if anyone says that

Buddha was talking about an idea of I, the idea of man, the idea of

Ordinary common-being and the idea of supreme being, then,

What do you believe about this man, in your opinion, does he surely

understand

What I am trying to say, or not?

Subhuti replied immediately; Not at all, the utmost honourable One

in the triple cosmoses,

That being did not understand what Budddha had to say.

When Buddha mentioned the ideas of I, of man, of ordinary

Common-being and the idea of supreme-being, they are not the ideas

Of I, of man, of ordinary common-being and of supreme being

In themselves at all. This is why they are called the ideas of I, of man,

Of ordinary common-being, and of supreme being.

나라는 이름과 인이라는 이름을

중생이라 이름하고 수자상이라 붙인다.

이름 하여 이름 붙인 것이라니

이름으로 이름 불러 이름으로 본체를 삼는다.

740

중생과 부처가 하나도 둘도 아니니
같이 다만 이름일 뿐이로되 이름만 보는 이 없고
볼 수 없는 것으로 실체라 다시 이름으로 부르며
여전히 이름 속에서 이름을 벗어나려 의지한다.

이름과 명호 아래 이름과 명호를 여의니
부처와 중생이 이름을 여의고 있다 말라!
있다와 없다가 다시 이름일진대 없다고도 말라!
있음과 없음의 이름 여의고 무엇이 있고 없나?

수보리는 空生이어서 들은 바 없고
세존은 如來이시라 설하신 적 없다.
설한 뒤에 맑은 귀가 청정한 도량이요
들은 뒤에 생각 없음이 西方 정토이네.

앞산과 뒷산이요, 거울을 보는 것이다.
차례를 밟아 오르고 내려가듯 하는구나!

여래가 금강을 說하신다 이르지 말라,

두 쪽 내더라도 머리는 둘일 수 없느니라.

須菩提 發阿耨多羅三藐三菩提心者 於一切法

應如是知 如是見 如是信解 不生法相

須菩提 所言法相者 如來說卽非法相 是名法相

[須菩提 菩薩 發阿耨多羅三藐三菩提心者 於一切法 應如是知 如是見

如是信 如是 不住法相 何以故 須菩提 所言法相 法相者 如來說 卽非法

相 是名法相]

수보리여, 아뇩다라삼먁삼보리심을 일으킨 이는

일체 법에 응당 이와 같이 알며 이와 같이 보며

이와 같이 믿고 이와 같이 깨닫되,

法이라는 相을 내지 말지니라.

수보리여, 여래가 설하시는 法相은

곧 법상이 아니니 그 이름이 法相이니라.

Dear, Subhuti, the good and wise One, men or women,

while facing each and every Dharma, thou shallt uphold the mind

Of Anuttara-sammyak-sambodhi; higherless, righteous, and

incomparable

Enlightenment, realize this way, introspect upon yourself likewise,

And examine them this way, and also realize them clearly; however

Thou shallt not produce the idea of the real-being.

Dear Subhuti, the idea of real-being, according to what Tathagata

Says, is not truly the being-form; it is called as the idea of real-being.

개념을 설정한 이가 그 개념을 버린다는 것은

눈에서 보고 귀에서 들은 대로 간직하지 않음이라.

본대로 들은 대로 간직하면 개념이지만

다시 보고 되돌아 살피면 듣는 것이 다르다.

다만 이와 같이 내가 들었다.

정확히 듣고 분명히 보았다면

알고 모름은 한갓 핑계요 해석일 터.

무엇이 정확한 보고 들음이런가?

달리 보고 틀리게 듣지만 여전히 見聞이다.

보았다고 이르면 眼識이요

본다고 이르자마자 眼塵(안진)이거니와

보는 것은 보는 줄을 모르니

필경 어디에 眼界가 있더란 말인가?

塵과 入과 識이 모두 虛名이니

三科가 텅 비었으되 法界를 가득 채웠다.

四相이 모두 거짓이로되 온통 마음이라 부르니

거북이 나래 펼치는 곳에 문득 金剛이 반짝인다.

應化非眞分

[應化는 참이 아니다]

Being revealed and actualized the non-existing body

須菩提 若有人 以滿無量 阿僧祇世界七寶 持用布施
若有 善男子 善女人 發菩薩心者 持於此經 乃至四句偈等
受持讀誦 爲人演說 其福 勝彼 云何爲人演說 不取於相
如如不動 何以故
一切有爲法 如夢幻泡影 如露亦如電 應作如是觀
[須菩提 若有菩薩摩訶薩 以滿無量 阿僧祇世界 七寶 持用布施 若有善
男子善女人 發菩薩心者 於此般若波 羅蜜經 乃至四句偈等 受持讀誦 爲
他人說 其福勝彼 無量阿僧祇 云何爲人 演說而不名說 是名爲說 而說偈
言 一切有爲法 如星翳燈幻 露泡夢電雲 應作如是觀]

수보리여,

어떤 사람이 한량없는 아승지 劫 끝없는 세계에

칠보로 가득히 보시하여 빈틈없이 채우더라도

한 선남자 선 여인이 頓然(돈연)히 보리심을 發하여

이 經을 지니거나 또는 四句偈라도 받아 지니고는

읽고 외워 다른 이에게 설하여 준다면

이 복은 앞에 이른 복들보다 더욱 수승하리라.

무엇이 남에게 펼치어 설한다는 것인가?

형상을 취하지 않음일 새 如如하여 부동한 것이니라.

어찌하여 그러한가?

일체 作爲가 있는 법은

꿈이며 환이며 물거품이며 그림자이니라.

마치 새벽이슬 같고 번개 같나니

마땅히 이와 같은 줄 觀할지니라.

Dear Subhuti, if somebody supplies limitless universes

With seven kinds of treasures entirely and donates them totally,

And if any good and wise man or woman suddenly

Raises the Bodhi-mind or upholds this Sutra or takes

Only four lines Gatha, or just recites or quotes or tells about this sutra

To the others, his virtue and merit are far greater than that.

What is this so-called telling to the others?

Not clinging to the forms of words or the meaning of them,

It does not move at all in itself; Wherefore is it?

Each and every dharma which stands upon motion and substance:

These are but dreams, phantoms, water-bubbles or shadows.

Coming and going like morning dew or flash of thunderbolt;

It must be introspected upon likewise heretofore.

부처를 도둑에게 내어주고

여래는 줘 놓고 빼앗는다.
요란한 빗방울 뿌리며 대지를 적시건만
농부는 씨앗뿌리기도 잊은 지 오래다.

형상을 취하지 않으므로 여여하고 부동하다니
세존이 자신의 이름을 숨기고 여래를 즐긴다.
높은 산골짜기에 천만년 흐르는 계곡 물줄기
더듬고 맛보나 사람의 심중으론 알 길 없네.

있는 만큼 없고 없는 만큼 있다.
털끝만큼도 움직이지 아니하여도
如如하기 지극하므로 鐵輪(철륜)이 철철 녹고
鑊湯(확탕) 불길이 얼어붙어 서늘하여진다.

삼세에 가장 존귀하니 이것이 숨었고
이와 같이 왔다니 이것을 숨기지 못하였구나!
천만년 계곡 물은 산 높음을 숨기지 않으나
높은 산허리에 기둥을 세워 가늠 할 길 없다.

천 년, 만 년이여!
꿈속의 꿈이며, 허깨비의 손발이다.
본체 없는 그림자가 물 없는 거품 일구고

새벽이슬 맑은 하늘, 번갯불에 콩 볶는다.

진실한 예수는 거짓말에 승부 걸고
如實한 부처는 隱喩(은유)로 드러낸다.
모두 그대의 휘둥그레진 눈에 맞추어
거짓말과 은유는 南北을 오가며 숨긴다.

이와 같이 觀(관)하라 이르시니
안팎이 비었고 중간에도 있는 게 없다면서
어찌하여 허공으로 "허공을 본다," 이르는가!
아인중생수자가 모두 이 관하는 病이로다.

산하대지가 있다 이르지 말며,
산하대지를 산하대지라 이르지도 말라.
산하대지를 없다 이르지 말며,
산하대지를 산하대지 아니라 이르지도 말라.

안팎으로 있다 하면 我相에 걸리고
그것이라고 믿는다면 人相에 걸린다.
없다 부르자마자 衆生상에 걸리고
아니라 다시 믿으면 壽者상에 걸린다.

있는 것은 모두 있음으로 없나니 거품이요

있는 것이 없는 것인 줄 알면 꿈이요 그림자이다.

없는 것을 없는 것인 줄로 보면 허깨비이며

있는 것 있음으로 없는 것 없음으로 보면 번개라.

四相이 넷이 아닌 까닭에

넷으로 나누어 分別相을 지은 것이니;

분별은 我요, 나눔은 人이며

넷은 중생이요, 相은 壽者이다.

이 경을 부처님 경전이라 부르지 말며

이 말씀이 곧 부처라 이르지도 말라!

눈으로 읽으면 책은 존재하나 부처를 잃고

마음으로 보면 相만 있고 如來를 잃느니라.

갓 태어난 空生이 늙고 늙어 나이조차 잊으니

스승을 몰라보고 아이라 어른이라 마구 부른다.

사람 모인 곳에 밥 먹고 자리 펴기 전까지

얼마나 많은 세월 거슬러 흐르고 되돌아왔던가?

四相을 위하여 四句偈를 說한다니

四相으로 못 볼 것을 卽見(즉견)한다 이르고

四相이 없는 것이므로 不能見이라 일렀다.

四相을 일렀으니 여래는 과연 무엇인가?

남에게 말하고 설하니 실로 앎이 없구나!

안 것은 모두 사부대중이라 불러주겠지만

이름밖에 남지 않아 애석하기 이를 데 없다.

애석할수록 돌아오느니 이 무어꼬?

Would like tell them something about this;

This has never been captured all about.

The more I tried, the more things went awry.

Asker asks same question to himself, "what is it?"

佛說是經已 長老須菩提 及諸比丘比丘尼 優婆塞優婆夷

一切世間天人阿修羅 聞佛所說 皆大歡喜 信受奉行

[佛說是經已 長老須菩提 及諸比丘比丘尼 優婆塞優婆夷 菩薩摩訶薩

一切世間天人 阿修羅乾闥婆等 聞佛所說 皆大歡喜 信受奉行]

부처님께서 이 경 설하시기를 마치시매

장로 수보리와 비구 비구니와 우바새 우바니며

일체 세간, 하늘, 사람, 아수라 등이 부처님 설하심을 듣고

모두 다 크게 기뻐하여 믿음으로 받들어 모시었느니라.

The Buddha finished delivering this Sutra:

Good and wise venerable Subhuti, and

All the Bikkhus, Bikkhuni and men and women in the Teachings,

Each and every inmost being's natures,

Both Heaven beings and Human-beings,

And even Asuras, who are Born in darkness,

And all lower beings

Also heard what the Buddha expounded and

They had great joy,

Finally arrtived at the

한 글자도 이른 적 없는 데

금강이라 부른 이것은 무엇인가?

빈 하늘에 새 날아 자취도 없는데

무엇으로 說 마친다 말하려는가?

부처가 설하니 모든 일체 중생이 귀를 막는다.

만약 저들에게 귀가 없다면 어찌 막을 것인가?

설하는 업과 귀 막는 업이 다 한통속이다.

說前의 劫外春(겁외춘)이요, 說後의 花開笑(화개소)로다.

설하기 전이 겁 밖의 봄이요

설하자 문득 입을 열고 꽃이 웃는다.

흰 옷 걸친 Avalokitesvara[관세음]이요

병 속에 앉아 侍奉(시봉)하는 남순동자로다.

한마디 설하지 않았으되 모두 환희하니

저들이 각각 三十二 應身(응신)이 아닐진대 어찌 알랴!

삼세의 온 세간을 뒤지더라도

어깨 위에 머리 달고 다닌 줄 어찌 보일까?

마음인 줄로 나를 보면 아상이요

세상인 줄로 밖을 보면 인상이며

부처 아닌 줄로 중생을 보면 중생상이며

중생과 다른 줄로 부처를 보아 수자상이다.

중생이 중생이매 부처가 부처이니

중생이 아니라면 부처 또한 아니로다.

중생을 공양하여 부처를 공양하고

부처를 공양하여 중생을 공양한다.[해탈경계 보현행원]

중생은 漏泄(누설)이 두려워 부처를 外面하고

부처는 중생을 사모해 부득불 下山한다.

金剛도 般若도 모두 佛說이 아니니

부처가 설하는데 들을 중생이 어디 있으랴!

천둥 번개 밖으로 홀연히 꽃피고 새 울며

듣는 이 아무도 없건만 白衣관음 常說한다.

Identity and difference,

Vis a vis, téte a téte

Equality and freedom

Superiority and holiness

This is a book from Him written for us.

This Sutra is the word from Buddha directly.

Buddha spoke this for whom Being is not yet.

Nothing higher than this Diamond Sutra.

Four formal statements can be denied as follows:

The Book is not even a book.

Buddha did not write a thing for anyone or himself.

There is not a thing that can be named Diamond.

만일 이 책이나 문장의 한 부분 내지 내용으로

혹은 원본이나 漢文本이 참으로 부처님 뜻에

가깝다고 이르는 이가 있다면 그 이는 마구니이니

부처님을 뵙지도 여래의 큰 뜻을 알 수도 없으리라.

32상 물으면 무엇을 가져 올까?

四八(32)이 모두 다 사라진 뒤의 일이다.

보지도 않고 수보리는 물었으련만
얼굴 없는 부처에 연지 찍고 분 바른다.

무엇이 三二 應相을 드러내는가?
趙州(조주)를 만나 古佛을 묻는구나.
부처를 본 적 없는 이 다 알아 말하고,
본 이는 내버려두니 대답하자 꼬임에 빠졌다.

무엇이 아뇩다라인가?
하늘이 평평하고 땅이 메말랐기 때문이다.
무엇이 삼먁삼보리인가?
같은 물에 두 번 들지 못하기 때문이다.

손으로 하늘을 쥐락펴락 발로 땅을 고른다.
우러르는 모습에 광채를 뿌려 더하고
더듬고 지르밟는 경쾌하고 근엄함이여
감로의 빗방울 내리고 땅 속에서 꽃이 핀다.

눈으로 삼키고 코로 내뱉는 맵시를 보라,
삼키고 뱉으니 이마에 잔주름이 활짝 트인다.
뿌리치는 광명의 줄기마다 熱惱(열뇌)는 자취 없고
日月을 거두어 無爲의 집에 대들보를 삼았다.

무엇이 부처의 서른두 가지 妙相이냐?

생각하는 이보다 생각이 없고

보고 듣는 세상보다 많은 것을 보고 듣는다.

배워 터득한 것 하나 없이 그렇다는 말이다.

여래를 보았다니 무엇이 보는가!

보았다는 것이 어이하여 모습으로 나타나는가!

중생과 다른 相은 무엇이 보아 아는가!

필경 여래로 이름을 지음은 어찌하여 가능한가!

본다는 相이여

본 것이라는 相이여.

안다는 相이여

옳다는 相이여.

여래가 삼십이 相이라 거짓말을 하시었다

轉輪(전륜) 聖王이 또한 삼십이 상을 갖추었다니

누가 여래 그이며 뉘 있어 전륜왕 아니리오!

아무도 그 하나를 본 적 없고 모를 이도 없도다.

무식한 어미도 잘난 아들을 훈계하니

눈 속에 강물 소리 세차게 흐르고

귀 테에 천둥번개 요란하게 친다.
모양이 없다면서 빼어나게 엿본다.

산 바람 구름 물과 바다를 삼켜 하늘에 감추었고
삼천 대천 세계를 주장자 끝에 매달아 별에 부치니
해오라기 여린 날개 잦은 부채질에 하늘과 별이여!
고개 돌려 눈 한 번 껌벅일 제 자취조차 없다.

Swallowed river, mount, wind and ocean:

Hiding them in heaven.

Triple worlds and endless cosmoses

Transmitted in starlight.

Little tiny Sparrow blows cosmoses away

With fan from moving wings.

Heaven and stars not leaving any trace

At this sudden moment.

奉行(봉행)하는 이를 건너편에 따로 두지 말라,

경을 읽는 곳에 종이와 글자가 아니 보이니

솜씨 좋은 목수는 나무 보는 일 하나로 족하고

믿어 의심 없으니 뒷일을 근심 않는다.

부처라 불러 8만 4천 魔軍(마군)에 대항케 하더니
문득 如來로 萬法을 송두리째 낚아 올렸다.
아직도 未盡(미진)하여 회포를 풀지 못하는 이에게
수보리를 내세워 묻게 한 허물이 크게 우습다.

禪과 敎를 곁에 두어 양 팔을 삼았으나
삼킬 제 한손 들고 토할 제 다른 손 내린다.
[指天 指地가 天上 天下로다.]
편하게 곱씹자 모든 부모 근심을 떨치는데
뒤늦게 꽃 들자 웃으니 후대의 놀림감이다.
[拈花하자 微笑하니 어찌 부처의 허물 뿐이랴!]

금강이 다이아가 아닐 새 금강이라 부르거늘
어찌 경 아닌 것을 수다라라 불렀는가?
부처와 수보리가 여래와 善現을 버리지 않았던들
지금 사람들도 불상 모심이 불교라 불렀으리라!

이다.
아니다.
이면서 아니다.
是非가 틀렸다.

이도 아니며

아님도 아니다.

그렇지도 않고 안 그렇지도 않다.

양 머리를 없애 비로소 가깝다.

四大가 亦然하다.

四相이 亦然하다.[하필이면 그럴까!]

四生이 本然이라.

四句가 確然(확연)하다.[오죽이면 아니랴!]

보고 듣고 알지만 당당함이 하나 없다.

[상은 눈이 결정하지 않으니

눈 다르고 귀 다르고 알음알이 다르다.]

보고 듣고 아는 그대로 당당치 못함이 없다.

[상은 이미 충족되니 본 것이 어떤지

보는 일 자체가 합당한지 알 필요도 없다.]

보고 듣고 앎이 보도 듣도 알도 못한다.

[보고 듣고 앎을 告知한 상은

보고 듣는 당사자의 인식일 뿐이다.]

보고 듣고 아니 그대로가 본 것 들은 것 안 것이다.

可否에 상관없이 그대로 봄 들음 앎인 것이다.

다만 봄 들음 앎은 스스로 곧 無化된다.

보는 것과 본 것과

보여진 것과 본 줄 지각하는 것은

본래 본다는 것 그 자체와 상관이 없어

惺惺(성성)하게 認知하는 이만을 돌아 볼뿐이다.

금강경은 부처의 이름을 묻기 위한 말씀이다.

이름을 부처라 하되 말씀 스스로 反問하리라.

부처는 스스로 이름을 버림으로써 여래가 된다.

된 여래는 스스로를 疎外(소외) 할 수밖에 없다.

부처는 중생의 시발점이고

[본래 없다고 말해 얻는다.]

중생은 부처의 종착역이다.

[보이는 대로 걸림이 없다.]

처음 시작하자 존재가 탄생하고

[탄생하자 문득 그친다]

764

마지막 그치자 무가 태어났다.

[그치면 일체가 現前한다]

苦

모든 일체 존재와 有의 樣相(양상)이 곧 相일진대

곧장 일체 唯心에서 이는 皆苦(개고)로 規定되어진다.

有는 오직 마음 對 마음의 일이기 때문이며

존재는 오직 개념에 부응하여 탄생되어진다.

集

존재와 유는 因果에 근거하여 수용되기에

이유와 원인을 자기실체로 받아들인다.

인과는 존재의 원인과 결과가 아니며 有의 실체도 아니다.

따라서 존재와 유는 마음의 一合이요 唯心의 실체이다.

滅

존재와 유는 이미 個體가 아니므로 자기부정 된다.

존재가 無化되고 有가 消盡하기 때문에 滅(멸)이라 부른다.

無化된 滅은 自己疏外를 체험하므로 唯心 또한 滅한다.

멸한 것은 멸을 다시 멸하므로 자기 안에 他를 만든다.

道

존재와 유를 疎外(소외)되기 이전, 第一句에서 구명하거나

일체 苦와 集에 상관없이 末後句(말후구)에서 이르지 못하면

부처와 여래는 똑같이 佛相에 그치거나 理念에 떨어져

마음과 현실을 서로 분리된 실체로 보아 法道를 잃는다.

무엇이 法道인가?

존재와 유에도 떨어지지 않으며

마음처럼 걸림이 없되 육신처럼 면밀하여

一句로 戱論(희론) 따위를 拂拭(불식)시키는 진실한 말씀이니라.

모든 四句偈(사구게)는 이렇듯 聖諦(성제)를 표방한다.

금강경에는 소위 方便이 없으시다.

왜냐하면 다 如來의 直言이기 때문이다.

이 또한 最上의 方便 그 자체라 말라.

死狗로는 獅子의 活吼(활후)를 살릴 길이 없나니

四句를 살리지 못하면 화살보다 빨리 지옥에 들리니,

그리하여 그때에 이 늙은이 이르지 않았다 탓하지 말라.

如來께서 說하시되,

내 一生 四十九年에 無一字說이니라.

脫尾(탈미)

Postlude

What is, then, the four lines verse?

What is it?

Who are you?

Tell me at once!

There four 1, 2, 3…

If you understood, it must be knuckle head.

If you dunno, even in the dream, you haven't seen the Buddha yet.

그렇다면 금강경의 四句偈(사구게)는 필경에 무엇인가?

이뭐꼬?

뉘신가?

일러라!

하나 둘 셋
이와 같아 넷이니라!

보았다면 바보이겠고
못 보았다면 여전히 劫(겁)밖의 일이라
꿈속에 조차 부처를 본 적이 없느니라.

하나 둘 셋
이와 같아 넷이니라!